神々の精神史

小松和彦

法蔵館文庫

本書は、一九七八年に伝統と現代社から刊行されたものである。その後、北斗出版から増補新版、福武書店から福武文庫版、講談社から講談社学術文庫版が刊行された。収録にあたって、一九九七年に刊行された講談社学術文庫版を底本とした。

法蔵館文庫版まえがき

本書の原著は、一九七八年に、伝統と現代社から出版した私の最初の論文集である。変貌激しい現代において、今から四十年余りも前といえば、「大昔」とも言えるだろう。それにもかかわらず、こうして法蔵館文庫として再刊されることになり、感慨深いものがある。収録した論稿のほとんどは、二十代の後半に、頼まれるままに書いたものである。

現在の私は、妖怪研究者として紹介されることが多い。たしかにその通りなのだが、妖怪を論じるにあたって参考にしてきた知見の多くは、文化人類学や民俗学、国文学などに基づいている。

これらの学問の成果を渉猟するなかから、現代の大衆文化にも脈々と息づいている日本の豊かな文化として、妖怪文化の発掘に至ったのであった。したがって、次第に妖怪にターゲットを絞り込んできたものの、これと併行して、妖怪とは関係がない、あるいは妖怪は脇役にすぎないような調査・研究も積み重ねてきた。

私自身は、本書はそうした意味での私の研究の出発点に位置すると思っている。要するに、私の妖怪学以前の修行時代の若書き論集であり、妖怪学研究の基礎・背景をなす論集なのである。

このたび、改めてこれを読み直してみると、次のことが言えるだろう。

なによりもまず感慨深く思うのは、本書に収録した、最も早い時期の論稿「世捨てと山中他界」から今日に至るまで、相も変わらず「他界」（私はこの語が死後世界をイメージすることを嫌って、その後「異界」という語を多様するようになった）にこだわり続けていることである。「他界」（異界）を考える中から、日本の「神」（魂、霊）や「妖怪」、「アニミズム」、「自然観」などのテーマが浮かび上がってきたのであった。

本書のもう特徴の一つは、その当時注目を集めていた構造主義に魅了されて、日本の説話を素材に構造分析の真似事を、数本の論稿で試みていることであろう。この頃の私は、理論・方法が優先しがちで、構造分析するにふさわしい素材を探して分析する傾向が強かった。しかし、次第にその方法が私の思考に内在するようになり、声高に構造、構造とは言わなくなったが、私は相変わらず構造主義者だと思っている。とくに学術用語と民俗・通俗用語の区別や定義、概念、図式化などへのこだわりに、その傾向が見られるはずである。

本書のさらにもう一つの特徴は、若くして亡くなったこともあって、当時ほとんど忘れ去られていた宗教文学者の筑土鈴寛の学問についての論稿を収録していることである。私は、例えば、柳田國男論とか折口信夫論、石田英一郎論、山口昌男論等々のような今日なを高い評価を受けている先人を賛美したり批判したりする論稿を書くことを極力避けてきた。それだけでは学問は進展しないと思っているからである。

しかし、筑土鈴寛は例外であった。というのも、「信貴山縁起絵巻」に登場する「剣の護法」に関心をもっていた私は、先行研究を博捜する過程で、優れた仕事を残しながらも十分に光が当たっていない筑土鈴寛の存在に気づき、その復権をはからねばならないと思ったからである。幸いなことに、その後、せりか書房から『筑土鈴寛著作集』（全五巻）が刊行され、筑土は中世宗教文学や民俗学の世界によみがえってきた。

本書は、以上のような意図のもとにおおむね書かれた論稿群であるが、それから半世紀近くも経っているので、果たして現在でも読むに値する内容を保っているかは読者の判断に委ねるしかない。

なお、本書の解説を、近年、関連分野において目覚ましい活躍をしている、私たちの世代から見れば次世代、いや次々世代にあたる伊藤慎吾氏にお願いした。私のこれまでの研究足跡を踏まえて、本書の意義を過分なまで丁寧に論じてくださっており、読者にとって大いに参考になるものと思われる。

最後に、余談になるが、本書の原著の編集者だった林利幸氏について一言述べさせていただく。一九七二年、私がまだ二五歳のときであった。林氏から「宮田登先生から紹介された」と言って、林氏が編集する雑誌『伝統と現代』の特集「世捨て」に、「民俗学や文化人類学の立場からおもしろい原稿を書いて欲しい」との依頼があった。とても私には書けそうもないようなテーマであったが、商業雑誌からの初めての依頼であったので、新宿の喫茶店でお会いして編集や私への依頼の意図をうかがうことにした。

林氏はとても真面目な方で、手書きの目次案を前に訥々と語る彼の趣旨説明を聞いているうちに、自分にも書けそうな気持ちになり、執筆を引き受けた。しかし、出来上がった論稿は、一読していただければおわかりのように、「世捨て」のテーマから大きく逸脱した、しかも難解な「山中他界論」に終始してしまった。きっと原稿は没になるだろうと思ったのだが、幸いにも掲載され、しかもさらにその後も、これはという特集があれば、声をかけてくださり、好き勝手なことを書かせていただいた。本書を構成する論稿のほぼ半数は、この『伝統と現代』に掲載されたものである。現在の私があるのも、もとはといえば林氏の励ましのお陰だと思っている。改めて感謝の意を表させていただく。

また、法蔵館文庫に収録するにあたっては、同社の編集長・戸城三千代氏から格別の配慮をいただいた。戸城氏は私たちの学問に関してまことに鋭い眼力を備えた方で、そのような戸城氏の手によって、ありがたいことに、本書が再び世に出ることになった。本書が少しでも多くの方々の手元に届くことを願うとともに、戸城氏にも心から感謝したい。

二〇二三年　向春

小松和彦

目次

Ⅱ　民衆の思想について

Ⅲ　筑土鈴寛の世界

神々の精神史

序　神々の棲む村

フランスの構造主義的記号学の開拓者の一人ロラン・バルトは、ミシュレを論じた著書のなかで、次のように歴史家の使命について述べている。

「死の法官である歴史家は、したがって、できるだけ死の近くに近寄らなければならない。彼は死を生きなければならない、言いかえれば彼は死を愛さなければならないのだ。この代償を払ってはじめて彼は、死者たちとの一種の原初的共生関係の中に入り込んで、死者たちと生のしるしを交換することができるようになるのだ」。(『ミシュレ』みすず書房)

私が考え求め続けている「歴史学」も、ある意味でこうした歴史学である。私にとって、歴史は一回性的出来事や、文化や社会に変化をもたらした人物から構成されたシリーズではなく、その背後にある、どちらかといえば、変化しにくい日常生活のなかに形成されてくる人々の思考であり、その思考から創りだされる文化的産物である。たとえば、野辺にひっそりと立っている地蔵《じぞう》——あまりにありふれた光景で、それを歴史的記念物とみなすのを躊躇《ちゅうちょ》する歴史家や美術史家は多いであろう。芸術作品とみなすには、いかにも稚拙《ちせつ》で、しかもどこにでもある石仏なのだから。

けれども、私にとってはそうした価値判断はあまり問題にならない。そうした判断は二の次、三の次であって、私の関心は、その石仏がどのような思想から作られ、いかなる機能を人々に対して果たしていたのか、ということにある。この石仏を作った人々は、はるか昔に死んでいる。そして幾世代かにわたって人々はそれを眺め、意識的、無意識的そのいずれにせよ、それにさまざまな意味を与えたり、あるいは意味を見いだしてきたにちがいない。

そうした意味の世界を明らかにし、今日に蘇《よみがえ》らせる作業――それが私の歴史学なのである。現代の私たちに意義があるかないかで、過去の事実を選別し、そして時間軸にそって配列していく作業もまた重要なことと思うが、しかしそれに平行して、対象とする過去の時代に生きた人々の思考に可能な限り近づき、それを内在化させ、その思考に基づいた世界のイメージなり意味なりをすくいだす作業もまた、私たちに必要なことである。

それというのも、過去の人々との対話を真に行なうためには、私たちの価値基準からの一方的な問いかけであってはならず、彼らの世界や文化を受け容れ、その後に対象化すべきだからである。そうすることによってのみ、「死者たちとの一種の原初的共生関係」が構築され、〈生のしるし〉を知ることが可能となる。

つまり、野辺の石仏を、単なる稚拙で素朴な石仏としてみるだけではなく、人々の〈生のしるし〉として蘇らせる作業が、私の考え求め続ける歴史学である。

もっとも、ここで歴史学と述べたからといって、現代歴史学を批判しているわけでもなければ、私が歴史学を専攻していると主張しているわけでもない。私が強調したいと考えているのは、過去の人々や文化に対する、一つの視点あるいは接近方法である。たとえば、見方を変えれば価値の表裏が逆転することもある。そんなことが起こることを夢みて過去を眺めようとしているにすぎない。すなわち、私の夢想する歴史は、近代歴史学の歴史というよりも、民俗学における歴史、人類学における歴史に近い。つまり、事物と精神との関係から創出される所与の社会に内在する伝承——宇宙論、心意伝承としての歴史である。

私がこのようなことを考えるようになったのは、何度かの民俗調査を通じてである。昔話が、伝説が、家屋が、山が、湖が、みな、その土地の人々の思考のなかで、私たちとは違った意味やイメージを賦与《ふよ》されており、そこに彼らの〈歴史〉、〈生のしるし〉が刻み込まれている。

ある特定の民俗社会に入り込み、そこで生活しているとき、もっとも私の興味をひくのは、その社会の人々が、彼らの〈歴史〉を伝説や昔話や儀礼や日常的習慣という媒体を通じて私に語りかけてくるような気がすることである。その〈歴史〉は、誰か外部の人間が書いた歴史とは明らかに違ったものである。彼ら自身が演じることによっての、伝承していることによっての〈歴史〉、つまり彼ら自身が叙述している彼ら自身の〈歴史〉である。私は私なりの言葉で、彼らの世界に近づきつつ、そうした彼らの〈歴史〉、つまり〈生のしるし〉を把握《はあく》し、すくいだしたい、と考えたのである。

まだ歩きだして間もないわけであるが、私の学的作業の足跡は、こうした体験を踏まえて作られたものだといえるかもしれない。民俗社会と対峙《たいじ》したときと同じように、私は私の言葉で、過去の日本人の社会の内部に近づき、彼らの〈歴史〉、彼らの〈生のしるし〉を手に入れたい、と思っている。それが結局のところ、私（たち）の〈生のしるし〉にすぎない、ということになるかもしれないのだが、しかし、まず相手の声と身振りに耳を傾け、目を注ぎ、相手の思考する世界の姿に近づかねばならない、と考えている。

私なりの言葉によってという意味は、対象とする過去の世界に下降し、そこに内在しようとする姿勢があるものの、しかし私の現在所属している文化の枠《わく》を全面的に取り除くことは不可能であるため、その枠内の言葉で対象世界を翻訳すること、という意である。つまり、私によって再構成されている過去の世界なのである。

そのための私の翻訳活動は、人間の思考活動とその現われとしての記号を前提とし、民俗レベル、文化・社会レベルでの内在化された意味を探し、次いでそのレベルを超えた日本文化、人類文化のレベルでの意味の世界、つまり〈意味するもの〉と〈意味されるもの〉のズレや変化、不一致の研究に向かうことを通じてなされる。それによって私なりに過去の人々の〈生のしるし〉の純化した形を示そうとするわけである。

こうした営みのために私が用意した解読装置は、文化人類学や民俗学で用いられている理論や方法である。民俗の学、人類・文化の学とは称するものの、これらの学問にしたがっている研究者たちは、民俗を、あるいは人類の文化を、完全に記述し復元しようとしているわけではない。現在の文化をまるごと記述しえないと同じように、過去の文化もまるごと記述したり復元したりすることはできないし、またそのような作業にそれほど意味があるとも思えない。むしろ、無数の過去の資料から、その核となる部分を探り当て、かつての人々の〈生のしるし〉としてそれを照射し直すこと、つまり、内在する意味と外在する意味の二つの異なる意味世界を対置させながら、そこに交流し交感する何かを見いだすことこそ大事なのだといえるであろう。

では、〈生のしるし〉、とりわけ過去の日本人の〈生のしるし〉とは何なのだろうか。それを求めて私の学的営みは始められたわけであるが、その歩みはまだ浅く、断定的なことはいえそうにない。ただ、大雑把《おおざっぱ》にいえば、それは《カミ》であろう、と私は考えている。

この《カミ》という言葉には、神社、仏閣の神・仏から、水や川、山などの精霊《せいれい》である自然神、キツネやカラス、イヌ、ネコの精霊などの動物霊、あるいは植物霊、妖怪《ようかい》、さらに死後に子孫に祀《まつ》られる先祖や、生きている人々の霊である生霊《いきりょう》など、肯定、否定のいずれを問わず、いわゆる《霊的存在》とされるもののすべてが含まれている。

このようにいってしまえば、いかにもあたりまえの答えのようになってしまう。だが、問題は、こうした《カミ》がどのようにして人々と関連し合っていたかを具体的に示すことである。それを介して、〈生のしるし〉としての《カミ》が明らかになるのである。すなわち、《カミ》を語ることは、過去の人々の精神を語ることである。過去の人々の生活を描くことは《カミ》の生活を描くことを意味する。《カミ》とは、人々のアイデンティティの確立のしるしであって、それゆえ、《カミ》を失うことは、そのアイデンティティの喪失につながっている。換言すれば、彼ら自身の〈歴史〉を失うのだ。というのも、かつての人々は、《カミ》との関係で生活を営み、《カミ》と協同して〈歴史〉を創《つく》ってきたからである。

民俗社会の人々の生活を探りながら、徐々に私たちに明らかになってくるのは、彼らの文化が大局的には《カミ》に律せられている、ということである。つまり、彼らの文化的ディスコースは、《カミ》によって支配されているのである。彼らの身振りや言動には《カミ》が棲《す》みついている。したがって、過去の人々の心を知ろうとする学問では、《カミ》が彼らを介して、私たちの思考のなかに蘇ってくるような探究が求められているように思われる。

《カミ》と《ヒト》とが創り上げる文化——それを、どちらかといえば、共時的に描こうとすれば、《精神誌》となり、通時的にみようとすれば、《精神史》ということになるであろう。つまり「民衆の精神史」とは、とりもなおさず「神々の精神史」にほかならないのだ。

日本文化の古層《こそう》・深層を掘り起こそうとする作業としての「神々の精神史」――私の現在の知力をもってしては、とても十分な形でそれを描きだせそうにない。柳田国男《やなぎたくにお》や折口《おりくち》信夫《しのぶ》、筑土《つくど》鈴寛《れいかん》といった先学の仕事を想起すると、私の仕事があまりにささやかなことに気恥ずかしくなってしまう。しかし、私は私の能力の及ぶ限り、この「神々の精神史」を求め続けたい。あえて、本書を『神々の精神史』と名づけたのも、こうした私の意図をはっきりと表明しておきたかったからである。

現在、私の関心は、現代日本の、ある民俗社会に向けられている。そのフィールド・ワークに精力を注ぎ、当分はその資料の蒐集《しゅうしゅう》と整理に追われ、また、その断片を紹介する論文を発表するに留まることであろう。それというのも、この民俗社会が、私には神々の棲む村として映じており、その社会に住む人々の精神誌は、そのまま「神々の精神誌」を意味していると思われてならないからである。そしてこの社会の精神誌を記述する作業が、生きた形での日本文化の深層の精神史の記述であるかのように思うからである。そのようなわけで、この精神誌の作成によって、日本の「神々の精神史」を逆照射しうるにちがいないと確信しつつ、その調査に身を削っている。

いつ終わるとも測り知れない民俗調査の泥沼のなかで、これまでとは多少異なった日本文化の古層への視角を磨き、これまたいつになるかはわからないが、改めて、真にその名にふさわしい「神々の精神史」を書きたいと思っている。したがって、本書は、そのための序説、予備的考察にすぎないといえるであろう。

I　民話的想像力について

民話的想像力とその背景――『江刺《えさし》郡昔話』の世界を探る

民衆の記憶装置

民話は民衆の思想もしくは歴史意識の一つの結晶といえるであろう。それは、十分に成熟したとはいえない表現形式ではあるが、風と土との生活から生まれてくる民衆の喜怒哀楽がさまざまな形で刻みこまれている《民俗的記憶装置》であり、かつまた未来のための教育装置なのである。

民衆の歴史の一断片としての民話。これからの民俗学者は――民話研究者に限らない――こうした認識をもつことが必要とされるであろう。ドイツの詩人・批評家H・M・エンツェンスベルガーは、かつて民衆と歴史との関係にふれて、次のように述べたことがあった。

「科学としての歴史は、ぼくらがもはや口承に頼らなくてもよくなって、つまり外交文書や条約文や、議事録や官報といった『ドキュメント』が存在するようになって、はじめて成立した。だが歴史家のいわゆる歴史を、胸にはぐくむひとはいない。そういう歴史への反感は根源的なものであり、拭《ぬぐ》いとれないものと思われる。学校の授業で、この反感は誰にもなじみのものだ。どこの国の民衆にとっても、歴史とはものがたりの束であり、今後もそうだろう。歴史とは記憶しうる何かであって、つぎつぎと語り伝えられるのに向いたもの、ひとつの再話である。その語り伝えは伝説を、通俗性を、また誤謬《ごびゅう》を怖れない」(1)。

すなわち、民話とはエンツェンスベルガーのいう〈つぎつぎと語り伝えられるのに向いたもの〉としての歴史の一つの存在形式なのである。民衆はそのなかに記憶すべき何かを、その素朴な想像力を羽ばたかせて刻みつける。こうした民衆の歴史意識の依代は、民話のほかにも、伝説、歌謡、絵画、謎々《なぞなぞ》、信仰、祭祀《さいし》、等々、数知れず開発されている。民間伝承《フォークロア》と呼ばれるものは、総じて一種の再話つまり民衆の記憶装置である。それゆえ、民話を研究するという作業の最終的な目的は、民話という依代《よりしろ》に憑依《ひょうい》し隠れ潜んでいる民衆の歴史の記憶を、そこから解放し活性化させることにある。だからこそ、民俗学は民衆の精神の考古学《アルケオロジー》なのである(2)。

民俗的宇宙は、記号の帝国を形造っている。この帝国は無限にそとに向かって開かれているようでもあり、またはっきりと閉ざされた世界を成しているかのごとくでもある。そして外部からそこを訪れる者を、神秘的で謎《なぞ》めいた相貌《そうぼう》で迎え入れる。つまり、第三者にとって、民俗的宇宙とは、無数の〈意味するもの〉に満たされた巨大な星雲なのである。

また、民話や伝説などさまざまなジャンルから成る民間伝承は、民俗的宇宙の知的風景を構成するものであって、それらはその宇宙のなかに確固たる位置を等しく占めて自己の存在を主張しつつ共存している。そしてそれらのジャンルは――いやジャンルばかりでなく、おのおののジャンルの内部においてさえも――互いに向かい合うように立てられている鏡のなかの像のごとく、相似た像としての民衆の記憶の形象を、ある場合には拡大し、またある場合には縮小し、また変形し断片化しつつ豊かなイメージをはらみながら、無限にその奥行を垣間《かいま》見《み》せて存在しているといえるであろう。

かくして、われわれが取り組まねばならないのは、民間伝承という〈意味するもの〉の秩序、組み立てられることによって、民衆に何らかの〈意味されたもの〉を想起させるのに成功している記号の体系を発掘し、それを読み解くことにある、ということになるわけである。そこで、われわれは、以下において、二、三の民話を題材として、民話的想像力の世界とその背景に潜む民衆の歴史意識の片鱗《へんりん》をみることにしたい。考察の対象となる民話が採集された場所は、東北日本の陸中《りくちゅう》地方である。

ウントク譚の分析

この地方の民話(昔話)を精力的に採集した人に、有名な柳田国男《やなぎたくにお》の『遠野物語《とおのものがたり》』の資料提供者である佐々木喜善《ささききぜん》がいる。彼の昔話集の一つに『江刺《えさし》郡昔話』(3)というのがあり、そのなかに次のような話が収められている。

ある所に爺《じじ》があった。毎日、山へ行き柴《しば》を刈っていた。ある時、淵《ふち》のほとりで柴を刈っていると、その淵の水が渦を巻いているので、面白いと思って、柴を一束そこに投げ込んでみた。するとその柴が見事にくるくると廻《まわ》って水の底に沈んだ。これは面白いと、また一束、また一束と、次々に投げ込んで三ヶ月貯め込んでおいた束のすべてを投げ込んでしまった。ところが、淵のなかから美しい女がでてきて、柴の礼をいい、ぜひ私の家にきてくれ、という。そこで爺は女の案内にしたがって淵の底に行くことにした。そこには立派な構えの屋敷があって、その脇に爺の柴がちゃんと積み重ねられていた。女のすすめるままに家のなかに入ると、座敷には一人の気高い老人がいて、柴の礼をいい、種々の酒肴《しゅこう》をだしてもてなした。そして帰りに、一人の醜い童《わらし》をくれたので、爺はあまり気がすすまなかったが、仕方なく貰って、家に連れ帰った。家に帰ると、その童は、自分からウントクと名乗り、座敷の奥にでも隠して置け、そうすれば好運を授ける、という。爺がそのようにしておくと、その童の働くこと、働くこと、たちまちのうちに運が向いてきて、金持ちになってしまった。爺はその事を誰にも明かさず、一人喜び楽しみ、そして毎日、山から戻ると、秘《ひそ》かに奥に行ってウントクの頭を撫《な》でてはニコッと笑ってでてくるので、何も知らない婆《ばば》はひどく気を悪くした。婆は、これには何かわけがなくてはならぬ、と爺の留守に奥へ行って見ると、何とも醜い童が物陰からちょこちょこでてきた。一目で嫌悪《けんお》を覚えたので、いきなり童の頭を箒《ほうき》で殴《なぐ》って泣かせ、とうとうどこかへ追いだしてしまった。爺は山から戻ってそれを知り、ひどく悲しんだ。それからまた、だんだんと元通りのただの爺と婆になったということである。

さて、この種の民話は、全国に広く分布しており、民俗学者によって《龍宮童子《りゅうぐうどうじ》》もしくは《海神少童《かいじんしょうどう》》として一括されている。形態と構造を析出することによって日本の民話を分類しようとする関敬吾《せきけいご》は、これを「海神の贈物」という大きなカテゴリーのなかの、《沼神の文使い》、《黄金の斧《おの》》と並ぶ三つのタイプの一つとして位置づけた。(4)《龍宮童子》のタイプについて、彼はさらに、海神——というよりも海に限定されないのだから水神《すいじん》といった方が良いのだが——からの贈物の種類を指標として、龍宮小犬(動物)、龍宮小槌《こづち》、の三つの亜タイプを設定している。また、彼は行為者の組み合わせによっても三つの形式を検出する。私は関のこうした細分類化に対して多少不満を感じているが、ここではそれについては不問にしたいと思う。

ところで、関の研究によると、「龍宮小僧」の形式は、大別すると次のようになる。「正直な花売りが、売れのこりの正月飾り、薪《まき》を海にすて、海底に迎えられて行き、小僧をもらって帰る。小僧は一定の条件にしたがって、養育しなければならない。(a)主人公は、その条件を守っているあいだは黄金を生み、そのために裕福になるが、主人公の慢心によって小僧は去って行く。(b)海神の贈物は同じく龍宮小僧であるが、第一の型は、主人公の心理的変化によって小僧が失踪《しっそう》したのに対して、この型は女房が多くの富をえようとして条件を守らなかったために、小僧は失踪しもしくは死に再びもとの貧乏にかえる」(5)。

このうち、先の《ウントク譚》は、(b)の型に相当しそうである。ウントクの仲間たる龍宮童子たちは、民話によって名前は一定しておらず、ヨケナイ、カブキレワラシ、フクレワラシ、ヒョウトク、ウン、アホウ、白ガブケ子、ハギワラ、ソウドクタイシ、といった名が付けられている。いずれも顔は醜く、鼻水や涎《よだれ》を垂らし、汚い着物を着てつねに裸足《はだし》で歩き、その名も態度も決して普通のものではなかった。なかには大工《だいく》夫婦の間に産まれた片目・片耳・片足の身体障害児として描かれているものもある。この童子たちの郷土は水界である。

右のごとき知識を考慮に入れつつ、《ウントク譚》を分析し、そして考察してゆくことにする。

まず、この民話の形態についてみてみると、円環を成していることがわかる。フランスの構造論的説話研究者C・ブルモンの説く《上昇》と《転落》の二つの対立したプロセスが認められるわけである(6)。すなわち、主人公たる爺とその妻である婆は、始まりの状況において貧乏な普通の生活にあり、ウントクによって長者になり、終わりの状況では、始まりのそれと同様の貧乏暮らしに戻っている。この形態を支えている思考は、霊的存在つまり童子の所有が富の獲得を象徴している、ということである。別の表現をするならば、富の獲得は霊的存在を有するかどうかによって決まる、とする考えである。要するに、富と霊的存在との深いつながりが物語られているのだ。

登場人物は、爺《じじ》、婆《ばば》、淵《ふち》の底の老人、美しい女、そしてウントクの五人である。これら五人の属性と機能を要約してみよう。

(1) 爺――貧しい平均的な老人で、民話に登場する典型的タイプの一つである。人格は道徳的で優しい。水界に柴を与え、そのお礼として水界に行きウントクを授けられて、座敷の奥に隠しおく。

(2) 婆――爺の妻。これも平均的人間を表現しているといえるが、人格は爺とは反対に剛《こわ》く、好ましいとはけっしていえない。ウントクをいじめ、追い払ってしまう。

(3) 美しい女――淵の底に住む老人の使いであると同時に、水界への案内人でもある。

(4) 気高い老人――淵の底にある立派な家の主人。爺が投げ込んだ柴を貰《もら》い受け、その礼として彼を自家に招き歓待する。ウントクの贈与者。

(5) ウントク――気高い老人からの贈り物。超人的働きによって富をもたらす。座敷の奥に隠しおかれている。

こうした登場人物の属性と主たる機能の整理を試みることによって、構造論的人類学者が行なうような二元的対立構造を、この民話のなかから抽出することが可能となるであろう。すなわち、霊界（水界）／現世、山／里、爺／婆、善／悪、富の獲得／富の喪失、等々といった対立項がそれである。

また、爺と美しい女とは、現世と他界との間を往来した一種の媒介者である。美しい女は現世に示現して爺を水の底に案内し、爺は水界に赴《おもむ》いてウントクを現世にもたらす。このような調和的な往来関係は、実は、現世と他界との間に偶然的に生じた交換の関係を示すものである。つまり、爺の老人への柴の贈与とその反対給付としてのウントクの贈与という交換関係で、これによって二つの異なる世界の調和のとれた交流が成り立っているわけである。[7]

右のごとき分析は、一見したところ当然のことを、もったいぶって分析しているかにみえるかもしれない。しかし、説話の構造分析のための前提として欠くことのできない作業なのである。[8]

すなわち、一つの民話は一つの秩序を所有しているのである。もちろんその秩序化にも出来・不出来があり、そのため論理的にみて、まったく唐突《とうとつ》で辻褄《つじつま》が合わないような登場人物の発言や行動あるいは状況が認められるようなこともある。だがそれにもかかわらず、われわれは一つの民話に臨むとき、民話がそれを構成するために寄せ集められた諸々の要素を巧みに関連づけ、かみ合わせて組み立てられているという考えをもたねばならない。つまり《体系としての民話》ないしは《全体としての民話》という観点からアプローチしなければならないのである。(9)

民話と文化的環境

さて、右のような形態と構造の分析を踏まえたうえで、この民話を考察してゆこうとするわけであるが、その場合、われわれのとりうる方向は大きく分けて二つあるといえる。一つは、ウントク譚と同様の形態論的構造を有する他の民話との比較を行なうことによって、構造的同位素を析出したり、あるいは、その変換構造をもつような民話を探りだすことである。(10)

たとえば、広島に、次のような民話が伝承されている。

昔、ある所に貧乏な爺と婆があった。爺は、毎日町へ花売りに行って暮らしていたが、ある日、一つも売れないので「しょうとくだいいし」といって、橋のうえからその花を投げて帰った。家へ帰って婆にわけを話すと「それはよいことをした」といった。二、三日たって、爺がその橋のうえにくると、大きな亀がでてきて、「先日はきれいな花を有難う。龍宮に宜《よろ》しく伝えておきました。どうぞこの背にお乗り下さい」というので、遠慮なく乗って海に入り、龍宮に案内された。だいしは、このあいだのお礼をいい、御馳走をしてもてなした。三日三夜ほどいたと思ったのであるが、三年もたっていたので、家に帰るというと、みやげにしょうとくだいしをくれた。爺は家に戻って、婆に、横座《よこざ》のうえにゴザをひかせ、そのうえにそれを据《す》えて置いたら、その袈裟《けさ》から米がポロポロと飛びでてきた。二人は大喜びして、やがて大分限者《だいぶげんしゃ》になった。このさまを見た隣の婆が、それを借りにきたので貸したが、ひどく欲張りだったので、一度にドッと米をだそうと思って、それを箒《ほうき》で叩いたら、すぐ天に昇ってしまった。それを知った爺と婆は、情なく思い、「やれ、そうとくがみやのう、おりてたもれ。おりてたもれ」と歌った。これが田植歌の始りである。(11)

田植歌の始源譚《しげんたん》として、この地方の民俗行事にいっそう引き寄せられ関連づけられているこの民話——仮に《ショウトクダイシ譚》と呼ぶことにする——も、やはり《ウントク譚》と形態論的構造は同じである。すなわち、この民話においても、富の獲得の原因を他界からの贈物に求めており、またその消失が、貧乏への舞い戻りを意味すると考えることができる。それゆえ、「上昇」と「転落」のプロセスからこの民話も構成されているといえる。

しかし、《ウントク譚》と同一の構造を示しながら、その構成要素は大幅な入れ換えがなされている。たとえば、山の淵の底は海の底に、醜い童ウントクはしょうとくだいしという、生物というよりも人形のような物に、といった具合に、要素の置換がなされているのである。

民俗学者や神話学者のある者は、これらの民話に歴史的前後関係をみようとしているが、私にはどちらが古いということは今のところできそうにない。どちらもつい最近まで伝承されていたのである。

この置換による対応関係を図式化して整理したものを、次ページに掲げておく。

図表の左右の群が言語学的にいうサンタグムであって、配列され結合されて、体系としての一つの民話を形成するわけである。矢印の要素はパラダイムに相当し、置換可能なその他の要素とともに群を構成していると想定できる。たとえば《ウントク譚》において、「柴の束」という要素に換えて「花」というそれを入れても、実際に存在するかは別として、論理的には民話として十分に成立しうるはずである。

要するに、この方向での研究は、数多くの民話を分析することにより、民話のサンタグマティクな関係とパラディグマティクな関係とを明らかにすること、つまり《民話の文法》を発見することにあるといえる。

これに対して、もう一つの研究方向は《民話の意味論》ともいうべき研究である。たとえば、《ウントク譚》において、《民話の文法》のうえからは、「柴の束」と「花」とは置

《ウントク譚》		《ショウトクダイシ譚》
柴の束	←→	花
山の淵の底	←→	海の底（＝龍宮）
美しい女	←→	大きな亀
気高い老人	←→	ダイシ
醜い童ウントク	←→	「しょうとくだいし」という人形（？）
性悪の爺の妻	←→	隣の欲ばりな婆

換が可能である。何らの支障も民話に生じない。それにもかかわらず、陸中地方ではこの種の民話の多くが固定した要素群から構成されているのである。これには隠された理由があると考えねばならないはずである。

例を一つ挙げて示してみよう。

ある所に爺《じじ》と婆《ばば》があった。爺は山に柴刈《しばか》りに行って、大きな穴をみつけた。こんな穴には悪い物が住むものだ、塞《ふさ》いだ方がよい、と思って、一束の柴をその穴の口に押し込んだが、その栓《せん》にはならずなかに入ってしまった。そこで次々と柴の束を押し込んでついには三ヶ月かけて貯めた柴をすべて使い果してしまった。その時、穴から美しい女がでてきて、柴を貰った礼をいい、一度穴のなかへきて欲しいという。あまり勧められるので、つい入ってみると、なかには目の覚めるような立派な家があり、その脇には柴の束が積み重ねてあった。美しい女にうながされてその家に入ると、立派な屋敷があり、そこに立派な白鬚《しらひげ》の翁《おきな》がいて柴の礼をいい、いろいろな御馳走で爺をもてなした。帰りに一人の童をくれたが、その童は何ともいえぬみっともない顔の、臍《へそ》ばかりいじくっている子であった。爺の家にきても、その童は臍ばかりいじっているので、ある日、爺は火箸《ひばし》でちょいと突いてみると、その臍からぷつりと金の小粒がでた。それから一日に三度ずつ金の小粒がでて、爺の家はたちまち金持ちになった。ところが、婆は欲張り女だったので、もっと多く金をだしたいと思い、爺の留守に火箸で童の臍をぐんと突くと、童は死んでしまった。これを知った爺は悲しんだが、夢に童が現われて、「泣くな爺様、俺の顔に似た面を作って、毎日よく眼にかかるその所の竈《かまど》前の柱に懸《か》けて置け、そうすれば家が富み栄える」と教えた。この童の名をヒョウトクといった。それゆえ、この土地の村々では今日まで、醜いヒョウトクの面を木や粘土で造って、竈前の釜男《かまおとこ》という柱に懸けておくのである。所によってはまた、それを火男とも竈仏ともいう。

この民話は、結末に竈の守護神たる仮面の起源譚としての部分が付加されているが、それまでの大部分は《ウントク譚》と構造的にもその構成要素という点からも一致を示している。《ウントク譚》との間にみとめられる要素の置換として挙げられるのは、「山の中の淵」が「山にある穴」になっていること、童の名がウントクからヒョウトクになっていること、そしてこの童がウントクのように働いて富をもたらすのではなく、臍から金を出すこと、といった程度である。

このように、《ウントク譚》《ヒョウトク譚》、そして《ショウトクダイシ譚》を比較してみた場合、後者に対して前二者はきわめて近似していることがわかるのだが、これは、民俗学者の多くが試みるような、それらの歴史的前後関係を示すものとして理解されるべきものではなく、それらを伝承してきた地域性から解釈しなければならない事柄であるように思われる。

すなわち、理論上では可能な要素群（＝パラダイム群）から、民話を構成するために選び出されてくる要素およびそれらの要素間の親和関係に、他のそれよりも優越する傾向が認められる場合、そのような傾向をもたらし、かつ背後でささえている隠された力が存在している、と考えねばならない。そしてその親和力の源泉が、われわれがいうところの民俗的宇宙つまり、その地域の人々が抱いている〈意味されたもの〉の体系たる世界観である。

なぜ他界を表現する要素として「山」が好まれたのか、あるいは他界の主《あるじ》として「老人」が、他界からの贈物として醜いもしくは異様な振舞《ふるま》いをする「童《わらし》」が、選び出されたのか、等々の問いに対する答えを得るためには、何よりもまず、問題とする民話を、民俗的・文化的環境のなかへ復帰させ、その文化的コンテキストのなかで読みとり解釈せねばならない。というのも、民話を構成する諸要素は、たとえその一部が他の地域から運び込まれたものであるにせよ、一つの民話を構築するために寄せ集められるとき、その文化に許容される〈意味されたもの〉を身に帯びているからである。民話はつねにそれを伝承している社会によって納得しうる意味を帯びた諸要素の有機的な結合体（＝体系）としてのみ存在しているのであり、それゆえ、その要素およびそれら相互の関係づけは、それを所有する文化的環境によって解読せねばならないのである。

もっとも、そのようにして民話を読み解くことは、もはや不可能に近い作業となっているのかもしれない。民話が民俗学者によって採集されてから、もう何十年もの歳月が流れており、そのためそれを生き生きと伝承していた民俗的宇宙がすでに崩壊してしまっていることは十分考えられることである。しかしながら、たとえそうであったにせよ、民俗学者が集めた民俗誌的情報の断片を継ぎ合わせつつ、かつての民俗的宇宙を再構築し、そのなかで民話を理解しようとする努力をわれわれは試みねばならない。民話的想像力はそのような世界に深く根ざしたものなのである。

こういった《民話の意味論》の研究は、それほど意識化されていたとはいえないが、民話と信仰との関連という形で民俗学者たちによって試みられていた。しかしながら、その場合でさえ、《全体としての民話》という視点に沿っての構成要素の全般にわたるものではなく、特定の要素に特権的地位を与えて、それのみを論じることで終始するという傾向がみられた。《民話の意味論》は、《民話の文法》と表裏の関係にあるといえるから、こうした観点に立った新たな《民話の意味論》の研究も整備する必要があるといえるはずである。

記号学的観念の欠落

さて、これら二つの研究方向のうちでも、本稿では《民話の意味論》の観点から、右に挙げた同じ地域に伝承され、ほとんど構造的にも意味論的にも同一と考えられる《ウントク譚》と《ヒョウトク譚》を支える民話的想像力の背景を探る可能性を示唆《しさ》してみたい。それを通じて、民衆の記憶装置としての民話、つまり喜怒哀楽の記憶を刻み込まれた民話の姿を垣間見《かいまみ》よう。

従来の民俗学者たちは、ウントクやヒョウトクを《龍宮童子《りゅうぐうどうじ》》もしくは《海神少童《かいじんしょうどう》》というカテゴリーのなかに収めていることから推測できるように、右に挙げた民話を海神少童信仰から生まれた民話としてとらえようとした。

たとえば、柳田国男はウントクや鼻タレ小僧などの民話を引きつつ、

「兎《と》に角《かく》我々は今尚《いまなお》龍宮といへば乙姫様《おとひめさま》を思ひ起す習はしをもつて居る。是《これ》などもよそ

の国にも例の有ることだと言つて、強《し》ひて一部の似寄りを引張つて来る人はあらうが、程度も様式も共に我々のは特殊である。絵をかく人たちの作り事以外に、日本の龍宮は又何《いず》れの国とも別なものであつた。ひとり神秘なる蒼海《そうかい》の消息を伝へた者が、殆《ほと》ど常に若い女性であつたといふに止らず、更に又不思議の少童を手に抱いて、来つて人の世の縁を結ばうとしたのも彼等であつた。海はこの国民の為には永遠に妣《はは》の邦《くに》であつた⑫」と説き、水界からもたらされる「小《ち》サ子《こ》」には、龍宮、海神、そして若い女性との隠された関係があるのではないかということを示唆した。

柳田の場合、日本の龍宮・海神信仰を異国とは異なるきわめて特殊なものとするが、これに対して、文化人類学者の石田《いしだ》英一郎《えいいちろう》は、比較民族学の立場から海神少童信仰を考察しようとする。彼はまず次のように設問する。

「わが国の一寸法師をはじめ、各種の小サ子物語の意義は、その背後にひそむ母性の姿を、消えゆく過去の記憶から引きだしてこれと結びつけることによって、その隠微《いんび》な一面が解明されるのではあるまいか」。

そして、彼は柳田の研究を、

(1) 水神少童——これらの少童がなんらかの形で水界と関係をもつ場合が多い、

(2) 母子神——水辺の少童の蔭にその母と思われる女性の姿が絶えず彷彿《ほうふつ》として現われる、

(3) 漂着神——磯辺《いそべ》に漂着した「うつぼ船」のなかに、父を知らずに受胎した神異の嬰児《えいじ》とともに流された処女が入っていた、の三点に要約したうえで、こうした伝承は、かつて地上のある広大な地域を支配していた母系的社会関係や婚姻関係を共通の母胎にした文化のなかから生長したものであり、また少童がその母神とともにその姿を水辺に現わすという思想は、アフロ・ユーラシア大陸などの太古の大地母神《だいちぼしん》の信仰に根ざしたものであろう、との仮説を提出した(13)。

こうした解釈はたしかに、その構想の壮大さにおいても、またわれわれの想像力を豊かに羽ばたかせてくれるという点においても、きわめて魅力的ではあるが、しかしその具体的検討がなされない限り首肯《しゅこう》できそうにない。石田の考えによれば、少童の登場するすべての伝承が母子神信仰の残存とされてしまいそうである。彼のこうした解釈には、民話を伝承する人々の意識がまったく欠落しており、それゆえ、そうした人々が民話に対して賦《ふ》与《よ》したイメージや意味を析出《せきしゅつ》することは、彼の説からはできない。要するに、石田には記号学的観点が欠けているのである。

記号学の成果がわれわれに示しているように、社会において事物はさまざまな意味を獲得しうるものとして存在している。すなわち、記号学でいうところの〈意味するもの〉と〈意味されたもの〉とは可変的なものであって、文化を超えあるいは時間を超えて絶対的な関係を持ち続けるものとはいえない。したがって、《ウントク譚》に登場する他界からの使者である美しい女と、他界の主と思われる老人から授与される醜い童とが、母子神信仰の残存であるとはとうてい信じることはできない。たとえ母子神信仰を構成していた要素から借用された要素があるとしても、それに対して以前とは異なる意味が賦与されたならば、もはや以前の信仰は消滅したとみなすべきである。その要素は新しい秩序のなかでまったく別のものになったのである。民間伝承はこうした限りない秩序化・結晶化と崩壊・断片化を繰り返しているといえる。

次に引用する関敬吾《せきけいご》による石田批判は、われわれの考えをよく表現している。

「石田は……広く古今の諸資料を駆使し、比較民俗学的方法を適用して、この小さ子の淵源を求めようと試みた……彼が問題にしたのは〈小さ子〉のモティーフであり、われわれがここで問題としているのは、小さ子を一つの構成要素として形成された全体としての昔話である。全体としての昔話とそれを構成する個々のモティーフとの関係は、文化複合体と、それを構成する個々の文化要素との関係にも比較することが出来よう。したがって、石田の研究視角とわれわれのそれとは必ずしも一致しないが、彼の研究はわれわれにも有力な参考となる……しかし母らしきものが〈小さ子〉を抱いて水辺に出現するということは単なるモティーフであって、神話でも伝説でも昔話でもない。これが他のモティーフと結合して、なんらかの一貫した意味をもつことによって、初めて昔話にとっては意味がある。モティーフの古さは直ちに昔話の古さを意味しない(14)」。

竈　神（宮城県，内藤正敏撮影）

聖痕をもつ人間

それでは、《ウントク譚》や《ヒョウトク譚》は、いかなる文化的背景の上に成り立っていたのであろうか。これを明らかにするために、アナロジーとメタファーを巧みに駆使して関連づけ構築されている民間伝承の、円環的で星座状を成す複雑な連鎖《れんさ》体系を探り出さねばならない。それは要素間の対立性と親和性によって組織されている。

われわれは、この連鎖体系に対して臨む場合、どの民話の要素から入ってもよいわけであるが、《ヒョウトク譚》を出発点とするのが比較的入りやすい。この民話は、《ウントク譚》に若干の手を加えて、すなわち民間伝承のそれとは別のジャンルつまり竈神祭祀《かまどがみさいし》に結びつけるため変形させてできたものとみなすことができる。あるいはその逆で《ヒョウトク譚》から《ウントク譚》が派生したと考えることもできるであろう。もっともその歴史的前後関係を立証することはほとんど不可能なことである。

ところで、かつてこの地域（陸中地方）では、多くの旧家に竈神《かまどがみ》をかたどったという醜《しゅう》

竈　神（岩手県，同前）

悪《あく》な顔をした巨大な仮面を、竈男《かまおとこ》という竈の側の太柱に、竈ないし土間の入口を睨《にら》みつけるようにして掛けておく習慣があった。今ではそのグロテスク性のゆえに祀《まつ》り飾られることも少なくなっているが、かつては家を新築する際には必ず製作されたもののようである。この神は火伏《ひぶ》せの神であると同時に、家の守護神の一つでもあった。

人々はこの神を祀ることによってその家は富み栄えると信じていた。したがって、《ウントク譚》と竈神信仰とは、神霊の力を借りて家が富み栄える、その神霊は異形な属性（＝醜悪な顔）をもつ、という点で対応し合っているということができる。そして《ヒョウトク譚》はそれを直接的に結合させた民話である。

しかし《ヒョウトク譚》は竈神起源譚のヴァリエーションの一つにすぎず、他にもいろいろとヴァリエーションが存在している。そのいくつかを例としてかいつまんで紹介する。

昔から由緒ある家に、ある時、醜い顔をした若い乞食がやってきた。庭に転がっていた箒《ほうき》を見つけてそれを邪魔《じゃま》にならないようにと立てかけてからなかに入り、雇って欲しいと頼んだ。その家にはすでに数人の雇い人がいたが、ちょうどそのとき一人娘が病気で長い間床についており、どこに願をかけても腕のたつ医者にみてもらっても回復しないため困っていたときだったので、最初は彼の頼みを断わったが、考え直して釜《かま》の火たきくらいならと雇うことにした。娘の病気はいっこうによくならなかったけれども、年頃になっていたので多くの縁談が持ちこまれた。しかし娘は火たき男がよいといった。家の人は困り果てたが、この男が箒を立てかけてから家に入ったことを思いだし、見込みのある奴だと考えて、娘の婿《むこ》に迎えた。すると娘の病気は回復し、その家は富み栄えた。この火たき男を神に祀ったのが竈神であるという。

これは宮城県玉造《たまつくり》郡で採集された伝承である。(15) また、同じく登米郡では、ある所のダンナ様が一人の乞食を家に泊《と》めた。男はいっこうに動こうともせず、食べては所かまわず排便をした。竈の側《そば》にもした。ダンナ様は困り果ててしまったが、乞食はしばらく泊まってからどこへともなく旅立っていった。男が旅立った後、ダンナ様が竈の側を見たら、大便が黄金に変わっていた。ダンナ様はさっそく乞食を神として祀ったが、それからというもの、その家は富み栄えた。この神をカマガミサマといいお家繁昌《はんじょう》の守り神である、と伝えている。(16)

これらの伝承の主要な特徴を、一口でいってしまうならば、家の富裕化の源泉たる竈神の前身を、社会構造的劣性（＝乞食）および肉体的、行動的劣性（＝醜《みにく》い顔、異様な立ち振《ふる》舞《ま》い）を身に帯びた人間つまり聖痕《スティグマ》をもつ人間に求めようとする点にあるとすることができるであろう。すなわち、折口信夫《おりくちしのぶ》や山口昌男《やまぐちまさお》が説くような、《まれびと》もしくは《異人》と異形性との深い結合、それを神聖視し神格化する思考、そしてそれに富の源泉を見ようとする思想が見いだされる。

竈神が、日常世界の外から富を授けるために来訪する人間もしくは神をかたどったものであるとするならば、この神が現われそして去ってゆく世界は、当然、人々が他界としてイメージしている時空でなくてはならない。したがって、竈神という現象には、日常世界の諸属性から排除された属性が寄り集まってくることになる。いわゆる《龍宮童子》たちの基本的特徴が醜い顔や異常な行動あるいは身体上の障害をもっていることにあるという事実は、何かしら社会の暗闇《くらやみ》の部分との深いつながりを示唆《しさ》しているように私には思われてならないのである。

ここで社会の暗闇の部分に関係するものとして想起する必要があるのは、この地方の巫《み》女《こ》たちがいう「若葉の霊魂《たましい》」であろう。竈神の前身であるヒョウトクは、異常な童子であったが、この若葉の霊魂も十間に眠る異常な童子であった。すなわち、口減《くちべ》らしなどのために圧殺された嬰児《えいじ》の霊を若葉の霊魂といい、殺せばけっして屋内より出さず、必ず土間の踏み台の下か、石臼《いしうす》場のような、繁《しげ》く人に踏みつけられる場所に埋《う》めた。また、生後一年ぐらいで死んだ子供も逆児《さかご》といって、その屍《しかばね》を外にだすことを忌《い》み、右と同じような場所に埋めたという。

これらの霊はときには家の者に祟《たた》りをなし、睡眠病や首下り病の原因となると考えられていた。さらに、急死したり無惨《むざん》な最期《さいご》を遂げた童子の霊魂も屋内に潜《ひそ》み留まり、おもに梁《はり》の上に住んでいると考えられていた。

たとえば、天明《てんめい》期頃の飢饉《ききん》のとき、盗み癖《ぐせ》のある子供があって、何かにつけ苦情がもちあがるので、家族は思い余って、その子供を山に連れだし、岩の上で疲れて眠っていたところを斧《おの》で斬《き》り殺そうとした。父親が斧を頭に斬り込んだ時、その子供は飛び起きて、父《てて》は何をする、というと、そのわけはあの世で聞いてくれと、さらに烈《はげ》しく頭を打ち砕《くだ》いたのである。その子の霊が家に帰り、梁にくっついていて、今でも折々《おりおり》悲しそうな声で最期の言葉をつぶやいていることがあるという。また、やはり天明期頃の飢饉のとき、盗癖《とうへき》か何かのゆえあって、座敷《ざしき》のきつの中に入れ、上からかたく蓋《ふた》をして蒸し殺された子供がいた。この童子の霊魂も梁の上に住み座敷などに示現《じげん》しては客人などに異常な行動をしたといわれている[17]。

これらの霊魂は、童子であること、家のなかの土間に埋められたり住みついているという以外には、竈神はもとより《ウントク譚》や《ヒョウトク譚》との間に何らの関係もないかにみえるが、ヒョウトクが欲張りの婆に圧殺されたり、ウントクが追いだされたりするモティーフには、どことなくこうした悲惨な伝承の残影が刻《きざ》み込まれているような気がしてならない。中世に広く流布《るふ》した御霊《ごりょう》信仰がそうであるように、無惨な死を遂げねばならなかった人の霊を神に祀りあげることによって、その負の属性を正のそれに転化する思想が日本の民俗のなかに定着していたことを考え合わせるならば、家の守護神すなわち富をもたらす神としての竈神の前生譚《ぜんしょうたん》、起源伝説には、もっと陰惨《いんさん》なイメージが伴《ともな》っていたのかもしれないということは十分に考えられることであろう。『神道集《しんとうしゅう》』巻八に収められている「釜神《かまがみ》の事」などはたしかにそれを暗示させている。(18)

座敷ワラシ

ウントクやヒョウトクの形象を考えるうえで、無視できないのが「座敷ワラシ」である。折口信夫は、

「東北地方では所謂《いわゆる》まびくと言ふ事をうすごろと言ふ土地もあつて、そのまびかれた子供が、時々雨の降る日など、ぶる〳〵慄《ふる》へながら縁側《えんがわ》を歩くのを見る。これを若葉の霊といふのだ」と述べつつ、座敷ワラシと同系のものであると説いている。(19)

座敷ワラシは、童子の姿をした家の守護霊《しゅごれい》の一種で、その神が住む家は富み栄えるが、それが去ると貧乏へと転落すると信じられている。遠野《とおの》の民俗学者佐々木喜善《ささききぜん》が採集した資料から二、三拾いだしてみよう。

土淵《つちぶち》村字栃内《とちない》のある家には、オクナイサマとオシラサマそしてザシキワラシがあった。この家の縁者の某《なにがし》がその家の座敷に泊まると、夜中に何者かに両脇《わき》から手を入れて掻《か》き抱かれ、あるいは畳の上を転がされなどして、とても寝られず、別室へ逃げだしたという。この家もザシキワラシのいる間は繁昌《はんじょう》したが、座敷に枕返《まくらがえ》しもなくなると、だんだんと家

運も傾き、今では跡形《あとかた》もなくなったと伝えられている。松崎《まつざき》村字宮代のある家のザシキワラシは、その家運が衰えた時、家をでて上村の方へ、おういおういと声を立てて、泣きながらいったという。また気仙《けせん》郡上有住《かみありす》村の某家に、久しくザシキワラシがあるという伝承があったが、誰一人それをみた者はなかった。ところが、ある年たまたま、ぼろぼろのつづれを着たカブキレワラシが、三つ四つばかり家の人の目に触《ふ》れた。それからこの家が衰えたということである。(20)

これらは、座敷ワラシの退去と家の衰運との関係を示すものであるが、次の例は座敷ワラシが家に入り住む様子を伝えている。

何十年も昔のある正月十四日の晩、非常な吹雪《ふぶき》であったが、宮守村の某の家から、何かしら笛太鼓で囃《はや》しながら賑《にぎ》やかにでてきたものがあった。それが綾織村の某の家の前までくると、ぴたりと物音が止《や》んでしまった。世間ではそれが福の神であり、その家に入ったのだといった。それからその家の土蔵にクラワラシがいるようになり、家計も豊かになった。(21) 附馬村の某という家では、先代に一人の六部《ろくぶ》がきて泊り、そのままでていく姿をみた者がなかったなどという話があり、近頃になってからこの家に、十になるかならぬくらいの女の児が、紅《あか》い振袖《ふりそで》を着て紅い扇を手に持って現われ、踊りながらでていき、同じ村の某の家に入ったという噂《うわさ》がたち、それからこの両家の貧富が逆になった。女の児の移った家には、急にたずねると、神棚《かみだな》の下に座敷ワラシがうずくまっていた、などといわれた(22)。

座敷ワラシという神霊については、童子であること、顔や髪などが赤いこと、異常な立《た》ち居振舞《いふるま》いを人にすること、そして家の盛衰と関連させて語られること、等々を主要な特徴にしつつも、多様な形で伝承されているので、容易にはその本質をきわめることはできない。しかし、柳田や折口が示唆しているように、オクナイサマや若葉の霊との属性的一致が認められることはたしかである。

オクナイサマという神も家の守護神で、その祭祀《さいし》形式はよく知られるオシラ神に近く、やはり男女二体の桑《くわ》の木から作られる人形を神体としているが、この神を祀っていると富貴自在となること、家の者が田植えや火事などのときに手が足りなくて困っていると、童子の姿をして手伝いに現われること、座敷で寝ている者に悪戯《いたずら》をすること、等々、座敷ワラシとの類似が多い。

さて、こうした神霊たちについての伝承が、《ウントク譚》や《ヒョウトク譚》を語り伝えていた同じ地域に存在していたということを考える限り、ウントクやヒョウトクのイメージが形成された背景に、母子神の残存をみるよりも、まず第一に、これらの神霊の投影をみる方がはるかに生産的だといわねばならない。

折口信夫は、座敷ワラシを考察するうえで、座敷の外にいる精霊とそのなかにいる精霊との間の差異にこそ注目せねばならないという旨《むね》の発言をしているが、[23] まさにその通りである。河童《かっぱ》が水から上がり、座敷に住むようになったならば、もはや河童ではない。座敷に住む家の守護神としてとらえねばならない。

私は、何もウントクやヒョウトクが座敷ワラシやオクナイサマであるといっているわけではない。そうではなく《ウントク譚》や《ヒョウトク譚》が人々によって創造され変形されてゆく過程において、そのイメージは、民俗的宇宙から、すなわち民衆の厖大《ぼうだい》な記憶の貯蔵庫《ちょぞうこ》たる民間伝承のなかから選びとられたものであり、それらが互いに結合して、ウントクやヒョウトクが造形化されるのである、と主張したいのだ。その根幹《こんかん》を成すのが霊的存在によって家の盛衰を考えようとした思想であったように思われる。この思想の人類学的考察は、別のところですでに試みたことなので、ここでは繰り返さない。[24]

要するに、童子――富の源泉――異常な行為――異形性――童子の殺害もしくは追放――他界からの授与物、等々の属性は、民間信仰のなかにさまざまな形で刻み込まれ貯蔵されているイメージの寄せ集め、ブリコラージュなのであって、その民間伝承のどれが先にどれが後に形成されたとはただちに答えることのできないものである。民俗的宇宙のなかでそれらは互いに独立しつつ呼応《こおう》し合い、イメージを交換し自己の表現を磨《みが》き上げ、民俗のなかで確固として存在しているのである。

翁のイメージ

さて、ウントクやヒョウトクのイメージがどのような民俗的基盤《きばん》に支えられているかをみたわけであるが、次に、これらの醜い童《わらべ》を爺《じじ》に贈与する霊界の主たる翁《おきな》のイメージについての民俗的想像力の背景をみてみなければならない。

これらの民話のなかで、他界として山という空間が選ばれているが、これについてはいまさらくどくどと述べ立てる必要はないはずである。山中他界の思想は古くから日本全国に行き渡っていたもので、(25)とくに、海辺の村ではない江刺郡その他ここで扱っている民話の伝承地域の村々では、山中に他界を想定していた。そして民衆が、素朴《そぼく》な形であるが、そこにユートピアが存在すると信じていたことも、周知《しゅうち》のことであろう。われわれは、山中奥深くにあるユートピアを「隠れ里《かくざと》」と呼んでいる。

この地方では、隠れ里のことをマヨヒガという。『遠野《とおの》物語』にこの話が記されているので簡単に紹介する。(26)

三浦某は村一番の長者であるが、二、三代前の主人はひどく貧乏で妻も愚鈍《ぐどん》であった。この妻が蕗《ふき》を取りに山の奥に入って、ふと気がつくと立派な黒木の門がある。怪しんでなかに入ってみると、大きな庭があり紅白の花が咲いていて、鶏《にわとり》も多く遊んでいる。裏手には牛や馬が小屋にいる。しかし人の気配はない。玄関から部屋に上がると、次の間に朱色と黒塗《ぬ》りの膳椀《ぜんわん》がだされてある。奥座敷に入ると、火鉢《ひばち》があって鉄びんに湯がたぎっている。もしや山男の家ではあるまいかと恐ろしくなり、あわてて逃げ帰った。このことを人に語ったが誰も真実と思う者はなかった。ある日、その妻が小川で洗濯をしていると、川上から朱色のお椀が一つ流れてきたので拾い上げた。あまりに美しいので食器に用いたらよくないと、ケセネギツ（米櫃《こめびつ》）のなかに入れ、ケセネ（米）を測《はか》るのに使うことにした。するとこの椀で測りはじめてから、いつまでたってもケセネはなくならない。家人も怪しみ女に尋ねると、女はことの仔細《しさい》を白状《はくじょう》した。以後、この家は幸運に恵まれ、ついに今の長者になった。この女の訪れた家は、マヨヒガである。マヨヒガにいき当たった者は、必ずその家から膳椀などなんでもよいから持ちだすべきだといわれている。マヨヒガは、その者にそれを授けるために見いだされるのであるという。この女は無欲だったので椀の方が流れてきたのである。

この豪華なマヨヒガのイメージと《ウントク譚》《ヒョウトク譚》のなかに描かれている山のなかの淵《ふち》の底の、あるいは穴の奥の立派な座敷のイメージとは、おそらく同一のものといえる。別の地域では、こうした山中の隠れ里を龍宮《りゅうぐう》とすることもあるが、この地域ではそうした伝承はない。

民話の爺は、マヨヒガすなわち山の奥の隠れ里に行ったのである。マヨヒガからの贈与物が富の源泉となって、またたく間にそれを得た者が長者になる、というモティーフも、そのまま民話のなかに投影され利用されている。椀という要素が置換《ちかん》されて醜い童になっているにすぎない。醜い童と椀とは、この地域においては容易に変換しうる要素であると考えられる。神霊の故郷である他界は、山中の隠れ里として想定され、そことの関係によって現実の社会における富貴《ふうき》の変化を説明しようとする思考がこの地域の人々のなかに働いており、その一つの表現が民話であったり隠れ里伝説であったりしているわけである。

この隠れ里が富貴の里であるということによって、民話のなかの立派な屋敷《やしき》と福の神の童との間の親和関係はある程度探《さぐ》りだせたが、それでは、この里の主人たる気高《けだか》い翁、もしくは白鬚《しらひげ》の翁のイメージについては、どのようなことを考えうるであろうか。この翁のイメージを十分明らかにすることは、まだ私にもできていないのであるが、手がかりとなる二、三のイメージについて考察してみる必要がありそうに思う。

問題としている民話が収められている『江刺郡昔話』に、次のごときわめて示唆に富んだ伝承があるので記す。

米里《よねさと》村のある所に、五三郎という若者があった。家は貧しかったが親孝行者で、九月のお十八夜《じゅうはちや》に親たちにキノコでも採ってきてあげようと思い、深山へ入っていった。

山の方々を探したが、どうしたものかその日に限ってただの一つも見付からない。日も暮れてしまった。折よく炭焼小屋《すみやきごや》があったので、そのなかで夜を明かそうと思った。夜半頃《やはん》、もっていた粟餅《あわもち》を出して食べていると、一人の白鬚の翁がきて、さもその餅を欲しそうにみているので一つ分けてやると、翁はひどく喜んで食べた。するとそのときどこかで朗らかな鶏の啼《な》き声がした。五三郎は、こんな深山にも鶏がいるのかと不審《ふしん》がると、翁は、あれは黄金が時を立てるのだ、この山には黄金が埋まっているのだ、といった。それから、五三郎は何とかしてその黄金を探し当てたいと祈念《きねん》し、年中山に入って探し回り、とうとう三年目の大晦日《おおみそか》の日暮《ひぐれ》時に、その黄金を三個掘り当てた。そして二つを牛につけ、一つを背負って下ってきたが、牛の方は谷地という所の沼に沈んでしまい、背負った方を領主に献上《けんじょう》し、そのほうびとして、一郷《ごう》の領主となった。

この白鬚の翁は山のなかに住んでいると推測されるが、隠《かく》れ里の主人とは表現されていない。しかし、餅をもらった礼として、五三郎に黄金の存在を教える。それゆえ、富の授与者のイメージを暗示させている。

白鬚の翁が天界の主で、かつ雷神《らいじん》であったという話も記されている。天上に昇って雷神の聟《むこ》になりそうになった息子の話で、次のようなものである。

苗《なえ》売りの爺のいうままに、百文《ひゃくもん》もだしてたった一本の茄子《なす》の苗を買い、毎日毎日、丹精《たんせい》に育て、ついに見上げるような大木となった。その木に雲がかかったような美しい紫の花が咲き乱れ、やがて一つ一つ茄子になる。

ちょうど七夕《たなばた》の夜、茄子を採るため木に登り、とうとう天上まできてしまった。そこには立派な御殿《ごてん》があった。これは変な所にきたものだと思ってあたりを見廻《みまわ》すと、立派《りっぱ》な座敷に一人の白鬚《しらひげ》の翁がいる。息子が「俺《おれ》は日本から茄子を採りにきた者だが、採ってよいか」というと、翁は初めて息子に気がついた様子で、こちらの方を向き、にこにこしながら「この茄子の木はお前のか、おかげで俺たちは毎日御馳走《ごちそう》になっている。さあ勝手に採ってくれ、だが、せっかくここにきたのだからゆっくりして行け」といっていろいろともてなしをした。美しい二人の娘まででてきてもてなす。

やがて昼頃になった。翁は「これは珍客のために思わず時がたってしまった、さあ娘ども、支度《したく》をしろ」といって立ち上がった。翁は一室に入っててでてくると、前とはまったく風態《ふうたい》が変わり、真裸で、虎の皮の褌《ふんどし》を腰に当て、頭には二本の角が生え、口は耳まで引き裂けた、世にいう鬼であった。息子はきゃッと叫んで腰を抜かすと、翁は笑って「これから仕事をするので仕事着に着替えたまでだ」という。そして「実は雷神で、これから下界《げかい》に夕立《ゆうだち》を降《ふ》らしてやらぬと作物が伸びない。どうだお前も少々手伝ってくれないか、なかなか面白いものだ」というので、教えられるままに雨を降らせた。翁や娘に太鼓を叩《たた》いて貰《もら》い、鏡を閃《ひらめ》かして貰いながら、それに夢中《むちゅう》になった。娘たちの方をみると、これまた一生懸命に鏡を振っていて、着物は脱げ胸があらわになり、裾《すそ》がまくれてまっ白い脛《すね》がでたりしている。息子はその風態がおかしく、思わず気を抜いた拍子《ひょうし》に、雲から足を踏みはずして下界に落ちてしまった。そして畠《はたけ》の桑の木に引っ掛った。天では、ことに娘たちが口惜《くちお》しがったが、どうしようもない。

雷神は娘の心を察し、それ以後、桑の木には落ちないことにした。だから、今でも雷の鳴るときは、桑の木の小枝を軒下《のきした》に差すのである(27)。

この民話の白鬚の翁は天界に住む雷神であって、天から雨を降らせる神であるが、その住居は隠れ里のイメージと重なり合っているように思われる。この雷神の翁の娘が、他界=隠れ里に翁を案内する美しい娘に対応するのであろうか。この点についてはなんともいえないのであるが、《ウントク譚》や《ヒョウトク譚》のなかの美しい女も、立派な座敷にいる白鬚の翁に使われている女であるので、あるいはこの翁の娘だったのかもしれない。

ところで、白鬚の翁が、右の話のなかで天の水を支配する雷神として描かれていることに関連させて考慮しなければならないのは、大洪水《だいこうずい》のときに忽然《こつぜん》と示現する白髪もしくは白鬚《しらひげ》の翁の伝説である。この伝説は、「白髭《しらひげ》水」または「白髪水」として知られる。それはおよそ次のような内容のものである。

青森県東津軽郡《ひがしつがる》造道《つくりみち》村では、

「寛政《かんせい》十年五月一日、松森、古館柵《ふるだてさく》は白髭水というのに押し流されて、そのあたりの人も古館という処《ところ》に移って、その村は今もあるといい、これは昔、八束の長髭の老翁の幣うちとりて津浪よりこん、山より水の湧なん、人もあまた失いなんとふれ、いづことのうあるきしか、ほどのう洪水して多くの人失い、山も川となりし処あり、それを白髭水といまもしかいえり」とある(28)。

新潟県古志《こし》郡東谷《ひがしだに》村栃堀《とちぼり》でも、昔、大洪水のとき、白髪の老人が現われ、夜明けに村人に大声で大水がでるから早く逃げよと知らせた。この老人の言葉を信じて逃げたものは助かり、信じなかった者は多く死んだという(29)。また、福島県南会津《みなみあいづ》郡檜枝岐《ひのえまた》村でも、この白髭の翁が示現した。明治年間の大洪水のときだという。多くの橋が押し流され、ひとり村の中央の高い橋が残っていたのを、川上から大きな「ボコテイ」(倒れ木)に乗った白髭の老人が、鉄の斧を持って下りてきて、それを打ち壊していったという。

神秘的な白髭の翁が姿をみせるこの「白髭水」の伝説は、またわれわれの扱《あつか》っている陸中地方でも伝えられていたようである。

宮田《みやた》登《のぼる》は、これに触れて次のように述べている。

「大洪水は山津《やまつ》波《なみ》、川津波を起こし、世界を泥海《どろうみ》に化してしまう。それは自然界の破局《はきょく》であり、終末を予測させる光景となる。そうした終末を予言する白髪、自髭の老人とは一体何者なのか素性《すじょう》は総《すべ》て不明である。むしろ諸事例から判断すれば、終末の危機感のなかに生まれた共同幻覚の一種であろうか。民衆の終末に対する潜在《せんざい》的な感覚が幻想を生んだのだろう。ここにはあくまで幻想的な世界観が形成されているゆえに、一般に終末にさいしてある種の必然性をもって現われる救世主《きゅうせいしゅ》的な存在はきわめて非実在的な形をとっているといわねばならない(30)」。

大洪水のさいに示現する白髪もしくは白髭の翁(31)は、たしかに民衆の終末に対する潜在的な感覚が生んだ共同幻覚であろう。しかしながら、この形象《けいしょう》が翁であるという理由は、それなりの背景があったと考えねばならない。すなわち、日常においては民衆の記憶の奥深く沈んでいるイメージが、非常にさいして蘇《よみがえ》り、浮上するのだ。そしておそらくは、この「白髭水」の翁は、民話のなかに描かれている山中深く入った所に住む富貴の里マヨヒガの主人である白鬚の気高い翁と深い関係を保っていると想像される(32)。

要するに、民話のなかにおいては人々の富の源泉としての童をマヨヒガから管理し、非日常時にさいしては予言者的、救世主的存在として人々の前に姿を現わすのである。換言するならば、「白髭水」伝説の翁が、民話のなかに他の諸要素と結合し秩序づけられて定着したのが、われわれの採り上げた民話中の翁であり、その逆に民話中の翁が、伝説の世界へ移動して示現したのが「白髭水」伝説の翁であると考えられる。したがって、ここでも民間伝承の異なるジャンル間の類似ないしは対応による豊かなイメージの交感がなされているわけである。

隠れ里（＝山中の霊界）の翁のイメージについては、さらに山の神のイメージや鍛冶師《かじし》の信仰の掘り起こしによって迫ることもできる。とくに弘法大師《こうぼうだいし》が東寺《とうじ》の前で会った稲荷《いなり》翁と山の神および醜悪な龍頭太の重なりは、われわれの問題としている民話のなかの翁や醜い童、あるいは竈神の隠された関係を明らかにする手がかりになると推測しているが、これについては紙面も大幅《おおはば》に超えてしまっているので他日に論じることにしたい。

真正の歴史研究

以上、《ウントク譚》等の構造分析をしつつ、それらの民話の構成要素が民俗的基盤から賦与《ふよ》されるイメージを含みつつ、いかなる新しい一つの体系を構築しているのかを探ったわけであるが、しかし、民話の享受《きょうじゅ》者のすべてがそれを聞くとき、これらのイメージを顕在的《けんざい》にあるいは潜在的《せんざい》に頭のなかに想起するとはけっしていえない、ということを忘れるべきではないであろう。人々は一つの〈意味するもの〉としての民話を、自己のもつ解読装置つまり彼らの得た知識や体験に引きつけて、その〈意味するもの〉を思考しイメージする。そしてその〈意味されたもの〉が人によって多少異なるのは当然のことである。

われわれがここで示したことは、民話の構成諸要素やモティーフが、民俗的宇宙を形成する他の民間伝承と、どのように影響し合い交感し合っているのかを垣間見《かいまみ》た程度のものにすぎない。民話はつねに再創造を続けている。というのは、〈意味するもの〉と〈意味されるもの〉の間の関係は固定的ではなく、双方ともに限りなく変化し作り直されるものだからである。

民話的想像力の背景を探るという試みは、それを所有する民俗的宇宙の豊かな想像力の世界を明らかにしてゆくことなのである。ここでは佐々木喜善《ささききぜん》の『江刺郡昔話』にみえる二、三の民話を用いて、その想像的世界の背景をわずかに探ってみただけであり、こうした試みは今後もより精緻《せいち》な形で積み重ねねばならないであろう。

要するに、エンツェンスベルガーのいうように、民話は、まぎれもなく民衆の歴史の形象であり、かつ「つぎつぎと語り伝えられるのに向いた」歴史の依代《よりしろ》なのである。それゆえに、民話研究は真正の歴史研究でなければならない。

注

(1) H・M・エンツェンスベルガー「集団的フィクションとしての歴史について」『スペインの短い夏』晶文社。
(2) 拙稿「柳田学の現代的蘇生」『経済セミナー』四六九号、を参照のこと。
(3) 佐々木喜善『江刺郡昔話』郷土研究社。

(4) 関敬吾『昔話の歴史』至文堂。

(5) 関、前掲書。

(6) Bremond, C., La Logique des possibles narratifs, *Communications* No. 8.

(7) 約束と交換とは、説話の中に経済現象を認めようとすることによって浮きでてくる。説話をいくつかのコードにそって分析するさい、経済的コードともいうべきコードを設定するのも無駄ではあるまい。

(8) 山口昌男の刺激的な著書である『アフリカの神話的世界』(岩波書店)でも、こうした分析を出発点にして構成され、それを通じてアフリカの豊かな神話的宇宙がわれわれの前に開示されている。

(9) 私は、こうした観点からの分析の試みをいくつかの論文で行なったことがある。たとえば、「神霊の変装と人間の変装」(本書に所収)、「『物くさ太郎』の構造論的考察」(拙著『説話の宇宙』人文書院に収録)等々。

(10) 拙稿「神霊の変装と人間の変装」(本書に所収)参照。

(11) 村岡浅夫編『広島県民俗資料2——昔話』小川晩成堂。

(12) 柳田国男「桃太郎の誕生——海神少童」『定本柳田国男集』第八巻、筑摩書房。

(13) 石田英一郎『桃太郎の母』講談社学術文庫。

(14) 石田、前掲書。

(15) 岩崎敏夫編『東北民俗資料集』(一)、万葉堂書店。

(16) 岩崎、前掲書。
(17) 佐々木喜善『奥州のザシキワラシの話』玄文社。
(18) 福田晃「神道集巻八　釜神事の背景」『日本文学論究』二十一号、および内藤正敏「東北カマ神信仰の源流（上）」『季刊現代宗教』第一巻五号、参照のこと。
(19) 折口信夫「座敷小僧の話」『折口信夫全集』第十五巻、中央公論社。
(20) 佐々木、前掲書。
(21) 佐々木、前掲書。
(22) 佐々木喜善『遠野物語拾遺』（柳田国男『遠野物語』角川書店、に付載）。
(23) 折口、前掲論文。
(24) 拙稿「つきもの――人類学からの一つの視点――」（『憑霊信仰論』ありな書房、後に講談社学術文庫に収録）。
(25) 山中他界の構造論的意味については、「世捨てと山中他界観」（『伝統と現代』二十三号）において、若干考察したことがあるので参照のこと（本書に所収）。
(26) 柳田国男「遠野物語」『定本柳田国男集』第四巻、筑摩書房。
(27) 佐々木喜善『江刺郡昔話』郷土研究社。ここでは、山に住む神怪な翁から、天界に住む雷神（雨の神）としての翁に変化している。しかし、水という要素（農耕神）によって双方の翁は結ばれている。
(28) 柳田国男監修『日本伝説名彙』日本放送出版協会。

(29) 柳田、前掲書。
(30) 宮田登『原初的思考』大和書房。
(31) 宮田登は注意していないが、洪水前後に出現する翁は日本に限られたものでなく、中国の少数民族の伝承にもみられるモティーフで、予想以上に根の深いものである。
(32) この翁については、多くの問題がありそうである。日本中世の説話的世界に登場する翁については、別の所で論じたことがあるが(本書所収「根元神としての翁」)、そうした翁とここで扱っている昔話の翁との間に何らかの関係があるように思われる。

神霊《かみ》の変装《やつし》と人間《ひと》の変装《やつし》——昔話の構造論的素描

対立と類似の発見

民俗学の領域に属するすべての分野のなかでも、昔話や伝説に関する研究は、柳田国男《やなぎたくにお》と関敬吾《せきけいご》のこの分野における輝かしい貢献《こうけん》以降、ほとんど理論的発展への試みがなされることもないままに、多くの民俗学者たちの関心が、ますますその分野から遠ざかっていくように思われるのは悲しむべきことである。もちろん、一部の地味な昔話蒐集《しゅうしゅう》家たちの業績があるにはある。だが、これらの人々が、どれだけ柳田や関の理論的研究を超えた（超えようとした）といえるだろうか。理論的考察という点に関していえば、おそらく、議論の対象にさえならないはずである。

以下で論じるのは、日本の思想としては、これまでほとんど取り扱われることのなかった民衆の口承《こうしょう》文学、つまり「昔話」である。私は、それを分析することによって、その表現形式や物語の構成力は素朴であるにせよ、知的貧しさといったレッテルを貼《は》って葬り去ることのできない豊かな精神的・知的世界が、そのなかにかくされていることを示してみたいと考える。

考察の具体的対象は、日本人が語り伝えてきた昔話であるが、われわれがそのなかから抽出《ちゅうしゅつ》しようとしているものは、日本人に固有な精神や思想ではなく、人類が不変に共有していると考えられる思考の論理構造の一端である。日本人の特殊性を探しだし、それをことさらに強調して酔《よ》い痴《し》れるのもよいが、その背後には予想をはるかに超える人類のもつ不変（普遍）性が横たわっていることにも注目しなければならない。日本人は奇妙《きみょう》なまでにその特殊性にしがみつく。が、そもそも特殊性とは一般性を前提にして成立するものであって、この一般性を無視したり否定したりしては、人類の一部としての日本人を考えることなどとてもできそうにない。

山口昌男《やまぐちまさお》も指摘することだが、(1)日本人には「人類」という意識が希薄すぎるのである。日本人に固有な思想が日本の思想であると同程度に、いやそれ以上に、人類に共通する思想も日本の思想なのである。真に日本の思想を把握《はあく》しようとするには、双方《そうほう》からの体系的接近が必要とされる。

われわれの立場は、どちらかといえば後者の側である。そして、昔話という、日本の思想史においてほとんど無視されてきた、日本人の精神的所産の分析を通じて、日本人の思考形式・論理形式を考えてみようというわけである。もっとも、ここでは紙面が限られているので、今後多くの失敗や誤りを是正《ぜせい》しつつ時間をかけて試みていく予定の研究の初歩的な部分を紹介するに留まっている。われわれがここで用いる分析方法は、「構造分析」と称されている、形式を発見することから意味を探しだそうとする方法である。

ところで、構造分析（ないしは構造論的研究）という言葉がフランスの人類学者クロード・レヴィ＝ストロースの名前と密接に結びつけられているのは周知のことであろう。人類学の分野において「構造」という概念を用いたのは、なにも彼が最初であったわけではないのだが、現実に存在する事象をより巧《うま》く説明し解釈するために、理論的に作りだされたモデルとしての「構造」という概念を明確に規定したのは、彼が最初であった。まず、親族の研究において大きな成功を収めた彼の構造論的方法は、次に、すぐれて観念的産物である神話の研究に適用された。そして、その分析があまりにも異様であると同時に、論理的に美しかったために、事実一辺倒《いっぺんとう》の石頭《いしあたま》の人類学者たちをすら、驚かせ魅了したのであった。(2)

それ以来、レヴィ＝ストロースが、

「約二〇年来、若干《じゃっかん》の散発的な試みはあるにしても、人類学は宗教的諸事実の研究からしだいにはなれて来たように思われる。多様な出身のアマチュアが、このことを利用して、宗教民族学の領域を侵《おか》した。われわれが未開拓のまま残した大地の上に、彼らの幼稚《ようち》な遊びがくりひろげられ、彼らの過剰《かじょう》がわれわれの欠乏に加わって、われわれの研究の将来を危うくしている(3)」と嘆いた神話や儀礼の研究は、またたく間に、人類学の中心的テーマへとのしあがった。

だが、フランスやイギリスなどの人類学的状況とは異なり、日本の現状となると、今もなおレヴィ＝ストロースの嘆きがあまりにも見事にあてはまるほど、神話や昔話の研究は魅力のない分野になりさがっており、無責任な詩人や評論家の恰好《かっこう》のおもちゃと化してしまっているのである。

そこで、西洋かぶれの猿真似《さるまね》というそしりを受けることをある程度覚悟したうえで、レヴィ＝ストロースと彼の理論的影響を受けた人々の諸研究を参考にしつつ、不毛の荒野となっている日本の昔話の研究分野に、やがては豊かな実りのときが訪れるのを夢見て、構造分析という鍬《くわ》を打ち込んでみようと考えた。

構造とは一つの体系である。だが、それは自己完結的で閉鎖的な体系ではない。現実に存在する現象や事物のなかから抽出できると想定される構造は、異なる次元においてとらえられた体系のなかに組み込まれることによって別の構造を構成する要素の一つになることもあれば、またそれとは別の次元から分析することによって、ある構造の一要素としてしか取り扱われない事象も、それ自体が一つの体系をなしていて、さらに下位的構造を有している場合もある。それはあたかも、水が水素の分子と酸素の分子から成り、また水素の分子は水素の原子から成り、さらに水素の原子は原子核と電子から成り立っているようなものである。

つまり、われわれの試みは、神話や昔話が編みだす構造の世界のほんの一部をすくい取り、顕微鏡《けんびきょう》に載《の》せ、ある倍率に合わせて覗《のぞ》いているようなものであって、その倍率のとり方によってわれわれの眼下に広がる構造の世界も大きく変貌《へんぼう》するはずである。構造分析とは、あくまで対象に対する一つの視点であるにすぎない。

構造分析のもっとも基本的で素朴《そぼく》な方法は、対立《オポジション》と類似《アナロジー》の発見にあるといえる。構造とは、その多様な論理的組み合わせから構成されているのである。対立といっても、とりわけ構造論者に好まれるのは、相互《そうご》に補充し合っているような対立、たとえば、男と女、右手と左手、上と下、昼と夜、杵《きね》と臼《うす》といったごとき、対になっている対立、互いに相手が存在しなければ自《みずか》らもその意味をもちえないもの同士の対立である。少々厄介《やっかい》なのが類似の扱いで、理論的には、男と右手が、男と杵とが、要素自体として似ているのではなく、男の女に対する対立的関係と右手と左手との対立的関係があるいは杵の臼に対する関係が、相互補充的関係である、という点において似ているのである。

しかしながら、所与《しょよ》の社会にあっては、要素そのものの形から喚起《かんき》されたと推測される類似の多いことも否《いな》めない。たとえば、杵が男性（器）的意味を有し、その逆の女性（器）的意味をなかなか獲得しえないように。

このような問題があるにせよ、右の分析方法が人類学の研究に多大の成果をもたらすのに成功したのは疑いのない事実である。そこで、われわれも構造分析という研究的視点に立とうとする以上、要素自体のなかにすでに意味が与えられているのであるとするのではなく、要素が組み合わさった一つの形式を備えた体系のなかにおいてはじめてその要素が意味を帯びる、つまり形式の発見が、関係の発見が、意味を導きだすという立場で、以下の考察を推し進めてゆくことにする。

四つの昔話群

レヴィ＝ストロースは、オーストラリアに住むカリエラ族の二つの氏族間に限定された交叉《こうさ》イトコ婚《こん》を分析し、そこに見いだされる父のクラス、母のクラスおよび子供たちの二つのクラス、の四つのクラスを、女性の交換と子供の帰属《きぞく》を二つの軸とした四点体系として図式化した。われわれはこれについて紙面を費やす余裕をもたないが、彼のカリエラ型の四点体系は、数学でいう「クラインの群《ぐん》」から得られたものであった。数学的構造の典型であるクラインの群については、マルク・バルビュが多少詳しく一般向けに紹介している(4)。

そのさまざまの表現の一つが、次ページ第1図である。

第1図は、二つの形（円と四角）および二つの色（白と黒）しかなかったとき、その相互の変換の可能性は四つしかないことを図式化したものである。○↕●あるいは○↕□の変換においては、変換可能性のうちの一方を換えたものであるが、○↕■にみられる変換

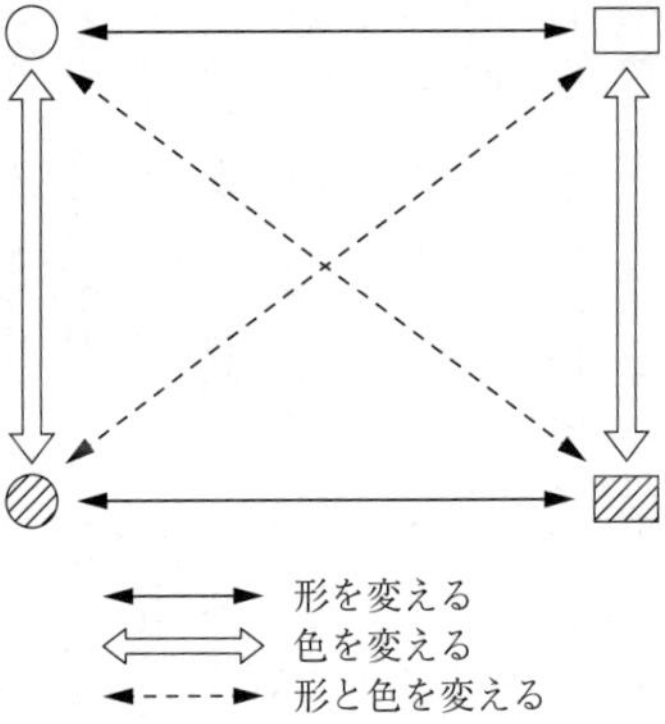

第1図

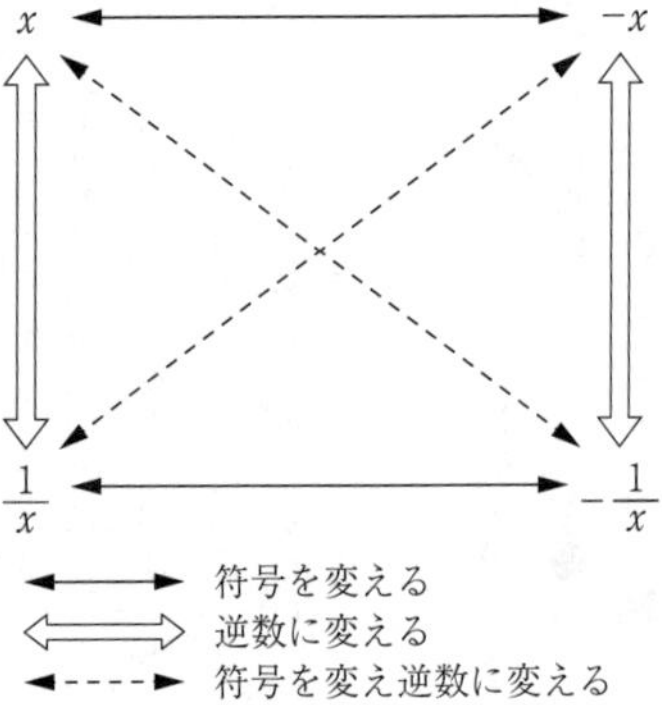

第2図

は、二重に行なわれている。形と色とが同時に変換されたわけである。

第1図は、絵画的な図式であるが、これをもっと抽象的な数学の記号へと還元して表現することもできる。たとえば○を x と置き、□をその符合が−《マイナス》となった $-x$ とする。これに対して●は x が逆立ちしたものつまり x の逆数とすれば、■は逆数にさらに符号が変わったものとなる。これが第2図である。

第1図も第2図も、同一の構造の別の表現であって、このような法則をもったクライン

の群は、バルビュも述べるように人間活動の多くの場面に姿を変えて現われており、カリエラ型の婚姻《こんいん》体系もその一つである。

われわれのこの小論における試みは、日本の昔話のなかにも、第1図や第2図の構造と同一の構造をもつ昔話の群が存在していることを明らかにし、それら昔話群が相互にどう関係し合っているのかを考察することである。したがって、クラインの群を構成する四つの元に相当する四つの昔話群をわれわれは探し出し、それら四つの昔話群の相互の構造的関係を分析することが、ここでの課題となっている。四つの昔話群のいずれをクラインの元の一つと想定してもよく、その間に優劣、新旧の差異を認めていない。あくまで、要素自体の同一（類似）ではなく、関係あるいは構造のそれなのである。考察の都合上、最初に扱う昔話群をAとし、漸次《ぜんじ》、B、C、Dと記号化しておく。

「田螺《たにし》の長者」と「姥皮《うばかわ》」

さて、第一の昔話群Aは、これまで民俗学者たちによって「不思議な成長」などと名づけられてきた昔話群の一部を構成するものである。具体例はいろいろあるが、われわれは、とりあえず「田螺の長者」と題された昔話を、この群の典型例としておくことにする。だからといって、これ以外のこれに類する昔話が、その派生形であるとか一段劣ったものであるとかを意味するものではない。あくまでわれわれの想定する構造モデルの要求する条件に近い昔話であると思われるので、この昔話が選ばれたものであるにすぎない。

「田螺の長者」とは、およそ次のような昔話である。

昔、爺と婆があった。二人には子供がなかったので神様に子供を授けて下さるよう祈った。ある日、二人が田の草取りにいっていると、「息子にしてくれーい」と声を掛ける者がいた。その声の主を探すと、田螺であった。田螺では仕方がないと思ったが、神が与えてくれた子だからと大事に育てた。やがて、田螺も年頃になり、「俺も嫁が欲しい」といいだしたので、老夫婦は「こんな姿のお前のところになど嫁にきてくれる娘は誰もいまい」というと、「心配はない」といって家をでて、外に嫁を探しにいくことになった。長者の家に美しい娘がいた。田螺はその娘が欲しいと思い、いろいろと知恵を巡らして長者やその家の者たちを欺《だま》し、ついに望み通り嫁を手に入れることに成功する。田螺は、その嫁のやさしい心（呪具《じゅぐ》という形をとることもある）によって外貌が剝《は》げ落ち、立派な若者となって嫁の前に姿を現わす。そして、二人はいつまでも幸福に暮らした。(5)

この群に属する他の昔話では、主人公が田螺の代わりに蛇であったり蛙であったりしているが、ストーリーそのものにはそれほど決定的変化はみられない。完全な結婚までに、桃太郎のような鬼退治の話が付加される場合もある。

この昔話の民俗学的解釈は、主人公を水霊・農耕神（田の神）と想定し、富の獲得という民衆的願望を昔話に場を借りて成就《じょうじゅ》したもの、というように読み解いている。ことさら、われわれはこの説を否定するつもりはない。ただ、いま一歩突っ込んで分析してみることによって、別の解釈の可能性が開けるのではないかと思っているにすぎないのである。

ところで、昔話の主題が非人間的な姿をした男（田螺）の嫁取りにあるのはいうまでもない。親子三人で仲良く暮らしていた子供の時期の田螺にとって、たとえ生活は貧しくとも幸せな日常生活としてあった毎日が、やがて年頃になり人並みに嫁を望みだすと、事情が大分異なってくる。爺婆がいうように、彼の田螺という姿が大きな障害となったからである。尋常《じんじょう》の仕方では嫁を得られないと悟《さと》って、彼は積極果敢《かかん》に娘の家を訪ね、欺《だま》し取ることにする。彼の打った大芝居は、バレることなくまんまと成功して娘と結婚する。同時に醜い外貌もとれて、ちゃんとした一人前の男となって幸せな結婚生活をおくることになる。

このようなストーリーから成る昔話を、まずは、F_1→F_2→F_3の三つに区分してみようと思う。F_1は、年頃になるまでの部分、F_2は、年頃になったが外貌のゆえに嫁を貰《もら》えず、家をでて自分から嫁を探しにいく部分、F_3は、苦労のかいがあって嫁を手に入れ幸福に暮らしたという部分である。F_1とF_3とは、時間的、社会階層的には異なっているが、同一状態、つまり主人公の社会的心理的状態における満足度が十分に満たされた日常的幸福のありさまを述べている。これに対して、F_2は、主人公の満足状態に欠落が生じ、不幸な目に陥《おちい》っている部分である。外貌の異常が災いして嫁を得られないでいるからである。

われわれは、このF_2とF_1 F_3との対立性に注意を向けてみよう。すると、次のような対立を示すはずである。とくに愛の成否というモティーフに注目すると、F_2とF_3の対立が問題となってくる。

二つの部分に見いだされる一連の対立とは、

(1) 愛される見込みのない田螺の姿をした男／愛を手に入れた田螺から変身した若者
(2) 醜い外貌／美しい立派な中身
(3) 不幸で寂しい生活（独身）／裕福で楽しい生活（夫婦）
(4) 動物／人間

対立項は、前者が社会生活に好ましくない異常性を表わし、後者が望ましい日常性を表わしている。

また、主人公は、この異常な状態を媒介としてF_1の状態からF_3の状態へ、すなわち低い社会的階層（田を耕す爺婆によって表現されている）から高い社会的階層（長者の娘との結婚によって示される）へと移動している。彼は、トリックを用いて人を欺《あざむ》き、しかもその反道徳的行為の結果、まったく対極に位置するような社会的カテゴリーを結合させる、いわば一瞬の間ではあるが、社会的秩序を破壊し世界をひっくり返してみせたわけである。

つまり、彼は日常的にはほとんど不可能に思えることを可能にする一種の英雄であり、それがトリックによる一瞬の秩序の混乱に乗じての行ないであることから、人類学でいう「トリックスター」ということになる。このトリックスターの主要な役割は、レヴィ＝ストロースや山口昌男をはじめとして多くの研究者が明らかにしているように、移行不可能にみえる二つの項の対立を媒介《ばいかい》し、調停《ちょうてい》させる。したがって、対立した二つの価値を同時に身に帯びた両義的で曖昧《あいまい》な存在ということになっている⑹。

たとえば、田螺ではなく蛙の話であるが、主人公が嫁を得るために用いるトリックの一つに次のようなものがある。

「望みの娘がいる家に押しかけて泊まることになった蛙の主人公は、長者である主人に餅《もち》の入った袋を預け、『大事なものが入っている、一つでもなくしたらこの家の大事なものを貰うぞ』といって寝る。夜がふけてこっそりその袋から餅を取りだし、娘の口の中に押し込んでおく。夜が明けて、餅が一つ紛失していると騒ぎ立て、それが娘の口に入っていたのだからといって娘を嫁に貰うことにしてしまうのである」。

主人公のトリックスターとしての性格を遺憾《いかん》なく発揮《はっき》している話だといえよう。家をでて娘を貰うことになるまでの主人公が、非日常的反道徳的な存在として立ち現われる、二つの異なる世界の媒介者としてのトリックスターであることは、もはやわれわれには疑いのないことである。

さて、「田螺の長者」を分析する過程で興味深い問題をいろいろと抱え込むことになったわけであるが、その昔話群から目を離して辺りを見回してみると、ストーリーとしては右の昔話とほとんど同じであるが、主人公を男から女へと置換《ちかん》した昔話が、一方に存在しているのが注目をひく。これが、次に扱う第二の昔話群Bである。

これらは、普通「継子話《ままこばなし》」として一括《いっかつ》されているが、以下では「姥皮《うばかわ》」と題する昔話を、事例として紹介しよう。

ある金持ちの妻が、一人の美しい娘を残して死んだ。後に娶《めと》った妻には沢山の子供ができ、継母《ままはは》は先妻の娘を憎み、ついに乳母《うば》にいいつけてどこかへやってしまうことにした。そこで乳母は、娘に「姥皮」というものを与え、「危ないことに出会わないように、これを被《かぶ》っていきなさい」と教えた。娘はそれを被って醜い婆さんの姿となって家をでて、各地を歩き回るうち、ある町の長者の家の水仕女《みずしめ》に雇われることになった。娘は、いつも姥皮を被って周囲の人々の目を欺き続けたが、風呂に入るときだけは、それを脱がねばならなかった。あるとき、ふとしたことからそれを脱いで風呂に入る姿を、その家の若主人にみられてしまった。若主人はその美しさに一目惚れしてしまい、恋の病に取《と》り憑《つ》かれて寝込んでしまった。息子を心配した主人が、占い師を呼んで占ってもらうと、この家に若主人の気に入った女がおり、それと添わせればきっと癒《いえ》る、という。そこで家中の女たち一人一人に、彼のもとに薬をすすめにやるが、若主人はいっこうに気に入ろうとしない。最後に水仕婆さんの番になった。婆さんは「自分などいってもどうしようもない」と固く辞退したが、なおも勧められ、仕方なしに若主人の前にでた。すると若主人にすぐ見破られてしまった。姥皮を脱ぐと、玉のように美しい娘がそこに現われた。そして彼の嫁として迎えられて幸福に暮した[7]。

この昔話とほぼ同一の物語的形式をもつものとして、「紅皿欠皿《べにざらかけざら》」とか「糠福米福《ぬかふくこめふく》」「火《ひ》焚《た》き女」などがあるが、その正体を隠すために、皮その他の装身具をつけて変装したとはっきりと述べられていない場合もある。

この昔話もAの群の昔話と同様、三つの主要な部分に分析することができる。F_1に相当する部分は、実母との楽しい子供時代の生活であり、F_2は、母の死後に訪れた継母の仕打ちのはての、家を追いだされた形の遍歴《へんれき》生活、F_3の部分は、長者の息子との結婚生活である。F_1とF_3とは、F_2に対立した関係にある。前者は社会的安定と秩序の内側、つまり日常性に立脚《りっきゃく》した幸福、主人公の満足状態を意味しているのに対し、後者は主人公の不遇《ふぐう》な状態を表わしている。

もっとも、AのF_1もBのF_1も、それぞれのF_3との間に対立した側面も抱えている。Aの

F_1にあっては醜い田螺の姿、BのF_1にあっては継母のひどい仕打ちによって主人公は苦しめられ、それがF_2へ導かれる大きな契機《けいき》となっている。F_3にはそういった要素はまったくない。その意味からもAの群と同じく、Bの「姥皮」でも、F_2とF_3との間の対立が注目されねばならない。

そして、やはり次のごとき対立を検出できる。

(1) 愛されない娘／愛されるようになった娘

(2) 醜い老婆としての外貌／美しい娘としての中身

(3) 孤独で不遇な生活（独身）／楽しい幸せな生活（夫婦）

F_2は、F_3の日常性に対して異常な状態を表現し、いわば主人公はその異常性をくぐり抜けて不幸な生活から幸福な生活へと移動しているのである。

姥皮を被った娘を、昔話は老婆として語っている。だが、この老婆と娘との対比は、Aの昔話の田螺と若者との対比に対応している。すなわち、姥皮によって、非人間的な意味が暗示されているわけである。たとえば、瓜子《うりこ》姫《ひめ》の昔話を想起してみよう。姫は、山の妖怪《ようかい》（神霊）である山姥《やまんば》（あるいはアマノジャク）に殺されてしまうのだが、その山姥は、われわれがみた「姥皮」の娘とは逆に、姫の皮を被って爺婆を欺そうとする。つまり、姥皮とは、山姥の皮としての意味もあったのかもしれないのだ。山姥とまでいわなくとも、非人間的意味が課せられていたらしいことは、「姥皮」昔話群を整理してみると、姥皮の代わりに蛙の皮、蛙の段袋《だんぶくろ》、蛙の面、猫の面、綿帽子、蓑《みの》と杖、頭巾《ずきん》、などが用いられていたことに示されている。

右の分析の結果から、「姥皮」の昔話は、「田螺の長者」の主人公を、男から女へと変換したものであると十分にいえそうであるのだが、注意深く双方の昔話を比較すると、主人公の男から女への変換だけに留まらない、もっと複雑な変換がそれには伴っていることがわかる。男が女に置換されたということは、さきに例示したクラインの図でいえば、○→□ないしは$x \to -x$といった変換に等しい。だとすれば、第一の昔話Aの主人公の、ストーリーのなかにおける属性およびそれに関連する内容も、男から女の変換に伴って、第二の昔話Bでは+《プラス》から−《マイナス》へといった形に変化している可能性が高い。

すなわち、二つの昔話AとBの主人公にみられる男と女の対立は、次のような対立をも誘い出している。

田螺の息子が拾い子（神から授かった）であるということは、彼の父母（育ての親）が妊娠不能・性交不能な家族であることを意味する（過少のセックス）。これに対して、姥皮の娘は、二重家族（父の再婚）の結果、継母にたくさんの子が生まれ、継子を邪魔《じゃま》者《もの》扱いにされての半ば追いだされた娘である（過剰のセックス）。この家族形態の対立性は、拾い子を大事に育てることと、その逆の先妻の娘を残酷《ざんこく》にも家から追放することに対応している。また、男の冒険は自らの意志によって行なわれ、女の遍歴《へんれき》は他者から強引に与えられたものである。しかも二つの昔話において、主人公はともにトリックを使うトリックスターである。

しかしながら、男の方のトリックは愛を獲得《かくとく》するために積極的に仕掛けられたものであるが、女の方のトリックは男の歓心《かんしん》を買わないようにするためのものである。さらに、男のトリックはまんまと成功して嫁を手に入れるが、女のトリックは見破られて仕方なく（？）結婚することになる。

そこで、田螺を積極的《プラス》トリックスターとすれば、姥皮の娘は消極的《マイナス》トリックスターということになる。そして、いずれもその一貫した積極性と消極性という差異にもかかわらず、結果的には、二つの異なる世界をそのトリックによって媒介し結合しているのである。

以上の分析結果から、われわれは、Aの昔話とBの昔話とは、愛に恵まれていない主人公がその不遇を乗り越えて愛を得る、という主題において相同《そうどう》であり並行であるにもかかわらず、男と女の置換に伴って、符号が＋と－という具合に変化していることを確認したわけである。

これにもとづいて、第一の昔話Aを、〈女に愛されたいが、愛されるはずのない男の、愛の成就〉の昔話といい表わすとすれば、第二の昔話Bは、〈男に愛されるはずであるが、愛されることを望まない女の、愛の成就〉の昔話と表現することが可能となる。

つまり、AとBの二つの昔話は、同一構造をもった昔話の主人公の符号が変わったものであるにすぎず、Bを$-A$として、Aを$-B$として表現することもできるわけである。ここでは、Aにおける男の主人公をx、Bにおける女の主人公をyとしておくことにした。それを図式化したものが第3図である。現世の男の主人公が他界へ移行したとき、それを示すために現世をプラスとし、他界をマイナスとした。したがって、xは現世にいる状態にあり、$-x$は他界にいる状態を示す。

$$
\mathrm{I}\begin{cases}\text{昔話A}:F_1(x)\rightarrow F_2(-x)\rightarrow F_3(x)\\ \text{昔話B}:F_1(y)\rightarrow F_2(-y)\rightarrow F_3(y)\end{cases}
$$

第3図

ところで、われわれには、まだ十分に明らかとなっていないきわめて重要な問題の考察が残されている。主人公たちが、異なる二つの世界の一方から他方への移動中にとる、あの異形なる姿は、いったい何を意味するのか、という問題である。

われわれは、すでに、その移行の状態にある主人公たちが符号の方向の異なったトリックスターである、ということを明らかにしている。けれども、トリックスターというレッテルを貼《は》るだけでは、彼らの異形の姿の意味は不明であり、そこでトリックスターとは何者だ、ということが問題になってくる。だがこれは、この小論ではとても収まりきれない大問題である。なるほど、たしかにトリックスターやその儀礼的対応物である道化などの属性を詳細《しょうさい》に検討すれば、われわれの昔話の主人公のトリックスター的性格の意味も、ほとんど明らかとなるのだが、ここでは触れず、やや異なった視点から眺めてみることにしよう。

われわれの提出しようとする考えは、儀礼主義的なものである。

AとBの二つの昔話の主人公のいずれも、ある社会的状態（孤独で不幸な状態）から別の社会的状態（豊かで幸福な状態）への移行中のときのその異形なる姿がとりわけ重要な意味を有するように思われる。この期間の主人公は、家族なしの宙ぶらりんの状態におかれている。子供として育った家族から離れていながら、自分たちの家族をまだ作っていないので、彼らは安定した日常生活の場を持ちえず、そのような場からはみ出た冒険と遍歴という非日常的場に身をおいている。この期間は、また一種の試練の期間であり、それを巧みに乗りきった者には日常的な幸せが待っているのだともいえる。こうした特徴は、通過儀礼のイニシエーション（成人式）の特徴と同一である。この点については、これまでも民俗学者によって指摘されている。

イニシエーションとは、子供から結婚ができる大人への移行を社会的に示す儀礼であって、A・ファン・ヘネップやM・エリアーデの名前をだすまでもなく、その期間中の人々つまり通過の人々は、これまでの社会的人格を否定されていながらも、まだこれから属する社会の人格をも十分に獲得していない、どっちつかずの曖昧な存在として措定されているといっていいだろう。この意味から、彼らには固定的な社会秩序の有する属性の否定形、すなわち非日常的なるものの諸特徴が課せられることになる。

換言すれば、彼らは日常生活を支える秩序に対抗する、反社会的で反道徳な危険人物であるがゆえに、禁忌《きんき》に包まれた聖なる存在である。彼らは、物理的にも社会的にも日常の場から隔離《かくり》され、非日常的な場に追いやられる。つまり日常的生活空間としての現世に対する非日常的空間としての他界がそれである。そこにいる間は、人々は儀礼的に死んでいるものとみなされるのが一般である。そして、神霊たちと交渉《こうしょう》するのもこのときなのである。

さて、「田螺の長者」の主人公は、田螺の姿として登場する。彼は拾われ子で、生みの親はわからない。昔話は、神の授けた子として説明するが、その本質（心）は人間である。確かに形姿は田螺であって人間ではない。だが、彼は人間の男として育てられ、人間としての結婚を望み、人間のように智略《ちりやく》を用いて目的に達しようとし、そして最後に心ばかりではなく、外貌が剝《は》げ落ち、立派な一人前の男となって典型的な幸福を摑《つか》まえる。「姥皮」の女主人公は、ある異話《ヴァリアント》によれば観音《かんのん》の援助といった要素が介入していることもあるのだが、はじめからはっきり人間の子として登場する。彼女の老婆や蛙への変身は、一時的に本性を隠す目的で皮を被《かぶ》ったものであって、最後にはやはり田螺と同様、外貌を取って、本来の姿に戻ることになる。つまり、結婚して幸せな生活に入ったときは、本当の人間としてなのである。

そこで、われわれは、昔話の主人公の異形なる姿を、移行期間中に人間が仮にとった姿、つまり日常世界から離脱し、非日常世界に身をおいていることを示す変装《へんそう》である、と解釈する。彼らは、非日常的、非人間的装いをすることによって、日常世界から隠され、死んだ状態となる。家族を離れての彼らの旅は、他界への旅、イニシエーションとしての旅であり、日常的人間を否定された非日常的人間として描かれているのである。醜い外貌とは、それを表現する記号であると考えるべきであろう。

変装。これは何を意味するのだろうか。日本の民衆にとって非日常的な服装をすることは、ハレつまり聖なる存在となることであった。しかもまた、変装とは、人間が神霊と交渉するために、神霊の属性を身に帯びるためのものでもあった。

乗岡憲正《のりおかのりまさ》の「やつし」についての見事な考察から言葉を借りるならば、「神代以来永い厳重《げんじゅう》な物忌《ものい》みのしるしであった〈蓑笠《みのかさ》〉の信仰からは、それがやつれから聖人格転換への呪物《じゅぶつ》であったことを窺《うかが》わせる。それは又復活乃至《ないし》は生れ変りの儀礼に於《お》ける威力ある変装であり、又変身術でもあった」ということになる。[8]

変装または変身というものが、多くの場合、人間が聖性を発揮するための条件であったと説く彼は、覆面《ふくめん》や蓑笠、お顔張り、灰塗《はいぬ》り、墨塗《すみぬ》り、などの異装を、やつしと物忌み〈儀礼的隠遁《いんとん》〉として考察する。彼はまた、笠について次のように述べる。

「神のしるしである笠を冠《かぶ》ることによって神の姿になるということは、脱げば神性を喪失してやつしの霊力を失う訳だから、笠は神のお召物であり、人間が身を隠す『隠れ笠』

でもあったと云える。これが説話化すると、『隠れ蓑、隠れ笠』の如《ごと》き神秘な昔話へ、更に展開して『鉢《はち》かつぎ姫』の鉢、『筑摩《ちくま》祭り』の鍋などにも変化して行くものと思われる」(9)。とするならば、われわれの昔話の主人公たちの田螺としての外貌および老婆としての変装も、日常世界から一時的に身を隠し、別の世界の住人となっていることを意味するというのは、もはや疑う余地のないことであろう。仮装した彼らは、神霊の皮を被った人間であり、神霊に身をやつした人間なのである。

こうした考察の結果、昔話群Aと昔話群Bとにみられる平行性に注目することによって、次のような構造を検出し、図式化することが可能となったように思われる。とりあえずA群とB群をひとまとまりにしたグループを〔I〕とする。それを時間軸（T）と空間軸（S）にしたがって図式化すると、次ページ第4図のようになるであろう。

さて、われわれの論証はこれで終わったわけではなく、第三の昔話群Cと第四の昔話群Dを探し出し、第一の昔話群Aおよび第二の昔話群Bと比較することが残されている。

基本的モデルの提示

最近の論文において、フランスの人類学者ドニーズ・ポームは、C・レヴィ＝ストロースやウラジミール・プロップ、クロード・ブレモン、アラン・ダンデスなどの神話や昔話の諸研究を検討しつつ、昔話を分析するための基本的モデルを提示している(10)。ポームは、

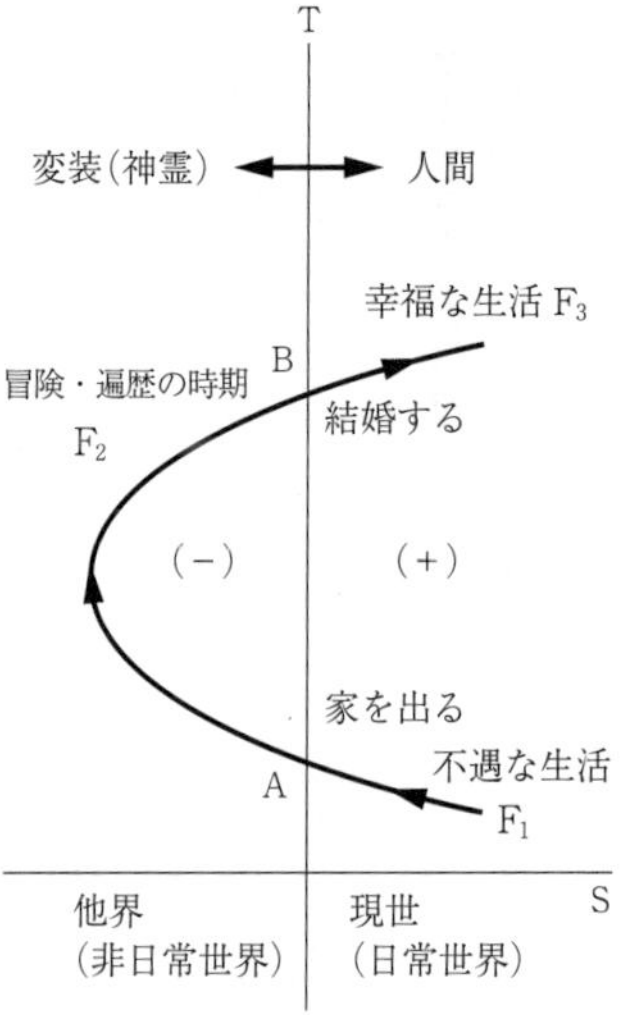

第4図

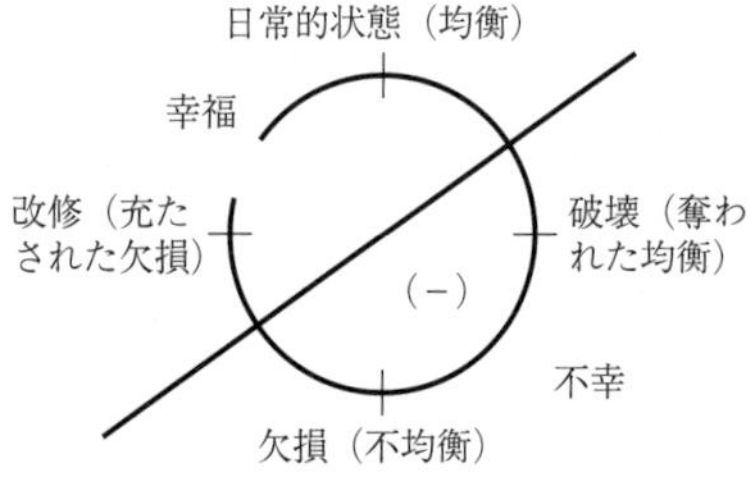

第5図

ある日常的な状態から始まり、それに変化が起こり、別の新しい日常的状態で終わる形式の昔話や、最初の日常的状態が破壊《はかい》されたままで終わる形式などさまざまの形式の昔話を、七つのタイプに分け、第5図に示されるようなモデルを基礎としてアフリカの昔話の形態《けいたい》論《ろん》的研究の必要性を説いている。

こうした形態論的研究は、日本でも関敬吾によって日本の昔話の分析に適用されているのでそれほど珍しいわけではないのだが、彼に続く研究者がなく、孤高の研究となっているようである。

そこで、われわれが扱っているAとBの昔話群から成る〔I〕の群の昔話は、ポームの七つのタイプのいずれに属するかを考えてみよう。

彼女のいう七つのタイプとは、「上昇型」「下降型」「循環《じゅんかん》型」「螺旋《らせん》型」「鏡像《きょうぞう》型」「砂時計型」「複合型」とそれぞれ名づけられているが、〔I〕群のAとBの昔話は、それらのうちの「上昇型」ないしは「循環型」に属すると思われる。「上昇型」とは、欠損《けっそん》↓改修↓充足といった物語的プロセスをたどる昔話であり、「循環型」とは、日常的状態（充足）↓破壊された日常的状態（欠損）↓改修↓新しい日常的状態といったプロセスを描く昔話である。

前ページの第4図で示したように、AとBの昔話は、日常生活（現世）↓非日常生活（他界）↓回復した日常世界として解せば「循環型」であるが、昔話の主人公たちが醜い田螺として、継母にいじめられる継子として登場することに注目することによって、不幸な状態（欠損）↓愛の獲得（改修）↓幸福な日常的状態（充足）と理解すれば「上昇型」ということになる。詳細にみるならば両者の型が重複しているわけであるが、ここでは「循環型」として、すなわち田螺の主人公は、子供の時分は養い親と楽しく幸福に暮らしていたが、時間の経過が欠損を、つまり嫁の必要性を生みだしたのだと解し、姥皮を被った娘は、やはり子供の頃は実母と楽しく暮らしていたが、母が死に、継母がくるに及んで幸福な生活が毀《こわ》れてしまったのだ、と解釈しておきたい。

ところで「循環型」にはまったく逆の関係にある二つの型が存在する。〔I〕の昔話群は、第5図の円の真上（日常的状態）から昔話が始まり、矢印にそって真下（欠損）を通り、再び真上に回帰する。これに対して、もう一つの型は真下から始まって、幸福な日常的状態を示す真上に至り、再びそれが毀れて真下に戻ってくるような話である。実は、われわれが次に取りあげるC群とD群の二つの昔話は、AとBとが前者の「循環型」に相当するのに対し、その逆さまの型である後者の「循環型」に相当している。

われわれは、第二の昔話群Bを、〈男に愛されるはずであるが、愛されることを望まない女の、愛の成就〉を主題としたものと規定しておいた。とすれば「循環型」の後者の型に導かれて、〈愛すべきではないが、男を愛してしまった女の、愛の成就とその破綻《はたん》〉という主題を理論的に導きだすことができる。これが第三の昔話群Cで、具体的な昔話の例としては、「蛇女房」とか「鶴女房」「蛤《はまぐり》女房」などがこれに相当すると考えられる。たとえば「蛇女房」に次のような話がある。

ある男のところへどこからきたのか美しい女が訪ねてきて、二人は夫婦となった。幸せな生活が続き、やがて女は妊娠する。お産のとき、妻は夫に「決して子供を産む姿を覗《のぞ》き見しないでほしい」と念を押して産屋に入った。だが、夫は心配のあまり、そっと妻の姿を覗いてみると、なかでは恐ろしい大蛇が赤子を真ん中にしてとぐろを巻いていた。男はあまりのことに仰天したが、秘かに引き返して黙っていた。七日たつと女はきれいな男の子を抱いてでてきて、夫の前でさめざめと泣き、「あなたに正体をみられた以上、もう一緒にここで生活することはかないません」といって家をでていってしまった。そのとき、「子供が泣くときにはこれを嘗《な》めさせてください」と目の玉をくりぬいて置いていった。(11)

この昔話の基本構想は、すでに古代神話の豊玉姫《とよたまひめ》説話に描かれている。だが、これまでの研究の関心は、出産の覗き見の禁忌と姫の蛇体としての本性に集中しており、昔話の構造論的分析を意図するわれわれには、それらの研究はそれほど役立たない。覗き見の禁止とか蛇体とかは、あくまでも昔話や神話を構成しているところのモティーフの一つ、要素の一つであるにすぎず、われわれの立場からすれば、構造それ自体を変化させない限りにおいては、それ以外の別のモティーフ要素であっても構わないのである。

たとえば、「蛙女房」では出産の覗き見の禁止のモティーフはないし、「鶴女房」では機《はた》を織っているところを夫に見られてしまうことによって愛が破綻するというようにモティーフが変化している。「蛤女房」では、女が料理のなかに小水をしている（実は、それによって汁の味がおいしいものとなっていたのである）光景を夫にみられ、それをとがめられて元の蛤となって去る、というようになっている。また、主人公（この昔話の主人公は、一見したところ男であるように思われるが、そうではない）の女の本当の姿が、蛇から鶴や蛙や蛤に置き換えられていようとも、昔話の形態ないし構造に変化は生じていないと考えられる。

この昔話の主人公は、人間界の女ではなく、どこか別の世界（他界）から、わざわざ人間の男のもとに結婚するためにやってくる。男が積極的に求めた結婚というより、他界の女が「押しかけ女房」を決め込んだのだった。外貌は美しい人間の姿をしているが、本当は蛇であって、男を欺して結婚していたのである。だが、ある事件を契機として本性がバレてしまい、愛は破綻する。

そこで、AとBの昔話について行なったように、この昔話も三つに区分してみよう。それをS_1→S_2→S_3として表現するとすれば、S_1は、昔話でははっきり描かれていないが、人間の男に懸想《けそう》した他界の女の独身の生活（一種の不均衡な状態）、S_2は、主人公の望みがかなった、人間の男との幸福な結婚生活（日常的で均衡な状態）、S_3は、正体を見破られて泣く泣く愛する男と別れた、悲しい他界の生活（不均衡な状態）、となる。

また、S_2と$S_1$$S_3$との間に存在する対立に注目することによって、$S_2$と$S_3$との間には、AとBとにみられたと同様の対立関係の、しかしながら時間の流れが反対の方向に変化したものを検出できる。つまり〔I〕群の昔話的時間は結婚および幸福な生活へ向かって進行

するのに対して、Cの群の昔話的時間は、結婚の破綻および悲しい別離の生活へと向かって流れてゆく。

S_2とS_3との間に存在する、愛の成就（結婚）と愛の破綻（離婚）という対立は、

(1) 男に愛されている女／愛を失った女

(2) 美しい外貌／恐ろしい正体

(3) 幸福な楽しい生活／悲しく不幸な生活

(4) 人間／動物（神霊）

といった形を構成している。すなわち、昔話Cとは、F_1が$\downarrow -F_1$化した物語ということになるわけである。つまり、昔話Cは、第6図のごとく表記できる。

$$\text{昔話C：} -F_1(-y) \rightarrow -F_2(y) \rightarrow -F_3(-y)$$

第6図

さて、〔I〕群の昔話の主人公たちは、二つの異なる世界（社会的階層）を結びつけ媒介するトリックスターであった。彼らは、そのトリックの成否にかかわらず、そのトリックのおかげで両世界の結合・仲介に成功している。より具体的に述べると、上層階級の者と下層階級の者との結婚がその結合のしるしであって、この結婚は、いうならば社会学的結婚である。これに対するC群の昔話の主人公である蛇の女も、明らかにトリックスターであるといえる。まんまと人間の男を欺いて結婚しているのだから。

しかしながら、〔I〕群とは異なり、他界の女は、トリックが成功してい

る間が幸福な状態にあるのであって、トリックが見破られた時には、姥皮の娘とは逆に、愛を失うことになる。一方は愛を得るためのトリックとなっているが、他方は愛を守るための役割を果たしている。トリックもまた裏返しの役目を帯びているわけである。ということは、他界の女と人間の男との結婚、いわば宗教学的結婚は、他界と現世とを結合するが、その結合・媒介はトリックが成立している束《つか》の間《ま》のものでしかなく、恒久《こうきゅう》的なものではないことを意味しているのかもしれない。つまり、人間にとっては結婚は日常的で恒久的なものであることが望ましいが、神霊にとっては非日常的で一時的なものでしかないのである。

そこで、この昔話が神霊の視点から語られたとするならば、人間との結婚生活こそ非日常的生活であり、人間の場合でいうイニシエーション的時空に相当することになるのであろう。だが、この昔話を伝承してきたのが人間であり、人間の側からの視点で他界の女を語っているため、構造論的にみれば、AとBの昔話群との関係から推測して、明らかに他界の女が主人公となるにもかかわらず、表面的には夫の方が主人公としての性格を獲得しつつあるのだ、と考えられる。このため、詳細にみると構造自体も若干歪みを含んでいるが、ここでは触れないことにしておく。

それはそれとして、では、この昔話は何を表現しているのだろうか。

まず、われわれは、この昔話がこれまでの分析から〔I〕群の昔話の裏返しの構造をもった昔話だということに注目しよう。すなわち、〔I〕群が人間の側からの他界への移動をセックスの禁止を伴った神霊への変装として表現するとすれば、Cの昔話では、その逆、つまり神霊の側からの人間界への移行（示現）という形式となっていて、それは人間とのセックスを伴った人間としての変装の姿によって語られている。一方は、神霊の皮を被ってそれに身をやつした人間を基本的主題としており、他方は、人間の皮を被ってそれに身をやつした神霊を昔話の基本的主題としているのである。

一言でいうと、〔I〕群の昔話とCの昔話とは、同一の主題の表（人間）からの表現と、裏（神霊）からの表現なのである。人間の側からすれば、神霊との交渉は、儀礼の期間として示されるが、神霊の側からすれば、それは人間との共同生活（結婚）の期間として語られることになるわけである。

われわれは、与えられた諸要素を巧みに組み立てて一つの論理的構築物を作り上げてゆく、神話的思考の力強い豊饒《ほうじょう》な姿の一端を垣間見《かいまみ》た思いである。余談になるが『竹取物語』の天界から地上界へ下降した「かぐや姫」が、同時に人間の男たちへの試練の授与者として立ち現われているのは、われわれの説を傍証《ぼうしょう》するかのようで興味深く思われる。

では、Cの昔話の構造を〔I〕群のように図式化すればどのようになるだろうか。〔I〕群の主人公は現世（+）から他界（−）をへて（+）に還帰《かんき》するが、Cの主人公は、その逆つまり他界（−）から現世（+）へ移り、最後にまた他界へと戻ることになる。

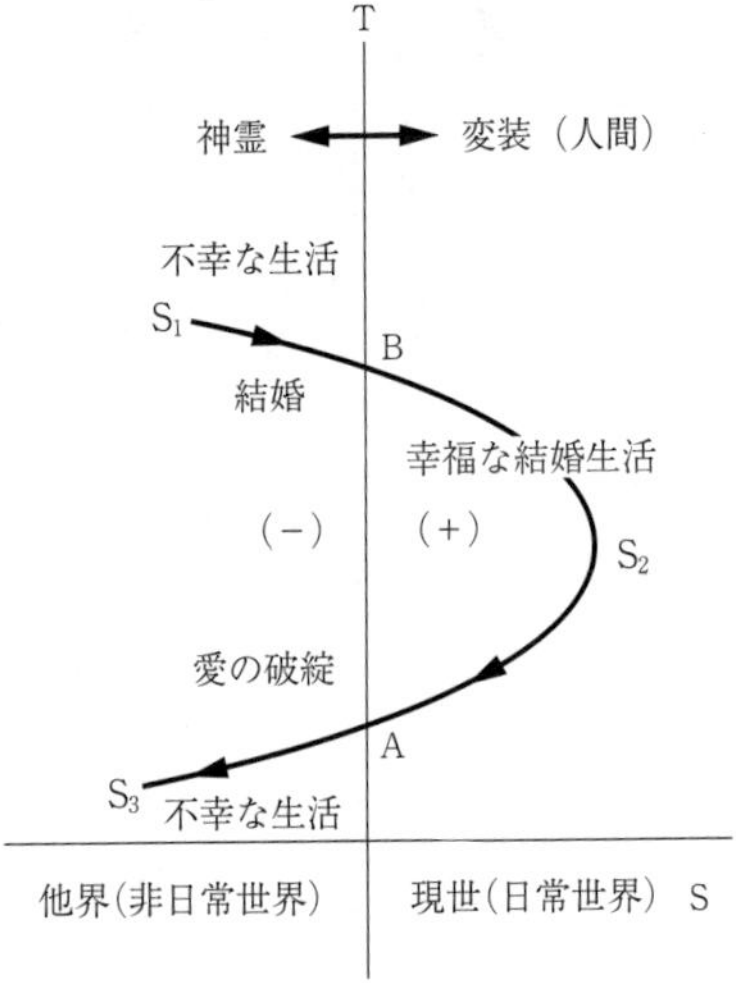

第7図

昔話A：$F_1(x) \to F_2(-x) \to F_3(x)$
昔話B：$F_1(y) \to F_2(-y) \to F_3(y)$
昔話C：$-F_1(-y) \to -F_2(y) \to -F_3(-y)$
昔話D：$-F_1(-x) \to -F_2(x) \to -F_3(-y)$

第8図

ところで、われわれがまだ第四の昔話群Dを探しだし、分析していないことに気づかれている読者も多いことであろう。われわれはA群、B群、C群の昔話を分析し、その構造を検出してきた結果、理論的に第四の昔話群Dの構造を知っている。すなわちAとBの昔話がそうであったように、DはCの主人公を女から男へ置換した、そしてそれに伴って昔話の主人公およびそれに付属する諸属性の符号が変わっている昔話であって、符号をとり除いた昔話の展開形式は、Cと同様の第6図の構造図として表わせる。

そこで、CとDを一つの群として〔II〕とすれば、われわれは第4図を変換させた、第7図を得ることが可能である。すなわち、A、B、C、D、の四つの昔話群は、第8図のように整理でき、かつまた、数学のクラインの群を構成することになるであろう（第9図）。

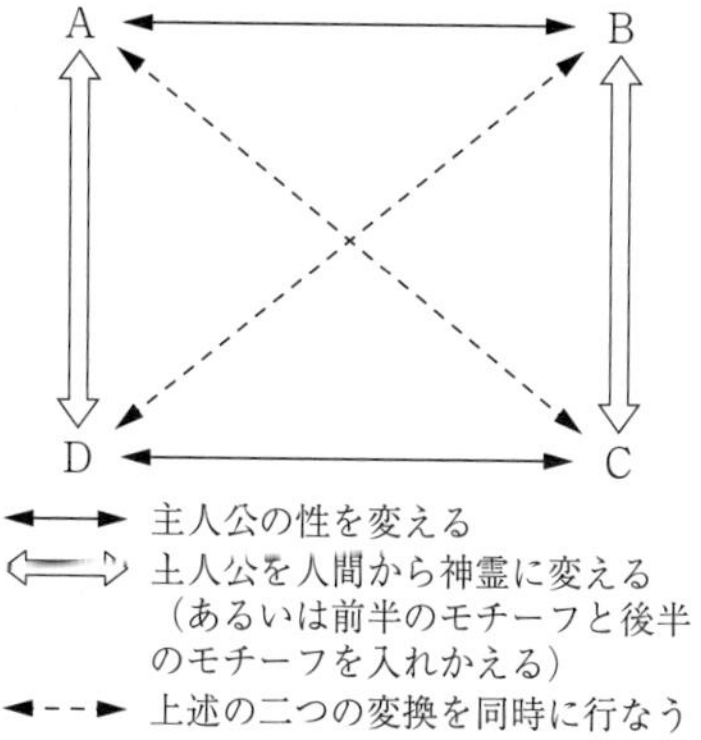

第9図

しかしながら、残念なことに、私は第四の昔話Dに相当する構造をもった昔話を、今のところ日本の昔話のなかから探しだせずにいる。これは私の不勉強の結果であって、私の乏しい知識の外側で存在しているのかもしれぬ。

だが、論理的に思考のなかで成立しえたとしても、実際の伝承として語られることを拒む外的力が昔話の構造を破壊してしまっていることも考えられるし、あるいは大幅《おおはば》に原形を留めぬくらい変形されてしまっていることもありうる。

それではその昔話の豊かな組み合わせから生

みだされる構造を脅《おびや》かす力とは何であろうか。大きく分けて二つ考えられる。一つは自然環境の圧力、もう一つは社会環境の圧力。前者でいえば、海のないところで海を要素とした昔話は成立しないといった類の圧力である。

これに対して、後者の社会環境からの圧力となると、どういった形で昔話の構造に影響を与えているのかを明らかにすることは、なかなか骨の折れる作業である。というのは、社会環境とりわけ人類学的表現でいうところの社会構造がそのまま昔話のなかに反映することもあれば、その反対に否定形として描かれることも考えられるからである。

たとえば、アフリカで広く分布している、ハイエナと野ウサギの昔話（二人ともトリックスターである）を見てみよう。これは東アフリカのカグル族に伝えられた話である。(12)

大飢饉《だいききん》のとき、野ウサギとその母方のオジのハイエナがどうしたらよいか相談する。ハイエナは自分たちの母親を殺して売ってしまおう、という。しぶしぶ野ウサギはそれに従う。けれども野ウサギは自分の母を殺してしまうのに忍びず、ハイエナを欺して母を助け、最後にオジであるハイエナが飢え死にするのをそのまま見殺しにする。そして野ウサギは母とともに苦境を乗り切り幸せに暮す。

明らかに、この昔話にはカグル族の母系的社会の諸関係が投影している。だが、その投影像が正立像であるか、倒立像であるかとなると、いちがいに決めかねる。この昔話は、ポームのいう「鏡像型」に属し、野ウサギは善玉で、ハイエナは悪玉として描かれている。

母系社会においては、オジ―オイの関係は重要で、オイはオジに対して尊敬と服従が課せられ、オジはオイの保護の義務が課せられている。けれども、昔話のなかでのハイエナは理不尽《りふじん》にも、自分の母や妹を殺そうとする。ここで野ウサギとハイエナは敵対し、野ウサギはハイエナを見殺しにしてしまうことになるわけである。

そこで、この昔話は、親族を殺しその肉を食べて生きようとする者は否定されるであろう、という社会理念を表現していると解することができるであろう。だが、よく考えてみれば、生きのびた野ウサギも、オジを欺し見殺しにしているのだ。窮極《きゆうきよくてき》的状況のなかで母を助けるため仕方がなかったのだとすれば、ハイエナがオイを守るため、母を殺そうとするのも仕方がなかったといえる。だとすれば、この昔話は、反社会的・反道徳的な者は否定されねばならぬということを物語るばかりでなく、人間は、日常的状態のときはいざしらず、非常のときは、オジを欺し殺してでも命ながらえていかねばならないのだ、ということをも物語っていると考えられるはずである。

トリックスターとは、単なる「いたずら者」ではない。非日常の状態におかれ、生命の危険にさらされたときの、日常的で道徳的な目からすれば、「悪」としかいいようのないことを敢《あ》えて犯すことによって生存し続けることに成功してきた、もっとも醜悪《しゆうあく》な人間の智恵の表現なのである。レヴィ＝ストロースが引く、アルゴンキン族の兄弟相姦《そうかん》の神話も、生命の危機にさらされた男が、妹と結婚するというトリックを用いて、生きのびようとしている。(13) こうしたことが、非常時の人間に決して起こりえないといいうるだろうか。神話がだいぶそれてしまったが、ここでは、要するに、神話とか昔話といったものに表現されている社会理念や社会関係などを考慮する場合、一筋縄《ひとすじなわ》ではいかないことを理解していただければ十分である。

ところで、われわれは、第四の昔話群に右のような混み入った社会環境の投影・圧力を見いだそうというわけではなく、いささかあっけないくらいに単純な影響を認めるだけである。その影響とは、昔話Dは存在しないが、それに準じた変形構造をもつ昔話群D′の存在を例示することでおよそ理解可能となるであろう。D′の昔話とは、次のようなものである。

百姓の爺があった。ある年日照りのため田畑が干上《ひあ》がってしまった。爺はすっかり困り果て、「田に水さえかけてくれる者がいたら、三人の娘の一人をくれてやるのだが」と独り言を呟《つぶや》いていると、藪《やぶ》から猿がでてきて、山奥へいき、どんどん田へ水を流し込んだ。さて田には水が入ったものの、爺は自分のした約束に困ってしまった。心配のあまり御飯も食べられず寝込んでしまったので、一番上の娘が御飯を勧めにいくと、父から猿との約束の話をされ、「私はいやだ」と怒って逃げてしまった。二番目の娘も同じだった。だが末の娘は、「私が嫁にゆくから安心して食べなさい」といった。次の日になると、猿が赤い袖なしの着物を着て娘を貰いにやってきた。そして連れ立って山奥にいき、そこで仲良く幸福に暮らしていた。次の年の春、餅を持って里帰りすることになった。猿が餅を重箱に詰めようとすると、妻は「重箱臭い」という。鍋《なべ》に入れようとすると「鍋臭い」と嫌がる。そこでついに臼《うす》のまま背負っていくことになった。途中の川べりにきれいな花をつけた桜の木があったので、「それも土産《みやげ》にしたい」と妻がせがむ。猿は臼を下ろして木に登ろうとすると「土臭くなる」という。仕方なく臼を背負ったまま木に登ると枝が折れ、猿の夫は川の中へ真っさかさまに落ちて流れていってしまった。娘はそのまま家に帰ることができた。⒁

「猿聟入り《さるむこいり》」と題されるこの昔話はまだ良い方で、同じD′群に属すると考えられる「蛇聟入り」の昔話になると、ほとんどDの昔話を想像できないほどに変形してしまっている。D′とDとは、類似した構造をもち、われわれの視点からは、Dの変形としてD′をとらえるが、だからといって、Dが完全な構造を有しD′は不完全な構造をもつことを意味しない。D′は、明らかに一つの構造を備えており、理論的に予想されるA′、B′、C′、の各昔話群と一まとまりになって、A、B、C、D、の四つの昔話群が構成するクラインの群と同様、一つの構造を形づくっていることが想定できる。

さて、第一の昔話群Aの時間軸が逆になることによって、第四の昔話群Dは、他界の男を主人公とした、幸福な結婚とその破綻を主題としているはずである。D′の昔話にもこうした主題は貫かれている。けれども細部に目をやるとそうはいかない。

まず、主人公は、「猿聟入り」「蛇聟入り」等、他界（異界）の者が主人公のようにタイトルには示唆《しさ》されているが、Cの昔話がそうであったように、人間の側とりわけ爺と末娘へと移動してしまっている。これに伴って、猿のトリックスターとしての性格は失われ、人間の方がトリックスターとなる。猿はまんまとトリックスターとしての娘（つまり妻）のトリックに引っ掛り死んでしまうのである。

また、幸福な結婚生活と悲惨な結婚の破綻という対立がはっきりと存在するにもかかわらず、他界の男の人間への変装というモティーフがみられない。かろうじて猿が赤い袖なしを着て現われる場面にそれが示唆されているだけである。「蛇聟入り」では、しかしながら、美しい侍の姿となって嫁を貰いにくる話もあり、変装のモティーフも比較的はっきりでてきている。だが、変装は束の間のことで、結婚生活の続く間そうであるわけではない。

われわれは、実は、DとD′の相違をこの変装のモティーフの有無に求めようとしている。というのは、変装の基本的役割は、主人公が本来属している世界とは別の世界に身を置いていることを示す記号であり、したがって変装のモティーフがほとんど現われないということは、主人公が別の世界に住んでいないことを意味しているはずで、事実、猿の主人公は自分の住む山奥へ嫁を連れ去っているのである。

　すなわち、D′の昔話を三つの部分に区分すると、他界での独身生活（S_1'）↓他界での幸福な結婚生活（S_2'）↓愛の破綻と死（S_3'）となり、Cの昔話にみられた、他界（S_1）↓現世（S_2）↓他界（S_3）という形式と大きく異なっているのがわかる。他界の者は、他界にいるとき変装する必要はないのだ。当然、DとD′の昔話の構造は、変装と他界と現世（人間界）とのかかわり合いの相違として現われてくる。D′を図式化すると、おそらく第10図のようになるはずである（破線がD′である）。それでは、なぜ、Dの昔話が存在せずにD′として現われるのだろうか。

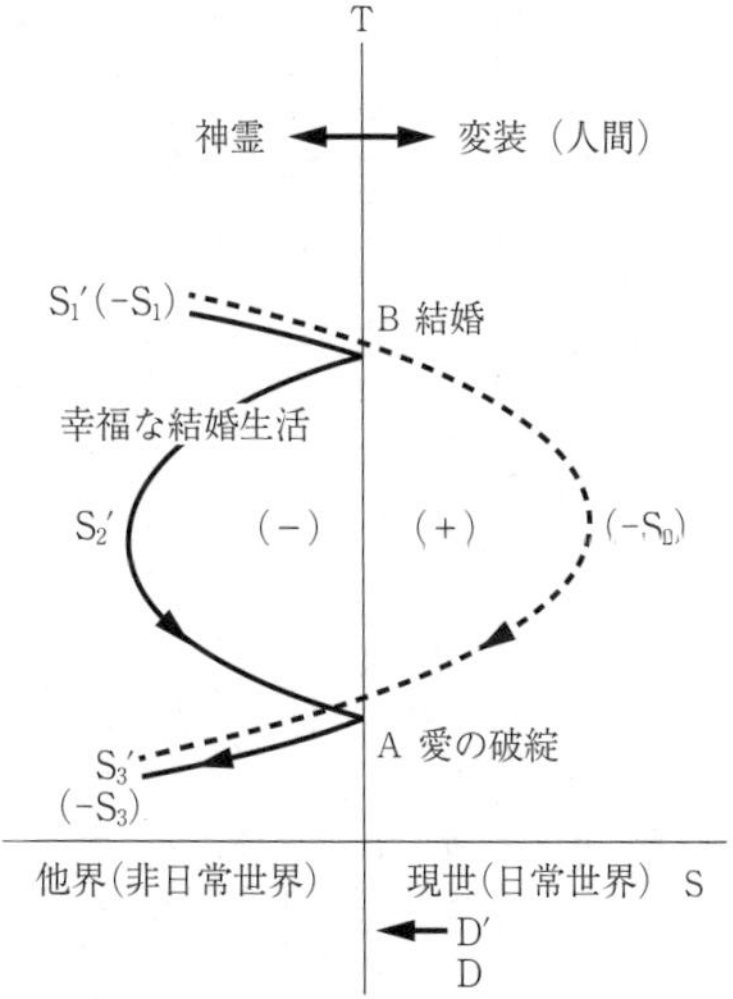

第10図

　われわれは、それを、昔話を所有している社会の婚姻後の居住形式にあるとみる。すなわち、昔話には、嫁が聟の家に居住の場を変えるという夫方居住の社会制度の圧力が反映し、それが理論的組み合わせとしては成立する妻方居住婚的昔話を否定する方向に働いているのである。「蛇女房」のような、妻が夫のもとへ移り住む昔話は、社会構造と矛盾しないが、他界の男が人間の女の家に住むという話となると、社会構造との兼ね合いで、なかなか成立しにくい。D′の昔話は、Dの昔話に現われる矛盾を克服するために改変されたものとみられよう。しばしば、神話は時代や社会環境に左右されない不変的テーマをその本質としているのに対し、昔話は社会的な富を中心とした社会生活に密着したテーマを扱っているために流動的で形式や内容も変化しやすい、と指摘されるが、D′の昔話などはその好例であろう。古代の日本の社会では、一時的あるいは恒常《こうじょう》的に夫が妻のもとに通う「妻訪《つまど》い婚」が行なわれていたという。そのような婚姻形式を反映すれば、「猿聟入り」の昔話はD′としてではなくDとして成立しても社会に十分承認されるはずである。たとえば、「三輪山神婚《みわやましんこん》」譚《たん》にそれは示されている。

以上をもって、われわれは、当初の目的であった四つの昔話群の構造論的考察を、大雑《おおざつ》把《ぱ》ながら終えたことになる。こうした分析だけでは確かに昔話の本質を十分に明らかにしたとはいえない。しかしながら、このような分析を互いに関連させた形で多角的・多面的そして重層的に発展させてゆくことによって日本の昔話が織りなす構造体が次第に明確となり、ひいては日本の底辺の思考の様式が理解可能となってくると考えられる。一つの昔話は、可能な限り広い視野のなかにおいてみることによって、初めてその役割の真の意味が明らかとなってゆくのである。昔話は、文字を知らない大部分の日本人が語り伝えてきた精神的財産であり、それは信仰とともに、生活のなかから生みだされた心の支えであり知恵であり、思想になりさらない思想であった。そして日本の文化が、こうした民衆の文化を土台として成立していることを認めるならば、昔話を、文学的にみて表現が稚拙《ちせつ》であるとか、構成力が単純で素朴であるとか、あまりに非合理的で迷信的色彩が強い、とかの理由で無視し切り捨ててしまってはならない。支配者階級に奉仕することを強制されてきた大多数の人々の精神的所産に、優美な文体や該博《がいはく》な知識に裏打ちされた文学や思想を求めること自体無理な相談である。日々彼らは土とともに暮らさざるを得なかったのだから。

問題はそれらを過度に評価することなく、しかも過小に評価することもなく、冷静な眼《まな》差《ざ》しでそれらが内に秘めている民俗的想像力を摘出《てきしゅつ》することであろう。そのために構造分析という方法がどこまで有効であるかは、益田勝実のごとく否定的見解を早くも打ちだしている学者もいないわけではないが、十分な時間をかけて成果を積んでゆく過程で明らかとなることである。この小論は、きわめて不十分であると知りつつも、昔話に関してときおり考えを巡らしていたことを請《こ》われるままに、限られた紙面のなかで述べてみたにすぎない。

神話や昔話の分析者は詩人ではない。むしろ彼らの想像力の敵対者かもしれぬ。われわれ分析者は、対象に酔いつつも結局は冷たい視線でそれを眺めているのである。われわれが意味よりもまず形式にこだわるのは、そのあたりに起因《きいん》しているのかもしれない。

注

(1) 山口昌男「アマチュアの使命」『人類学的思考』せりか書房。
(2) クロード・レヴィ＝ストロース『構造人類学』みすず書房、参照。
(3) レヴィ＝ストロース、前掲書。
(4) マルク・バルビュ「数学における《構造》という言葉の意味について」『構造主義とは何か』みすず書房。
(5) 柳田国男編『日本昔話名彙』日本放送出版協会。
(6) 山口昌男『道化の民俗学』新潮社、参照。
(7) 柳田国男編『日本昔話名彙』日本放送出版協会。
(8) 乗岡憲正『古代伝承文学の研究』桜楓社。
(9) 乗岡、前掲書。
(10) Paume, D., Morphologie de conte africain, *Cahiers d'études africaines*, No. 45.
(11) 柳田国男編『日本昔話名彙』日本放送出版協会。
(12) Beidelman, T. O., Hyena and Rabbit: A Kaguru Representation of Matrilineal Relations, *Africa*. Vol. 31.（邦訳「ハイエナと野ウサギ」『ユリイカ』第二巻第十二号）。

（13） Lévi-Strauss, C., Probléme de L'invariance en Anthropologie, *Diogéne*, Vol. 31.（邦訳「人類学における不変の問題」『ディオゲネス』第一号）

（14） 柳田国男編『日本昔話名彙』日本放送出版協会。

怪物退治と異類婚姻――『御伽草子《おとぎぞうし》』の構造分析

隠れた意味の発見

構造分析という人類学で鍛《きた》え上げられた方法は、対象を考察するための一つの方法であって、分析それ自体が目的ではない。それゆえ、われわれは構造分析を、さまざまな対象、さまざまな目的に利用することが可能である。しかしながら、この方法がもっとも有効性を発揮するのは、表層の事実の奥に潜《ひそ》む〝隠れた意味〟を発見しうる、という点にあるように思われる(1)。

ここでは、『御伽草子《おとぎぞうし》』のなかから二、三の物語を取りあげ、その簡単な構造分析を通じ『御伽草子』を分析することの意義を若干《じゃっかん》なりとも考えてみることにする。

『御伽草子』の物語群は、神話的思考による論理と歴史的思考による論理とが混合して組み立てられており、その網の目を解きほぐしながら、構造を析出《せきしゅつ》してゆくことは容易な作業ではない。しかも、構造の検出は、数多くの個別的、表層的分析を積み重ねてゆくことによってのみ可能であって、二、三の物語を分析した程度では、『御伽草子』の奥底に潜む〝隠れた意味〟が明らかになるとは思われない。だが、それに至るためには部分的構造の検出が必要であり、それを基礎として他の物語との構造論的比較が可能となるわけであるから、多少荒っぽい分析になろうとも、本稿をその第一歩として位置づけることにしたい(2)。

二つの異質空間

『御伽草子』のなかに、《怪物退治》をテーマとする一群の物語がある。そのなかでももっともよく知られている物語は、源《みなもとの》頼光《らいこう》一党が大江《おおえ》山《やま》に住む酒呑童子《しゅてんどうじ》を頭とする鬼たちを退治するという「酒呑童子」である。

まずこの物語の分析から始めることにしよう。

丹波《たんば》の国の大江山に鬼がすんでいて、次々と人間をさらっていった。そして都の池《いけ》田中納言《だのちゅうなごん》の最愛の姫にも難が及んだ。博士《はかせ》を招いて占わせると大江山の酒呑童子の仕《し》業《わざ》であると判《わか》り、これを帝に奏上《そうじょう》した。帝は頼光に鬼退治を命ずる。頼光は定光《さだみつ》・季《すえ》武《たけ》・綱《つな》・金時《きんとき》・保昌《やすまさ》を集め、八幡《はちまん》・住吉《すみよし》・熊野《くまの》に勝利を祈願したのち、山伏《やまぶし》姿に身をやつして大江山に向う。途中で出会った三人の翁が神変奇特酒《じんぺんきどくしゅ》という酒を贈り、案内に立ち、助力を約して消える。一行は三神の守護を得られたと勇んで千丈岳《せんじょうだけ》の鬼の城に向う。細谷《ほそたに》川で血衣を洗う上臈《じょうろう》から城内の様子を聞き、羽黒《はぐろ》の客僧と称して酒呑童子に謁《えつ》する。酒宴の席で危く見破られそうになるが、頼光の弁舌で切り抜ける。酒呑童子も泥酔《でいすい》のあまり、越後《えちご》の山寺育ちの稚児《ちご》であった昔の素性《すじょう》まで語りだして打ちとけるうち、神酒の奇特で家来の鬼たちも残らず酔い伏してしまう。これをみすまし、一行は笈《おい》のなかに隠し置いた甲冑《かっちゅう》に身を固めて、三神の援助を受けながら、目を覚した恐ろしい姿の鬼たちと激しい戦闘を繰り広げ、ついに身《み》の丈《たけ》二丈《じょう》余り、赤髪は逆立ち角が生え、手足は熊のような酒呑童子をはじめとして、茨木《いばらき》童子などの鬼たちを残らず退治して、めでたく都に凱旋《がいせん》する。[3]

この物語の大雑把《おおざっぱ》な形態論的特徴は、〈起点状況〉と〈終点状況〉とが完全に逆転している点に求められる。すなわち、起点状況において、里に住む人間たちは、鬼の横行《おうこう》に苦しんでいるが、終点状況ではそれが克服《こくふく》される。したがって、形態論的にいうと、《欠損《けっそん》》→《充足》（欠損の改修）というプロセスを示している。

ところが、こうしたプロセスは、里人の側、社会の側のプロセスであって、鬼の側からみれば《充足》→《欠損》という逆のプロセスである。

起点状況 ｛人間：《欠損》⇩《改善・充足》｝ 終点状況
　　　　 ｛鬼　：《充足》⇩《転落・欠損》｝

一方が上昇すると他方が下降するという展開をとるこの物語は、いわば砂時計のごとき形態をもっているといえるかもしれない。

ところで、こうした物語のサンタグマティクな側面からみた特徴を析出する基礎となっているのは、利害が相反する二種類の登場人物、人間と鬼との対立である。そこで、この両者の対立にしたがって、物語の構造要素にみられるパラダイム的対立関係を析出してみよう。すると、第1図のような二項対立群の存在することが指摘できる。

《文化》	《自然》
里(都)	山
人間(里人)	鬼
社会秩序	反社会秩序
善	悪
正常	異常
肉体的劣位	肉体的優位
知的優位	知的劣位

第1図

山／里の対立は、この二つの空間が異質なものとして理解されていることを物語っている。山は一般の人間が住まない。そのような空間の異質性と非人間的存在とが結合することによって鬼の住む空間としての山が発生してくる。もちろん、鬼の発生と山岳空間との結びつきは、歴史的思考の次元ではまた異なった解釈も可能である。おそらく、山岳信仰という要素を媒介《ばいかい》とした鬼の発生が、そうした歴史的思考のキー・ポイントとなるであろう。

しかし、神話的思考の次元では、鬼と山との結合は、鬼／人間、山／里という対立を措定することによって生じるといえるのである。というのは、この対立において、人間と里とが対応し重ならざるをえないからである。

もっとも、ここで『御伽草子』全般について山／里の対立と鬼／人間の対立とが重なり合って描かれているというわけではない。そうでない場合も数多く見いだせる。問題は、こうした個々の物語に刻み込まれている対立項を重ね合わせて、『御伽草子』にみられる基本的な思考のあり方を探しだすことである。私はこの問題を一般化するには、より抽象化した概念である《他所性》と《他者性》のレベルで理解しなければならないと考えるが、ここでは深入りしないことにする(4)。

この物語で、鬼が反社会的存在であり、したがって悪としてイメージされているのはいうまでもないことであろう。鬼に托《たく》されている属性は、正常な人間に与えられるイメージの逆転したものである。

人をさらって食べる、成人しているはずなのになお童子の姿をしている、髪の毛は逆立っている、身長二丈もある巨体であるにもかかわらず、知的にはきわめて幼稚《ようち》な状態に留まっている、熊の手足のような肉体を持つ。

　こうした異常性は、彼らが《自然》の状態に近いことのしるしである。社会の維持を善とし、そのなかに生を見いだす里人の生活、すなわち、人間の生活を《文化》とするならば、それを乱し破壊する存在は、悪であり、死の象徴であり、恐怖すべきものといわねばならない。これを《文化》に対する《自然》と措定《そてい》することが可能である。

　つまり、この物語は、《自然》から《文化》への移行、もしくは《文化》から《自然》へと移行しつつある社会状態を《文化》へと再び引き戻す話だと解釈できる。

　話が少し脇道《わきみち》にそれるが、山／里という対立が、「酒呑童子」のなかで示されているものとはかなり異なっている「熊野《くまの》の本地《ほんじ》」を取り上げ、両者の構造論的差異を考えてみよう。


　摩訶陀《まかだ》国の善財《ぜんざい》王は十人の后《きさき》をもっていたが、世継《よつ》ぎのないのを残念に思っていた。后のなかに弁《べん》の宰相《さいしょう》の娘で、せんこう女御《にょうご》という后があり、五衰殿《ごすいでん》に住んでいた。女御は十一面観音の像を作って日頃から信仰していたが、その利益《りやく》からであろうか、今まで顧《かえり》みられなかった王が女御の所へ通いはじめ、やがて懐妊《かいにん》する。これを聞いた他の后たちはさまざまな陰謀《いんぼう》をめぐらし、隣国きうしう国の占い師（相人《そうにん》）を使って悪王が生まれると王に讒言《ざんげん》し、これが失敗したので、五衰殿に夜中に鬼に変装して忍び込んで騒ぎ立て、王の機嫌を損《そこ》ねさせたうえで、にせの宣旨《せんじ》をもってせんこう女御をけこしやう山くれんしほ谷に連れ出して殺害させる。臨終《りんじゆう》にさいして、女御は神仏に祈請《きしよう》して王子を生む。首のない屍《しかばね》の乳房は王子を育て、野獣たちもこれを守護した。その後、王子は、せんこう女御の兄ちけん上人《しようにん》に発見されて養育される。七歳のとき、母の遺言《ゆいごん》どおり、父王のもとにゆき、すべてが明らかになる。王子は大王に母の首を請《こ》う。そして、大王の命により厩《うまや》の敷板《しきいた》の下から探しだされた母の首と対面する。大王は、王子や上人を引き連れ、飛ぶ車に乗って日本に渡り、熊野の神となった。証《しよう》誠殿《じようでん》に大王、両所権現《りようしよごんげん》は観音《かんのん》の化身であるせんこう女御、那智《なち》権現はちけん上人、若王子《にやくおうじ》は王子である。あとに残された后たちは、大王を追って日本にきたが、鳴神《なるかみ》または赤虫となって参詣《さんけい》者を悩ませた(5)。

これを形態論的に分析すると、大略、次のようになる。

主人公は、五衰殿の女御とその子である。それに敵対するのが九百九十九人の后たちである。五衰殿の女御は、大王の寵愛《ちようあい》を受けており、起点状況は《充足》の状態にある。これが殺害されるわけであるから《欠損》に至る。五衰殿の女御に生じた《欠損》は子に引き継がれる。そしてその子が終点状況で、この《欠損》を改善する。これに対して、敵の后たちは、五衰殿の女御を殺害することによって再び大王の寵愛を回復したと考えられるから、《欠損》から《充足》に至り、終点状況では悪事が露見《ろけん》して鳴神・赤虫に変化し、《欠損》に再び引き戻っている。

この物語は次のようなプロセスを示していると考えられる。

起点状況

主人公（せんこう女御とその子）：《充足》⇩《転落》《欠損》
← 《欠損》⇩《改修・充足》

敵（九百九十九人の后）：《欠損》⇩《改修・充足》⇩《転落・欠損》

終点状況

さて、こうした形態論的分析によって得られるプロセスの基礎となっている、主人公とその敵との二項対立は、物語が宇宙論的性格を弱め社会論的な内容を強調しているため「酒呑童子」においてみられたような単純なパラダイム的対立ではない。しかしながら、それにもかかわらず、ある程度のパラダイム的関係項を検出することは可能である。

まず、山／里（国）という対立がみられる。この対立は主人公にとって善／悪という対立的イメージに結びついている。というのは、山に住む野獣や聖《ひじり》が彼を救ってくれるのに対し、国に住む者は彼（彼女）を否定しようとするからである。だが、里（国）がすべて否定的空間として位置づけられているわけではなく、里（国）の内部においても、山／里とはレベルを異にする二項対立があり、その一方の項が主人公に対して否定的性格を帯び

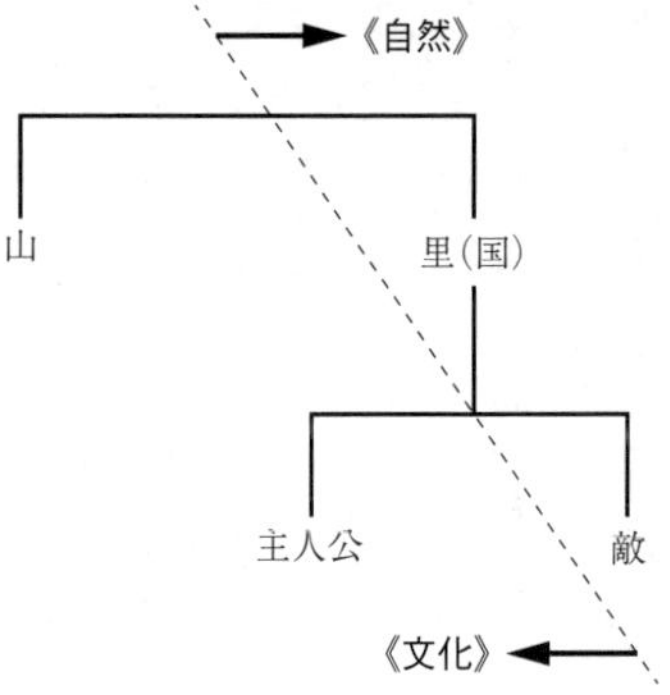

第2図

ているために、里が悪の属性を示しているのである。

そこで、この対立を整理すると、第2図のようになる。

この図で示されるように里と敵とが対応し、山と主人公とが同じく対応した関係にある。この二つの対立は、上位の対立は宇宙論的対立であり、下位の対立は、社会論的対立とみなせる。そして《自然》と《文化》という対立をここに介入させると、破線で斜めに仕切られた左が《文化》、右が《自然》ということになる。なぜなら、社会の秩序を乱しているのは、社会の内部にいる邪悪な心を持った人間で、それが《自然》のしるしとなっていると考えるべきだからで、事実、この邪悪な人間は、やがて悪が発覚して、よりいっそう《自然》の側へと身を移してゆく。赤虫・鳴神への変身がそれである。

したがって、「酒呑童子」の物語が、社会の外側から社会を乱す反社会的存在としての《鬼》を描いているのに対し、「熊野の本地」は社会の内側から社会を乱す反社会的存在としての《鬼》を描いていると解釈できる。換言すれば、前者は社会の外の《他者》であり、後者は社会の内部の《他者》である。この両者にはいずれも反社会的存在としてのイメージが託されている。

『御伽草子』では、多くの場合、社会内部の《他者》を、女性のなかにみている。女性は両義的存在であり《文化》と《自然》の両方に属している。そして絶えず《自然》の側へ引き寄せられてゆく危険にさらされているのである。彼女が邪心《じゃしん》を抱いたとき、彼女は《自然》へと身を移し、鬼や大蛇に姿を変えてしまうであろう。『御伽草子』の「磯崎《いそざき》」の物語は、その典型的な例であろう。

ところで、「熊野の本地」で描かれている山という空間は、「酒呑童子」における場合とは異なり、社会から捨てられた人間を救済し、社会を支配する悪を駆除《くじょ》する者を送りだす肯定的で善なる空間である。ということは、『御伽草子』を構想した人々の思考において、山岳空間が肯定的価値と否定的価値との共存する空間としてイメージされていたわけである。したがって、山岳空間そのものは両義的であって、《文化》と《自然》との媒介的位置に立っているとみなせるかもしれない。すなわち、物語の構想者たちが、主人公の敵を社会の内部に求めるか、その外に求めるかによって、山岳空間の価値づけが変動するのである。そして、その価値づけによって、山に住むとされる超自然的存在すらも、善と悪との間を揺れ動くことになるように思われる。鬼も山姥《やまんば》もそうした法則から免《まぬか》れてはいない(6)。おそらく、この変動は物語の構想者たちの《眼》の位置、《心》の位置と深い関係がありそうである。

「酒呑童子」という物語

さて、話がだいぶ脇にそれてしまったので、再び「酒呑童子」の方へ話題を戻すことにしよう。この物語は構造的にはきわめて単純であり、図式的であるといえる。その点については、これまでの分析からもよくわかるであろう。

ところで、この物語の展開の中心的役割を演じているのは、里と山との間に生じている《欠損》と《充足》の関係を逆転させる頼光《らいこう》以下の英雄たちである。彼らが鬼たちを退治することによって里人は平和を回復したのであるから、彼らは《文化》の典型的形象といえるかもしれない。けれども、不思議なことに、頼光一党とその敵である酒呑童子一党との間には奇妙な一致が認められるのである。

一言でいうならば、両者は、フィルムでいうポジとネガ、鏡でいう正立像と倒立像の関係に立っている。つまり、一方の逆転したものが他方なのである。社会にとってプラスの像が《英雄》であるとするならば、マイナスの像が《鬼》であり《怪物》である。この物語のなかの、たとえば、頼光の下に四天王がいるのに対し、酒呑童子の下にも鬼の四天王がいる、という事実にも、そのことは暗示されている。だが、ここでいう対立しつつ相同《そうどう》であるということの意味は、より思考の奥に存在する次元に基づくものである。私が言い

熊野の本地（杭全神社蔵）

酒天童子繪（国際日本文化研究センター蔵）

たいのは、《英雄》たちが退治した鬼たち、つまり《怪物》と一括《いっかつ》して表現される存在は、英雄の同類であり、彼らの兄弟であり、彼ら自身の分身にほかならない、ということである。

これを確認するために、われわれは《英雄》や《怪物》たちがどのようにしてこの世に誕生してくるのかということを検討しなければならない。

まず、酒呑童子の出自《しゅつじ》を探ってみることにする。

幸いに、『御伽草子』のなかに、大江山以前の酒呑童子を描いた物語が存在している。その物語では、彼の父が誰であり、母が誰であって、どのようにしてこの世に生まれてきたか、そしてどのようにして鬼になったかが詳しく説かれている。その物語すなわち「酒呑童子」の物語のヴァリアントの一つ「酒典童子」の話は、次のようなものである。

酒典童子は伊吹大明神《いぶきだいみょうじん》の子である。伊吹大明神はもと出雲《いずも》の国に住み、ヤマタノオロチと呼ばれていたが、スサノオに追われ、伊吹山に逃れきてその山の神として祭られていた。その山の麓《ふもと》に須川殿という長者の家があり、玉姫という名の姫がいた。大明神はその姫と秘かに契《ちぎ》り、生まれた子が酒典童子である。やがて比叡《ひえい》山に稚児《ちご》として入り、修行をしていたが、大酒飲みのため皆から嫌われる。あるとき、祭礼用の鬼の面を作りそれを被《かぶ》ったところ肉に吸い着き離れなくなり、山を追われて仕方なく国に戻るが、そこでも祖父に見捨てられる。伊吹山中で明神の妻として奉仕している母が哀れみ、山奥にゆき、岩穴で生活するように教える。その後、酒典童子は霊山を転々としてついに大江山に至る(7)。

また、大江山以前の物語の別のヴァリアントに「伊吹童子」という物語もある。それには次のように描かれている。

伊吹大明神の申し子として生まれた弥三郎は神通《じんつう》を得た者であった。彼は大野木殿の美しい姫のもとに夜な夜な通い、懐妊させる。弥三郎は、姫に、胎内《たいない》の子は尋常ならざる能力を備え国の主ともなりうるほどの男の子であると予言する。そして、母の胎内に宿ること三十三ヵ月、髪の毛が黒々と肩まで垂れ、歯は上下とも生え揃《そろ》った、そして抱き上げた乳母に話しかけるほど異常な子供が生まれる。世間は大野木殿の姫が恐ろしい子を生んだと噂《うわさ》する。末が恐ろしいと心配する姫の兄の忠告を受け入れ、姫の父は、子を伊吹山中に捨てる。捨てられた子は山中の野獣に守られて、元気に育ち、やがて伊吹童子という鬼となる(8)。

これらの物語から知りうるように、酒呑童子(伊吹童子)は、大蛇を父とし、人間の女を母として生まれた異常児である。伊吹童子の場合、父は伊吹大明神の申《もう》し子《ご》となっているが、申し子もまた神に祈願し神から授けられた子供であるから、一種の異常児であるとみなせる。しかも弥三郎と大野木殿の姫との契《ちぎ》りは、《異類婚姻《いるいこんいん》》に近い表現をとっている。弥三郎はその横暴《おうぼう》さゆえに、鬼に変じていたのだといってもよいかもしれない。

ところで、酒呑童子に、異類婚姻↓鬼というプロセスが認められる一方、酒呑童子を退治する英雄たちの出生を探ると、奇妙なことにそこにも異常児、異類婚姻のモティーフが漂っているのである[9]。

残念ながら、頼光をはじめその配下の英雄たちの誕生がどうであったかを描いた『御伽草子』の物語は、存在していないようである。しかしながら、当時の人々の間に、彼らも異常誕生・異類婚姻による子であったとする思考が存在していたらしい形跡を探すことができる。

たとえば、坂田金時《さかたのきんとき》は、山姥《やまうば》と赤龍との婚姻によって生じた子供であると考えられている。すなわち、『前太平記《ぜんたいへいき》』によると「一日この嶺《みね》に出て寝たりしに、夢中に赤龍来りて妾《わらわ》に通ず。そのとき雷鳴夥《おびただ》しくして驚きさめぬ。果してこの子を孕《はら》めり」と記されている。さらに下って、『金平浄瑠璃《きんぴらじょうるり》』では、金太郎自身が鞍馬《くらま》僧正ヶ谷の大蛇の女と契り、金平(悪太郎)を生んだ、と語り、その金平の英雄的活躍を描いている[10]。

さらにまた、頼光の郎党の一人、平井《ひらい》保昌《やすまさ》についても『曾我《そが》物語』(大石寺本)に、次のような話が記述されている。

昔、元方民部卿の家は嫡子《ちゃくし》に恵まれなかったが、神仏に祈願した結果、男子を授かった。四歳になった秋、父はその子の顔を凝視《ぎょうし》し、この心は極めて邪悪で、山野に交わる顔をしている、として荒血山に捨てさせる。だが、比叡山に住む猟師に拾われて養育され、やがて成人して武名を天下にとどろかせる。

保昌の場合、申し子としての異常誕生であり、異類婚姻ではない。しかし、申し子と異類婚姻との相違はそれほど本質的な差ではない。申し子譚《たん》の場合、一人の英雄の活躍に物語を限定する傾向がみられる。したがって、生んでくれる父母は通常の人間で充分足りる。彼の英雄的資質は、神仏に由来《ゆらい》しているとすればよいのである。

これに対して、異類婚姻譚は、物語の構成が申し子譚より複雑にならざるをえない。なぜならば、異常児を生んでくれる父母を具体的に提示し、その一方を人間とし、他方を他界的存在とする必要があるからである。つまり、親子二代の接続を示さねばならない。

申し子か、異類婚姻か、という相違はあるにせよ（この相違は、物語の生成過程の違いに関係しているように思われる）、英雄もまた、酒呑童子と同様、異常誕生（異類婚姻・申し子）によってこの世に生をうける。だが、鬼になるのではなく、社会のプラスとなる方向で成長したために英雄となる、といえるであろう。したがって、英雄もその敵対者である怪物も、元を正せば同じ存在なのであると考えて決して誤りではない。英雄とその敵である怪物は、同じ根から生まれた異なる枝、相対立する同族といえるであろう。私が、頼光一党は彼らの同族である酒呑童子たちを退治している、と述べたのは、このような意味からである。
英雄は、彼の出自、彼の過去、もう一つの彼の否定として、鬼などの怪物を退治する。退治することによって社会に迎えられ、英雄となるのである。

異常誕生によって生まれた子供は、いうまでもなく、異常児である。その異常性を示すしるしがはっきりと彼らの肉体に刻み込まれている場合もある。「一寸法師《いっすんぼうし》」の一寸法師のように、背丈が異常に低い、という場合もあれば、肉体の一部に文字その他の聖痕《せいこん》をもっている場合もある。酒呑童子のように、髪を黒々と生やし歯も生え揃っている子供であった、という場合もある。出産そのものが、三十三ヵ月とか三年三月とか、異常に長期の妊娠期間をもつということによって示されることも多い。それよりもまず、怪物と人間との契《ちぎ》り自体が異常なのであるから、それだけで、それによって生まれた子供が異常であることは明らかであろう[11]。

ところで、異常児そのものは、社会のプラスでもなければマイナスでもない。それは基本的には両義的存在として位置づけられる。この両義性は、人間性と怪物性の共存に基づいている。だが、異常児のもつ両義性は、正常な人間からみれば危険としてうつる。彼の帯びている他界性が、社会にマイナスに作用する可能性を含んでいるからで、それをうまく社会がコントロールできたとき、彼は社会のなかで英雄として生きる道を見いだすのであるが、それに失敗すれば、怪物と化してしまうはずである。酒呑童子や保昌が山に捨てられたのも、社会に対しマイナスに作用することを人々が恐れたからにほかならない。酒呑童子は、国の主にもなりえたはずの身を、捨てられたために逆の存在として成長してしまったのである。だが、保昌の場合はその逆で、社会の災いとなると判断されて捨てられたにもかかわらず、拾われて社会にプラスになるように成長する。

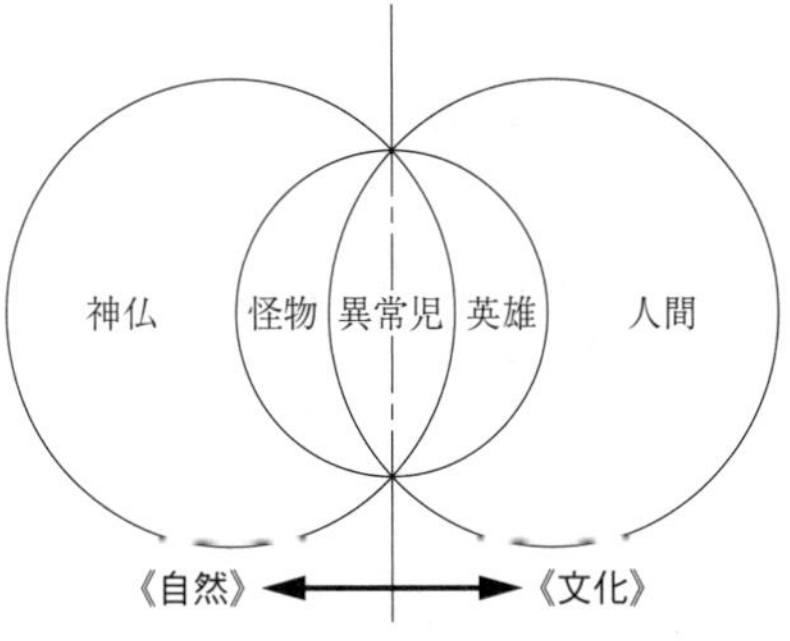

第3図

この英雄と怪物との関係を図式化して示したものが、次ページ第3図である。英雄は異常児の社会的存在化であり、怪物は異常児の自然化、他界化である。あるいは、次のようにもいえる。《文化》の側に接近するためには、英雄はその《自然》的属性である怪物を退治する。これに対して、《怪物》は、《自然》の側に排除されたために、《文化》的属性である社会秩序を乱し、人間を食べる、と。

『御伽草子』のなかに、弁慶《べんけい》の出生から義経《よしつね》の家臣になって活躍するまでを描いた「弁慶物語」というのがある。この物語を読むと、英雄と怪物とは紙一重であることがよく示されているように思う。

紀州熊野の別当《べっとう》弁心は、四十過ぎになるまで子に恵まれず、熊野若一王子《にゃくいちおうじ》に参籠《さんろう》して、子供を授かるよう祈願《きがん》する。やがて北《きた》の方《かた》は懐妊し、三年三ヵ月を経て、三歳位の男の子を生む。その子は、髪は首のまわりまで生え、眼は虎のように鋭く、奥歯・前歯ともに生え揃い、足の筋骨《きんこつ》たくましい異常児であった。鬼の子を授かったとして激怒した弁心は、子を殺害しようとするが、北の方に止められ、熊野山中に捨てる。子供は野獣に守護されて元気に遊び回っていたところ、二十一日目に、子供のない五条の大納言が拾い、自分の子として育てる。その後、比叡山《ひえいざん》に入って修行していたが、悪行を重ねるに及んで、山を追いだされる。山を下りた弁慶は、弁慶書写建立《こんりゅう》の釘代《くぎ》として千振りの刀を得ようと辻に立つが、千本目に義経に出会って敗れ、その家臣となり、彼とともに英雄的活躍をすることになる。(12)

この物語で、弁慶の異常出産、出産後の異常児性、山中に捨てられること、比叡山にて悪行を重ねて追放されること、辻に立って刀を奪うこと、等々のモティーフは、「酒呑童子」の前半生の物語とほぼ一致する。同じ構想のもとで成立したものであろう。にもかかわらず、弁慶は、社会に吸収されて英雄化するが、酒呑童子の場合は怪物化して退治されてしまうのである。この変化はきわめて微妙であるといわざるをえない。

また、この物語では、弁慶の誕生を、申し子としている。だが、この物語のヴァリアントと思われる「武《む》蔵坊《さしぼう》弁慶由来」[13]によれば、弁慶は、熊野に参詣《さんけい》した醜い女と天狗《てんぐ》との間に生まれた子である、とされている。

したがって、申し子とする思考と並んで、異類婚姻とする思考も、異常児としての弁慶の周囲には漂っていたわけである。

「小栗判官《おぐりはんがん》」の独自な構造

これまでの考察の結果、ある程度まで英雄と怪物とが同じ存在の異なった表現であること、すなわち、英雄の負の属性の顕現《けんげん》が怪物（化）であり、怪物の正の属性の顕現が英雄（化）であることが理解できたと思う。われわれは、さらにこれを一般化し、英雄はX、怪物は−Xと表現することも可能だと考える。このXの記号の位置を占めるのは、怪物退治をする多くの英雄たちである。同様にして、−Xは彼らに退治されるさまざまな怪物たちが占めるであろう。

ところで、英雄が怪物退治をするのは、その両義性のうちの他界性、自然性の否定のためである。負の属性を否定することによって、彼は、《自然》から《文化》の領域に近づく。したがって、「酒呑童子」の物語を、われわれは、社会の立場から、社会の状態が《文化》から《自然》の状態へと移行しつつあるので、英雄によって《自然》の象徴を退治し、再び社会の、《自然》から《文化》への移行の物語と解釈したのであるが、それは同時に英雄（頼光）の立場からすれば、彼自身の、《自然》から《文化》への移行の物語でもあったということができよう。

とすると、われわれは、論理的にその逆転したモティーフを想定することが可能であろう。すなわち、《文化》の側に身を寄せた英雄が、社会性・人間性を否定し、他界性・自然性を強調するようなモティーフ、《文化》から《自然》の方へと身を動かすようなモティーフは何か、と問うことができるはずである。それを英雄の怪物化、つまり酒呑童子化と解釈することもできるであろう。しかし、鬼化、怪物化は、一種の二段跳びであり、その中間に英雄でもなければ怪物でもないような媒介項的状況があり、そこに移行することが《文化》の側に立つ英雄の行なう他界性の強調と考えねばならない。

このことは怪物にもいえる。怪物の場合、異常児として生まれたときに帯びていた両義性のうちの人間性・社会性を否定し、他界性・自然性を強調した結果として《自然》の側に立っている。

では、そのような位置にあって、その人間性・社会性を再び強調して《文化》の側に身を動かしたとき、どのような状況としてわれわれの前に提示されるであろうか。英雄と怪物との出会い、それも一方が他方を否定するのではなく、お互いにもう一方の属性を強調し肯定する形での出会い。それは、紛《まぎ》れもなく、怪物と英雄との性的関係としての結合、つまり、《異類婚姻》である。

英雄は怪物を否定する。それによって社会に受け入れられる。だが、彼は怪物を肯定しなければならない。婚姻関係を結ばねばならない。[14]それによって再び英雄となるであろう子供、異常な能力を帯びた子供を作りうるからである。

この矛盾は、社会が抱いている根本的矛盾であるといえるかもしれない。怪物を退治してくれるのは、凡俗《ぼんぞく》の人間ではない。異常な能力を身に帯びた英雄でなければならない。だが、その英雄の異常な能力は、怪物と同質のものであり、怪物性・他界性に由来しているのである。人間はけっしてこの関係を否定することはできないであろう。

少なくとも『御伽草子』を構想した人々の思考のなかでは克服《こくふく》しえないものとして存在していた。異類婚姻によって英雄は社会のなかに送り出される。そして、英雄を作ってくれた怪物をその子である英雄に殺させる。『御伽草子』の怪物退治の物語の背後には、こうした永遠に尽《つ》きることのない繰り返しが潜んでいる。

佐竹昭広《さたけあきひろ》は、伊吹弥三郎《いぶきやさぶろう》と契る大野木殿の姫が、蛇であることを、「大野木」という名前の分析から推定して、奇妙に思えるといっている。[15]だが、われわれには、大野木殿の家が英雄と同じ意味で両義性つまり他界性と社会性の双方《そうほう》を帯びた家筋《いえすじ》とみなされていたことを暗示すると考えられて興味深く思われる。

　弥三郎の側からすれば、大野木の家は、根を同じくする同類であり、その姫との契りは、人間性の強調である。一方、大野木殿の姫にとっては、他界性の強調ということになる。《文化》から《自然》に身を移動させる者と、《自然》から《文化》へと身を移動させる者との出会いが、異類婚姻だと考えられるわけである。第4図は、その関係を図式化したものである。

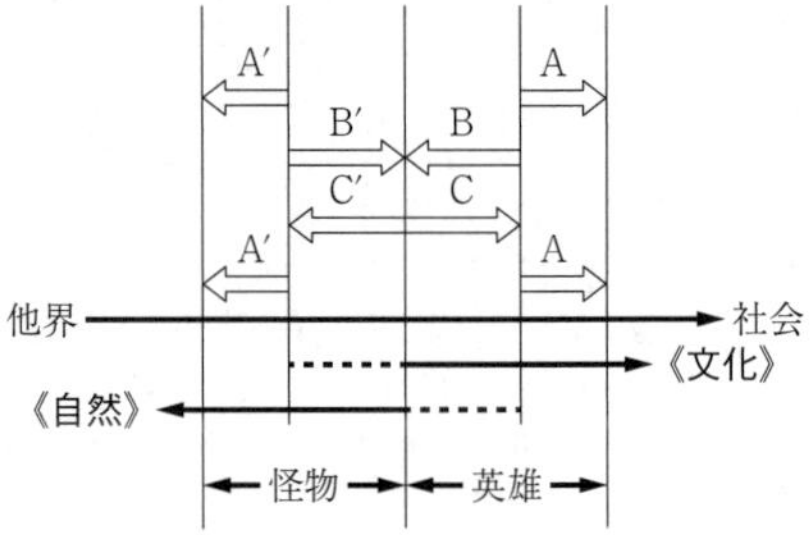

第4図

　Aは英雄による怪物退治で、《文化》への接近、社会への移動を示す。人間性の強調と表現することもできる部分。A′は怪物の跳梁であり、人間性の否定、《自然》への接近、他界性の強調とみなせる。AとA′が対立しつつも対応するのは、一方が英雄の存在、活動を示すのに対し、他方は英雄の不在を示している。換言すれば、Aは怪物の不在であり、A′は怪物の存在、活動を物語っている。Bは英雄の異類婚姻であり、B′は怪物の異類婚姻を示す。両者の結合によって、英雄と怪物の双方の卵である異常児が生じる。Cはその異常児の英雄化に向かっての成長、C′は怪物化に向かっての成長といえるであろう。Aの矢印の方向は《文化》への近づき、Bの矢印は《自然》への近づきを表わす。A′とB′は怪物の場合であり英雄の逆である。

このように、『御伽草子』を構想した人々の思考のなかにおいては、英雄による怪物退治のモティーフと英雄による異類婚姻のモティーフとは、おそらく、対立しながら相補《あいおぎな》い合う関係として理解されていたらしい。あるいは彼らにははっきりとした自覚はなかったのかもしれないが、無意識のうちにそうした思考をしていたことは間違いない。彼らはそこに一つのバランスをみていた。すなわち、異類婚姻によって英雄が自然の側に身を寄せると、それを引き戻すために怪物退治を行なわせる。それによって、世界は揺れ動きながらも安定を保つはずである。この安定のなかに、彼らは世界の秩序の真の姿をみていたのであった[16]。

異類婚姻は、社会にとって危険の表象であり、社会の《文化》から《自然》への移行のしるしである。したがって、英雄は怪物を退治しなければならない。それをしなければ、英雄はさらに《自然》の側に身を移し、怪物に化してしまうかもしれないのだ。

こうした可能性を物語として実現させたものが、『説経《せっきょう》』の「小栗判官《おぐりはんがん》」である。

小栗は、みぞろが池の美しい女に変じた大蛇と契《ちぎ》る。この大蛇は、三年三月胎内に子を宿した後に、男子を生む。その子供の行方《ゆくえ》がどうなったかは物語に何も記述されていない。しかしながら、われわれの考察の結果から推測すると、社会の外に排除されたまま怪物となるか、社会のなかに受容されて英雄となるかの二つしかないように思う。

「小栗判官」では、こうしたパターンの一方をたどるのは、子供の方ではなく、異常児を生ませた父自身である。しかも、彼がたどったコースは、怪物となり、そして怪物として殺されるコースであった。異類婚姻の結果、社会を追放された小栗は、怪物化したために退治されてしまっている。

一般に、小栗は英雄だとされている。だが、彼は物語を読む限り英雄として活動していない。むしろ、申し子として生まれた彼は、その両義性のうちの他界性を強調し、社会性・人間性を強調しえなかったものと考えられるのである。構造論的視座《しざ》からこの物語を組み立て直すならば、異類婚姻によって他界性を強調した後、彼はその他界性の否定のために怪物を退治すべきであった。それによって社会へ再び迎えられるはずであった。そのチャンスは、人喰《ひとく》い馬の鬼鹿毛《おにかげ》を退治することであったと思われる。もし鬼鹿毛が横山《よこやま》一党に捕らえられておらず、人を喰い回っていたならば、小栗はそれを退治するために彼らの前に姿を現わすことによって英雄となりえたはずである。しかし、物語は小栗と鬼鹿毛との構造的位置を入れ換えてしまっているために、彼は怪物として行動しそして退治されてしまうのである。

このことは、古代のスサノオ神話の構造、すなわち、高天原《たかまのはら》追放＝スサノオの怪物化↓出雲《いずも》での怪物退治＝スサノオの英雄化や、次に分析する「田村《たむら》の草子」の構造と対比するならば容易に理解できるように思われる。「小栗判官」は中世説話のなかでも独自な構造をもつとされているが、右のごとき構造の変形構造であるとすることによって、これまでとは異なった理解の可能性が開けるにちがいない。すなわち、『説経《せっきょう》』の物語の特徴は、この変形を作りだす構想力のなかに求められるからである。(17)

英雄譚「田村の草子」

さて、われわれは次に、これまでの考察で得た結果を踏《ふ》まえて、田村将軍家三代にわたる英雄譚「田村の草子」を分析することにしよう。この物語は、われわれが析出した構造モデルを実に見事に具現化した物語だといえるからである。(18)「田村の草子」は『御伽草子』のジャンルに含められているが、これとは別の語り本系にも「田村三代記」があり、かなり内容の相違がみられる。(19)「田村の草子」は、大略、次のような物語である。

藤原俊重将軍の子、俊祐は嵯峨野《さがの》で美女に変じた益田ヶ池の大蛇と契る。大蛇の女はまもなく懐妊し、三年をへて日龍丸を生む。だが、出産の場をみることを禁止されていたにもかかわらず、俊祐が覗《のぞ》き見たために、正体を知られた大蛇は、夫や子の将来を予言して姿を消す。大蛇の予言通り、日龍丸は三歳で父と死別し、七歳で近江国《おうみ》の大蛇くらみつ、くらべのすけを退治することを命じられる。この二匹の大蛇は母の兄に当るものであったが、これを日龍丸は退治し、俊仁《としひと》将軍と名乗ることになった。俊仁は美しい照日の前と結婚するが、これを妬《ねた》んだ帝《みかど》に照日を召し上げられ、彼は伊《い》豆《ず》に流される。俊仁は都を離れるときに、退治した二匹の大蛇の魂魄《こんぱく》に呼びかけ、都を荒れさせる。大蛇の跳梁《ちょうりょう》に困った帝は俊仁を赦《ゆる》し、彼の上京で大蛇は退散する。帝から照日の前を返され、俊仁は平和に暮していたが、ある日突然、妻を陸奥《むつ》の高山の悪路《あくろ》王に誘拐《ゆうかい》される。俊仁は悪路王を退治するために奥州《おうしゅう》に下る。その途中で賤《しず》の女《め》と契る。この女の生んだふせり丸は、十歳の時に上京して父と対面し、田村丸と改名し俊宗と称した。その後、俊仁は唐土への遠征を企て、明州の地で不動と戦い、敗れて死ぬ。跡を継いだ俊宗は、奈良坂山のかなつぶてを打つりょうせん坊という怪物を退治する。さらに、帝より鈴鹿《すずか》山の鬼神、大嶽丸を討《う》つよう命じられる。鈴鹿山に至った俊宗は、敵を攻めあぐんで諸天に祈ると、翁《おきな》が現われ、この山に住む天女、鈴鹿御前に援助を求めよ、と教える。鈴鹿御前と夫婦になった彼は、ある日、大嶽丸を討ちたい旨《むね》を鈴鹿御前に告げ、彼女の協力を得てこれをついに討ちとる。次いで、帝より近江国のあかしの高丸を退治せよ、との命が下り、それを追って日本と唐との潮《しお》境《ざかい》で、これを亡ぼす。やがて、鈴鹿御前は定命《じょうみょう》つきるが、彼は冥界《めいかい》に下降し、他人の肉体を借りて鈴鹿御前を再生させる。俊宗は観音《かんのん》の化身、鈴鹿御前は竹生島《ちくぶじま》弁財天《べんざいてん》の化身である。

この物語に詳しい形態論的分析を加えることは別の機会に譲《ゆず》り、われわれの問題とする怪物退治と異類婚姻の二項対立的モティーフに目を向けてみると、この要約を読む限りでも、怪物退治と異類婚姻とが繰りかえし物語のなかに現われていることがわかる。むしろ、この物語全体が、怪物退治と異類婚姻のモティーフの配列から成り立っていると思われるほどである。

そこで、怪物退治のモティーフと異類婚姻のモティーフとをそれぞれまとめて列挙してみよう。「田村の草子」だけでは、欠落したり曖昧《あいまい》な部分があるので、「田村三代記」によってそれを補うことにする。前者をⅠ、後者をⅡとする。

まず、異類婚姻（異類誕生）のモティーフから始める。

A・Ⅰ俊祐の父は将軍俊重であるとされているだけで、異常誕生のことは記述がない。
　Ⅱ二条中納言利春は星のなかから生まれる。
B・Ⅰ俊祐が益田ヶ池の大蛇と契り、三年後に日龍丸（俊仁）が生まれる。
　Ⅱ利春が繁井ヶ池の大蛇と契り、三年三ヵ月後に大蛇丸（利光）が生まれる。
C・Ⅰ俊仁が奥州下向《げこう》の折に、賤の女に一夜の情をかけ、ふせり丸を生む。異常誕生のエピソードはない。

Ⅱ利光が奥州下向の折、九門長者の醜い水仕女《みずしめ》悪玉に情をかける。悪玉は懐妊し、三年三ヵ月して千熊丸（利仁）を生む。

D・Ⅰ俊宗は、鈴鹿の天女、鈴鹿御前と契り女子正林をもうける。

Ⅱ利仁は、鈴鹿にすむ鬼神、立烏帽子《たてえぼし》と契り、女子正林をもうける。

すなわち、ⅠとⅡの二つのテキストを総合すると、将軍家三代は何らかの形で、異常誕生もしくは異類婚姻を体験していることになる。そして異類婚姻・異常誕生を経て彼らはこの世に生まれて来る。

ここで留意しておかねばならないのは、C・Ⅱのエピソードである。

利光と契って懐妊した悪玉は、十ヵ月しても子供が生まれず、主人九門長者に呼ばれ、この家に異形《いぎょう》のもの、化物が生まれたと世間で噂《うわさ》されたら困る、と追い出される。三年三ヵ月して、悪玉が山中で一人出産しようとしていると、山の民に助けられ、立派な男の子を生む。九門長者の所に子を連れてゆくと、その美しい赤子をみた長者夫婦は、この子は私たちが薬師如来《やくしにょらい》からさずかった申し子だ、として悪玉から取り上げ、自分の世継《よつぎ》として育てる。

このエピソードは、「熊野の本地」や「酒典童子」にみられる異常誕生のエピソードに酷似《こくじ》しており、何らかの影響関係があったと推定される。とくに興味深いのは、悪玉の属性である。三条大臣基宣の次女笹鶴姫として生まれた悪玉は、善光寺詣《ぜんこうじもうで》の折に山賊に襲われて遊女町に売られる。悲しんだ彼女は、十一面観音に祈り、日本一の悪女に変えてもらう。その容姿は、宿の主人が「こは何事ぞ狐狸《こり》であるやらん」と驚くほどの醜さであった。利光の側からすれば、悪玉は異類に等しい位置にあったと考えられる。

一方、悪玉の方からみてみると、悪玉が九門長者に利光との出会いを語った時、「いかさまこれは人間ならず化性《けしよう》のものと覚え候」と述べているから、利光も異類に近い位置にある。さらに、これは異類婚姻・異常誕生ではないが、物語の中で主人公が異類の側へ身を移していると思われる若干のエピソードがある。たとえば、俊仁が伊豆に流されるときに、退治した大蛇の魂魄によびかけて都を荒れさせる、谷川にかかっている大きなふし木の橋に変じていた俊仁の母の兄に当たる大蛇に、誘拐《ゆうかい》された妻の行方を教えてもらう、などは、ある意味で英雄の帯びている他界性の強調だとみなせるであろう。

次に、異類婚姻・異常誕生のモティーフの対立的モティーフである怪物退治を、右と同様にまとめてみよう。

a・I俊祐が五歳の時に、越前《えちぜん》の国で長さ六丈の大蛇を退治したと、その子俊仁に帝が述べている。

Ⅱ利春が大蛇を退治したという記述はない。

b・Ⅰ俊仁、近江国みなれ川のくらみつ、くらべのすけという二匹の大蛇を退治する。

Ⅱ利光、今瀬ヶ淵の悪龍（大蛇）を退治する。

c・Ⅰ俊仁、みなれ川の大蛇の魂魄を鎮《しず》める。

d・Ⅰ俊仁、奥州に下向して悪路王を退治する。

Ⅱこれに相当する記述はない。

e・Ⅰ俊宗、奈良坂山のりょうせん坊を退治する。

Ⅱ利光、奥州に下向してエビスを平定する。

f・Ⅰ俊宗、鈴鹿山にすむ大嶽丸を、鈴鹿御前の協力で退治する。

Ⅱこれに相当する記述はないが、利仁（千熊丸）が人喰い馬の鬼鹿毛を乗りこなすエピソードがこれに近い位置を占めているように思われる。

Ⅱ(イ)利仁に、鈴鹿山の立烏帽子《たてえぼし》を退治するように命が下る。利仁はこれを妻とすることで鎮める。
(ロ)利仁、近江国の明石の高丸を、立烏帽子の協力で退治する。
このように、異類婚姻・異常出産に対立して、主人公は、異類の否定、怪物退治を繰り返す。この怪物退治は、英雄に賦与《ふよ》されている両義性のうちの社会性・人間性の強調であることは明らかである。彼らは怪物のために危機に瀕《ひん》している社会、《自然》の状態となりつつある社会を、怪物を退治することによって、元の状態、《文化》の状態に引き戻すのである。彼らが退治する怪物は、彼の同類であり、分身であり、出自《しゅつじ》を同じくする存在である。この物語は、あからさまにそのことを語っているのだ。

たとえば、「田村の草子」において俊仁が退治した、みなれ川に住む二匹の大蛇は、彼の母の兄で彼にとってはオジに当たる。「田村三代記」でこれに相当するエピソードは、利光の今瀬ヶ淵の悪龍（大蛇）退治であるが、この悪龍は利光の母である。母が、息子を英雄にするために、わざわざ社会を危機に陥《おとしい》れ、そして自ら進んで息子に退治されるのである。

また、「田村の草子」のヴァリアントである「鈴鹿」では、照日の前に相当する花園中納言の姫を誘拐《ゆうかい》し、俊仁に退治される悪路王は、みなれ川の大蛇（母の兄）の眷属《けんぞく》であるとしており、ここにも同族的性格が認められる。さらに、帝に照日を召し上げられた俊仁が、退治した自分のオジである大蛇の魂魄《こんぱく》に呼びかけ、都を荒れさせ、それを再び退治することによって、英雄となっているというプロセスも、「田村三代記」に認められた退治のモティーフに近いと思われる。

われわれにとりわけ興味深く思われるのは、異類婚姻と怪物退治が同時に生じた場合が

「田村三代記」に記述されていることである。f・Ⅱ・(イ)のエピソードがそれである。利仁は、立烏帽子《たてえぼし》退治と立烏帽子との婚姻とを同時に行なったため、《文化》の側にも、《自然》の側にも身を動かすことができず、山に留まってしまっている。

さて、もう少し詳しく物語を読むと、英雄が《自然》の側に身を移す場合、その原因が二つあることに気づくはずである。一つは、英雄自身がその社会性を否定する場合で、たとえば、「鈴鹿之物語之双紙《そうし》」では、俊祐は、心にかなう妻がなく、十六歳から五十歳に至るまで、四百六十四人の妻を去らせ、その結果、大蛇と契ることになる。「田村の草子」でもその形跡が認められる。

これに対して、他人が英雄の社会性を否定する場合もある。たとえば「田村の草子」では、俊仁は、妻を帝に召し上げられて流罪《るざい》になり、《自然》に近づく。このような部分に関する詳細な分析を行なわねばならないのだが、もはやその余裕はここではない。

さて、そこで、「田村の草子」を支えている基本的な構造を、第4図で示したモデルにしたがって図表化してみると、第5図のごとくなるはずである。垂直軸は物語の通時的配列を、水平軸は物語の共時的配置つまり対立項を示す。もちろん、異類婚姻と怪物退治の対立である。この図は英雄の部分の図表であり、この図の左側には記号が負に変化した鬼の部分の同様の図表が存在している。たとえば、悪路王退治に対しては、悪路王の跳梁、益田ヶ池の大蛇との俊祐の契りに対しては、英雄（人間）である俊祐との大蛇の側からみ

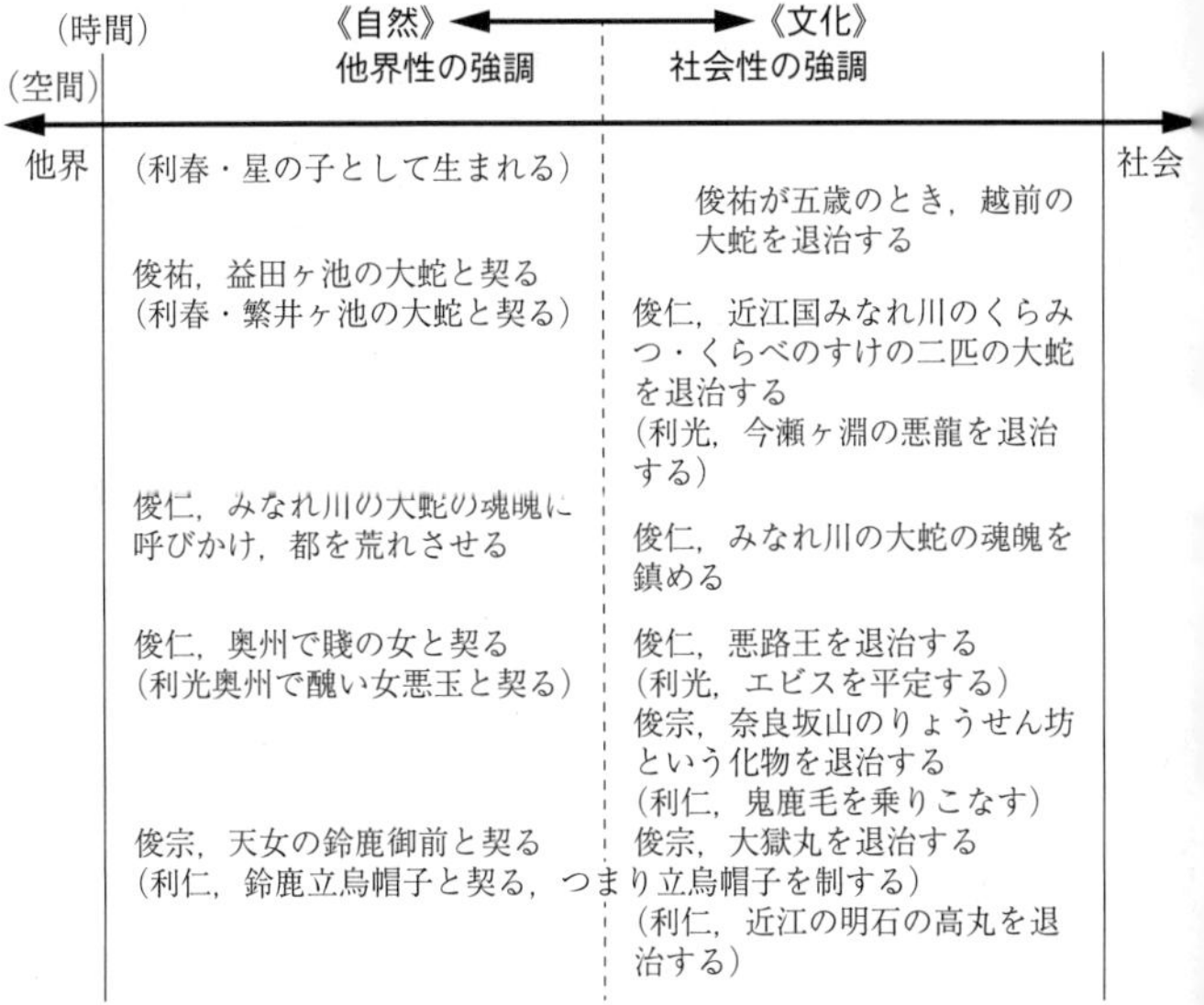

《自然》 他界性の強調	《文化》 社会性の強調
（利春・星の子として生まれる）	俊祐が五歳のとき，越前の大蛇を退治する
俊祐，益田ヶ池の大蛇と契る（利春・繁井ヶ池の大蛇と契る）	俊仁，近江国みなれ川のくらみつ・くらべのすけの二匹の大蛇を退治する（利光，今瀬ヶ淵の悪龍を退治）
俊仁，みなれ川の大蛇の魂魄に呼びかけ，都を荒れさせる	俊仁，みなれ川の大蛇の魂魄を鎮める
俊仁，奥州で賤の女と契る（利光奥州で醜い女悪玉と契る）	俊仁，悪路王を退治する（利光，エビスを平定する）俊宗，奈良坂山のりょうせん坊という化物を退治する（利仁，鬼鹿毛を乗りこなす）
俊宗，天女の鈴鹿御前と契る（利仁，鈴鹿立烏帽子と契る，つまり立烏帽子を制する）	俊宗，大嶽丸を退治する（利仁，近江の明石の高丸を退治する）

（時間）（空間）　他界　　　社会

第５図

た契り、という具合に、図表を作成することができるのであるが、省略することにした。

結局、この物語も、英雄は《自然》を否定し《文化》を再建してくれる存在であるという観念と、しかしながら、その英雄は《自然》から生まれ、そのエネルギーを身に帯びているがゆえに《文化》を再建するわけであるから、《自然》を肯定しなくてはならないという観念との葛藤《かっとう》が表現されたものである、ということになるであろう。そしてこの克服できない対立・矛盾を、レヴィ＝ストロースがエディプス神話の分析で明らかにしたと同様に、異類婚姻（《文化》↓《自然》）と、怪物退治（《自然》↓《文化》）との対立的モティーフを繰り返し提示することによってプラスとマイナスの総和がゼロとなる、つまりその対立的調和のなかに『御伽草子《おとぎぞうし》』は一つの安定をみていたのだと解釈できるであろう。

われわれが「酒呑童子」で析出した構造は、このようにして、「田村の草子」という別の物語のなかで検証しえたということになる。

英雄と怪物との接合・同化

以上でわれわれの考察は、いちおう終了したことになる。

本稿の結論は、これといってない。というのも、ここで検出したモデルは、『御伽草子』の本格的な構造論的比較の基礎・出発点となる仮のモデルであって、分析を積み上げるごとに作り変えてゆくべき性格を負っているからである。

強いていえば、「酒呑童子《しゆてんどうじ》」の物語で析出したパラダイム的対立項は、より深いレベルでの構造の一つの現われにすぎない、すなわち、その一方で、そうした対立が解消する物語が存在し、しかも、それもまた深いレベルの構造の一つの現われにすぎない、ということを示しているということであろう。

怪物退治譚は、英雄と怪物を対立させる。だが、異類婚姻譚はその対立を解消し同化させる。そしてこの両者の媒介項、マージナルな形象としての異常児が立ち現われる。『御伽草子』の物語群を総体として眺めるならば、英雄や怪物は、善でもあり悪でもあり、そのいずれでもない。私は、このような総括的な理解の背後に潜む論理的一貫性を探し出そうと試みたのであった。

この雑然とした論文でそれを十分説明しえたかは不安であるが、ただ次のことは理解してもらえたと考える。

英雄の両義的活動によって象徴されるように、《自然》は《文化》を否定するものであるとともに《文化》を肯定するものでもある。《文化》は《自然》を排除することによってその身を守るが、《自然》を受容することによっても身を守る。すなわち、そのダイナミックな展開の様相が、英雄と怪物との接合・同化の構図の間の対立的調和の繰り返しとして提示され理解されれば、本稿での課題である『御伽草子』を構造分析することの意義を示しえたと考えたい。

注

(1) 物語の構造分析には、大別して二つの方法がある。一つは、具体的なテキストの継起的秩序・線的構造、つまり、言語学でいうパロールの側面に視点を合わせ、そこに一定の法則性を見いだそうとする観点と、もう一つは個々のテキストの背後にあって、それを支配している論理構造、つまりラングに相当するものを析出することによって、個々のテキストおよびテキスト相互間の関係を論理的にとらえようとする観点である。本稿は厳密に両者を区別することなく、「構造」という概念を使用したが、前者の側面に焦点を合わせたときには、〝形態論的分析〟という表現を状況に応じて用いている。

(2)『御伽草子』の本格的構造論的研究はない。現在、構造論的研究の前提となる『御伽草子』のモティーフ・インデックスさえないのが現状であるから、構造論的研究が本格化するのはまだ当分先のことかもしれない。私は「物くさ太郎」の内的構造を分析したことがあるが、まだそれをインターテキスチュアルなレベルへと視野を広げるまでには至っていない（拙稿「『物くさ太郎』の構造論的考察」『民族学研究』第39巻2号、同「『物くさ太郎』にみる笑いとユーモア」『民俗学評論』第12号。前者は『説話の宇宙』〈人文書院〉に収録、後者は「最後に笑う者」と改題し本書に所収）。

(3) 基本テキストとして『御伽草子』（『日本古典文学大系』38、岩波書店）所収の「酒呑童子」を採用し、それに加えて、横山重・松本隆信編『室町時代物語大成』第二（角川書店）所収のテキストを参考とした。

(4) 山口昌男『文化と両義性』（岩波書店）を参照のこと。

(5)「熊野の本地」は、『神道集』の「熊野権現の事」をはじめ諸本があるが、ここでは『御伽草子』（『日本古典文学大系』38）に所収の「熊野の御本地のさうし」をテキストとして採った。また、「熊野の本地」諸本の異同について、松本隆信「本地物の研究㈠」『斯道文庫論集』第九輯に学んだところが多い。

（6）宇宙論的コードや社会論的コード等々に託されているメッセージ解読もぜひ必要である。だが『御伽草子』の構想者・伝承者および伝承社会の実態がはっきりと判っていないので、物語をその伝承社会に送り戻すことが十分できない。結局、他のテキストとの比較によるメッセージの解読が第一の作業とならざるをえない。また、山岳空間に住む妖怪的存在《山姥》の善なるイメージをよく示している物語に「花世の姫」がある。「熊野の本地」と重ねてみると面白い。

（7）横山重・松本隆信編『室町時代物語大成』第二、所収。肉付面のモティーフを「磯崎」の肉付面のモティーフと比較することによって、社会内的《他者》と社会外的《他者》の構造論的位置づけができるように思われる。

（8）島津久基・市古貞次編『続御伽草子』（岩波書店）所収。

（9）大江山および伊吹山の酒呑童子・伊吹童子については、佐竹昭広の一連の研究があり、私も多くのことを教えられた。本稿は佐竹の研究に負うところがすこぶる大きい（佐竹昭広「伊吹童子と酒呑童子」『学習院大学文学部研究年報』第六号、同「弥三郎伝説」『国語・国文』第二十九巻第九号、同「御伽草子の人々」『子どもの館』一九七五年七月号から七六年十月号まで連載、これらの研究は、後に『酒呑童子異聞』〔平凡社〕としてまとめられた）。

（10）高崎正秀『金太郎誕生譚』（『高崎正秀著作集』第七巻、桜楓社）。

（11）異常性とは、ここでは、認識論的、構造論的不安定性のことである。

(12) 横山重編『室町時代小説集』(昭南書房)所収の「弁慶物語」を基礎テキストとした。
(13) 近藤喜博校訂『中世神仏説話(続)』(古典文庫)所収。
(14) 怪物との性交と怪物退治のモティーフは構造論的・神話論的研究テーマであると同時に、深層心理学的テーマであると考えられるので、この領域からの分析が今後、具体的な形でなされる必要があろう。
(15) 佐竹昭広は、次のように問うている。「求婚される女性は、あくまで人間であって蛇だったのではない。彼女らに蛇の名が付けられているということは、いかにもいぶかしい。このなぞは何と解いたらよいのか」(「伊吹童子と酒呑童子」)。われわれの考察結果を敷衍《ふえん》させて解釈すると、大野木殿の家筋は、異類との婚姻をかつて行なったことがあった。つまり大野木一族には異類の血が混じっていると考えられる。歴史的にそれを確証できなくてもよい。おそらく、神話的思考のうえでは、そのように考えられていたのではないだろうか。
(16) C・レヴィ＝ストロース『構造人類学』(みすず書房)を参照のこと。
(17) 「小栗判官」の構造の考察は、近い将来、詳細に試みたいと考えている。
(18) 横山重・太田武夫校訂『室町時代物語集』第一、所収の「たむらのさうし」を基本テキストとした。「田村三代記」は小倉重編『御国浄瑠璃集』所収のテキストである。
(19) 「田村の草子」の語り本系と読み本系の異同についての研究は、荒木繁によって試みられている。この論文は、「田村の草子」系の物語と、「小栗判官」の物語のモティーフとの比較を通じて、相互の成立過程を考察したもので、私にはある意味で構造論的研究に近いと思われた

（「田村伝説と説経『小栗判官』」『国語と国文学』第一七九号）。

最後に笑う者――「物くさ太郎」に見る笑いとユーモア

不幸な状況

『御伽草子《おとぎぞうし》』と総称される物語草子群は、その多くが中世から近世初期にかけて制作された。これらの物語草子類に関しては、これまで国文学や美術史・歴史学そして民俗学、等々、さまざまの立場から考察の手が加えられてきたが、かならずしも十分であったとはいえず、しかも最近では忘れられ無視されている感さえ抱かせる。

なぜ研究が衰退《すいたい》しているのだろうか。この場でその詳しい原因を検討する余裕はないが、おそらく、次の理由によるらしい。すなわち、国文学では、『御伽草子』は、教養のない無名の民衆の生みだしたものであって、文学的価値が乏しく、したがって文学的研究の対象たりえないという認識があり、それに加えて、近年では新しいテクストが発見されることもなくなり、市古貞次《いちこていじ》の『中世小説の研究』(1)のごとき総括的研究がだされてからは国文学者の仕事がなくなってしまった、という考えによっているらしいのである。

また『御伽草子』には多くの場合、素朴な挿絵《さしえ》が付されているが、その美術史的研究も国文学と同様の事情によってであろう、ほとんど顧《かえり》みられることなく無視されつづけている。

歴史学では当時の民衆像を浮き彫りにするという理由で『御伽草子』を取りあげるが、個々のテクストの内容分析にまでは目を注ごうとしない。

他方、『御伽草子』の具体的な内容に立ち入って重要な貢献をしたのは民俗学であった。かつての民俗学においては、柳田国男《やなぎたくにお》をはじめとして折口信夫《おりくちしのぶ》・筑土鈴寛《つくどれいかん》など、多くの人々が、中世神話や民間信仰・口承《こうしょう》文芸などとの関連や比較を通じて、これらの草子類を積極的に論じたのだが、柳田・折口亡きあと、研究は急速に衰退している。これには、多分、幅広い総合的視野に立つ理論家が今のところいないという現状と、フィールド・ワークの重視が大きく原因していると考えられそうである。

ここでは、こうした不幸な状況に置かれている物語草子の一つ、「物くさ太郎」を考察の対象として取りあげ、それを創りだした民衆の姿を垣間見《かいまみ》ようと思う。[2] そのためには、柳田民俗学とか折口民俗学とかに特にこだわることなく、分析対象から何をすくいだせるかという、唯一そのことにのみ焦点を合わせて考察を進める必要があろう。[3]

〈のさ〉と〈まめ〉

御伽草子本「物くさ太郎」は、そうした不遇な『御伽草子』研究の状況のなかでも「一寸法師」などとともに、比較的多くの研究者の関心を集めてきたものの一つである。書誌学的研究を別にして、早い時期では柳田国男[4]や岡部政裕《おかべまさひろ》[5]などによって、近くでは市古貞次[6]・佐《さ》竹昭広《たけあきひろ》[7]・桜井好朗《さくらいよしろう》[8]・信多純一《しのだじゅんいち》[9]などによって、詳細な分析と考察が加えられている。

それだけ研究の積み重ねがあるのだから、われわれは、さぞかし「物くさ太郎」の本質や意味が明らかになっているにちがいないと思いがちであるが、むしろ事情はその逆であって、決定的な解釈をなしえないがゆえに、何人もの研究者が次々と新しい見解をだそうと試みているのである。

それでは、「物くさ太郎」において一番研究者の頭を悩ましているのは何であろうか。

それは、いくつかの論稿を覗《のぞ》けば容易にわかるように、主人公の太郎の極端から極端への不可解な行動の変化である。信濃《しなの》においては徹底的に不行動なる生活（物くさ）を決め込んでいた太郎が、京においては積極果敢《かかん》に行動し、おしまいには信濃の生活からは想像できないほど出世するという、この驚くべき変身ぶりをいかに統一的に理解するかということが、これまでの研究の主要なテーマであった。

もっとも斬新《ざんしん》な解釈として評価しうるのは、国文学者佐竹昭広の考察であって、彼は、太郎の〈物くさ〉と〈まめ〉という対立的行動の根底に〈のさ〉という、反秩序・反体制のイデオロギーをも体現するふてぶてしさの属性を見いだし、それによって二つの行動を同一のカテゴリーのなかに収め、それらを統一的に把握《はあく》しようと考えた。

しかしながら、〈のさ〉という概念を持ちだすことによって太郎の行動の内部に不変的属性を発見しえたとしても、〈物くさ〉〈まめ〉〈辻捕《つじと》り〉とめまぐるしく変化する理由を論理的に説明したことにはならない。なぜ太郎は信濃で〈物くさ〉だったのか、なぜ京の大納言《だいなごん》のところで〈まめ〉だったのか。こうした疑問は少しも解けないのである。

これを解読するため、私はすでに別のところで、形態論的・構造論的分析を加えることによって、社会学＝政治学的枠組みを抽出《ちゅうしゅつ》し、桜井や佐竹の解釈を批判しつつ、次のような見解を導きだした[10]。すなわち、テクストのなかに現われてくる太郎の行動を、大別して〈物くさ〉〈まめ〉〈辻捕り〉、さらに〈歌の名人〉とに分け、それぞれの属性を検討した結果、次のような対立的な差異を見いだすことができた。

〈まめ〉とは、太郎が国司《こくし》のもとで驚くほど忠実に召使いとして働いていることに対して、その言葉が用いられていることからも明らかなごとく、社会的・秩序的あるいは被支配者的行動を意味している。つまり、彼の〈まめ〉なる行動は、体制に従属した社会的・政治的に好ましい行動の様態を表現しているわけである。

これに対して〈物くさ〉は〈まめ〉とは異なり、潜在的な形をとった反秩序的・反社会的行動の一つの表現とみなすことができる。とりわけ政治的支配者（＝地頭《じとう》）からみた場合、働くこともせず毎日竹四本の小屋に寝転《ねころ》んでいる太郎の〈物くさ〉は、《悪》の相貌《そうぼう》を帯びているはずである。なぜなら、政治的支配者は、彼が支配する共同体（あたらしの郷）の成員たる百姓たちが太郎のように〈物くさ〉であってはならず、〈まめ〉の状態にあることを期待しているからである。〈物くさ〉が流行病のごとく百姓たちの間に伝染したならば、地頭の政治権力の座のみか、共同体の恒常的維持さえおぼつかなくなる危険性をはらんでいるのである。それゆえ、〈物くさ〉とは過度の不行動であり、労働の否定であり、政治的支配への順応の拒否である。

このように、〈まめ〉と〈物くさ〉は、《社会》という政治権力を含む概念の次元で明らかに対立し合っている。

では、佐竹昭広などによってこれまで〈まめ〉の極致《きょくち》とみなされていた〈辻捕《つじと》り〉の特徴はどうなるのだろうか。われわれの観点からすれば、〈辻捕り〉もまた〈物くさ〉と同様、〈まめ〉に対立する行動である。〈辻捕り〉とは、辻や寺院の前に立って女や子供を誘《ゆう》拐《かい》することであるから、〈物くさ〉以上に反社会的な行動であるといわねばならない。それは、過度の行動であり、略奪《りゃくだつ》であり、社会的秩序の無視であり、政治権力の否定であって、それを行なう太郎は、日常生活を営む人々を恐怖に陥れる一種の賊《ぞく》として立ち現われている。

ところで、〈物くさ〉と〈辻捕り〉とを、反社会性・反秩序性、等々、日常的・秩序的行動の否定形として整理するならば、同一のカテゴリーのなかに一括《いっかつ》して収めることが可能であり、それを〈のさ〉と呼ぶことも許されるかもしれない。

だが、〈物くさ〉と〈辻捕り〉とは、〈のさ〉という同一のカテゴリーのなかにあってもやはり相互に対立する属性を帯びていることを無視することができない。すなわち、〈物くさ〉はマイナスの方向に作用している過少の行動であり、その特性は潜在的《せんざい》な社会・政治秩序の否定であるが、〈辻捕り〉の場合には、それとは逆にプラスの方向に作用している過度の行動であって、社会・政治秩序の顕在的《けんざい》な侵犯《しんぱん》・否定を意味する。要するに、好ましい社会的行動である〈まめ〉が過剰《かじょう》になると〈辻捕り〉と化し、逆に過少となると〈物くさ〉となるわけである。それを図表化すると、上の図のようになる。

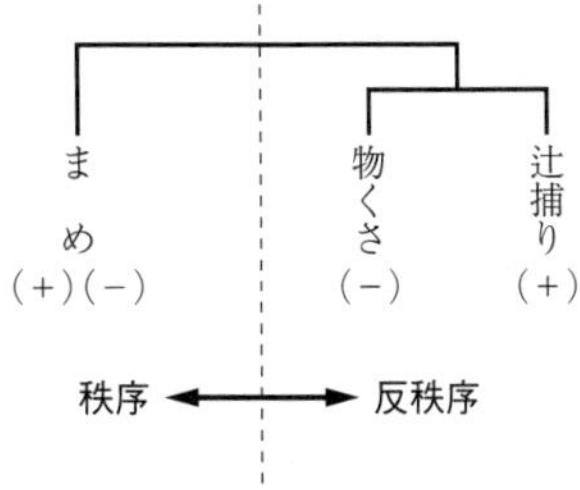

したがって、この図式からすれば、〈歌の名人〉に変身した太郎は、大納言のところで〈まめ〉に働いていたのと同様の機能を演じていると考えられるので、〈まめ〉化したものといえよう。

もっとも、太郎の行動を右のように整理することだけで、その行動が論理的に一貫したものとして把握できるようになったわけではない。むしろ、われわれにとっては、このように整理された太郎の行動の変化をどのように関連づけ論理化するかということこそ、真に重要な問題なのだといえる。

以前に書いた論文で明らかにしたことを要約すると、太郎の行動の変化のなかに、巧妙《こうみょう》な政治的メカニズムの作用を、すなわち古代ギリシャに見られたオストラシズム（貝殻追放の儀礼《かいがらついほう》）のごとき働きを検出してみること、日本でいえば、御霊《ごりよう》送り・風神《かぜのかみ》送りなどのように、よそ者（非共同体的人間）である乞食《こじき》の太郎に、共同体の上にふりかかった災厄《さいやく》（＝悪）を担《にな》わせて、共同体の外に追放することによって社会的秩序を回復し、維持しようとする政治的メカニズムが機能していることを示し、太郎はそのための一種の政治的犠牲なのだということを明らかにすることであった。そのようにとらえることによって、物語は一貫したものとして矛盾することなく理解することが可能となる。

しかし、本稿の課題はさらにその先にある。というのも、政治力学的観点から、つまり太郎＝共同体の供犠《くぎ》の視点から「物くさ太郎」を考察することは、複雑なイメージをもつ網の目状の構造体からなる一つのテクストを、一つの解読装置にしたがって読み解くことにほかならず、それによって明らかにしうることは、無数に存在する構造のなかから、わずかに一つの構造を選びだし、それを結晶化することにすぎないからである。

この企ては、必然的に他の構造化の可能性を排除し、豊かな意味をはらむテクストを単調でつまらないものにしてしまいがちである。示唆《しさ》に富むイメージが、その構造化の過程で、構造の網の目からまるで逃げ水のごとく逃亡し消え去ってゆくのである。

その結果、私の前稿における分析に関する限り、「物くさ太郎」の本質の半分すらも把握しえなかったということを正直《しようじき》にここで白状《はくじよう》しなければならないであろう。とくにこの物語がもつ大切な側面である笑いとユーモアが、そっくり抜け落ちてしまい、考察の果てにわれわれは、冷たく硬い政治のメカニズムだけを手にしてしまっていたのであった。そこで、本稿では笑いとユーモアに考察の焦点を当ててみることにしたいと思う。そうすることによって「物くさ太郎」はさらに豊かなものとなるにちがいない。

喜劇・笑話としての「物くさ太郎」

ところで、「物くさ太郎」を形態論的に分析したとき、これまでの研究者が支持してきたように《本地譚《ほんじたん》》としてとらえることは困難であるといえる。『御伽草子《おとぎぞうし》』化された本地譚の構造は、貴族や長者の子として生まれたが、不幸にみまわれてその地位を失い、長い受難の放浪《ほうろう》の果てに、ついに再び元の地位に復帰するという、すなわちフランスの記号学者C・ブルモン(11)の用語にしたがうならば、転落のプロセス＋改善のプロセスの二つのプロセスから構成される円環的構造を示す。

だが、「物くさ太郎」の場合はそうではない。この物語には乞食《こじき》から身を起こして貴族へと上昇してゆくという改善のプロセスしか存在していない。なるほど、結末で太郎は天皇の孫であることが明らかにされるのであるから、形態論的構造（線的配列）を云々しないならば、転落→改善の二つのプロセスを認めることもできると主張することも許されるかもしれない。

けれども、はたして太郎の放浪を、没落した貴種の苦難の旅と述べることが妥当《だとう》であろうか。太郎は結末に至るまでその出自《しゆつじ》は意図的に隠されている。その理由がなぜなのかを明らかにしなければ、容易に本地譚へとこのテクストを変形させて吸収させることは許されないだろうし、また、たとえ出自が明らかになった時点でこの物語を本地譚として再組織化しようとしても、太郎は貴族の地位を追われた父母の子供なのであって、彼自身は受難者・追放された者ではない。彼は生まれたときに、すでに失うべき地位をほとんど持っていなかったのである。

しかも没落してから彼を生んだ父母とも三歳のときに別れ別れになってしまっており、それ以後はまったくの天涯《てんがい》孤独な放浪者＝乞食として生活しているのである。したがって、本地譚の主要な特徴である没落《ぼつらく》から生じてくる悲劇的イメージをこの物語のなかに見いだすことができない。

本地譚の特徴を人類学的に表現するならば、ある主人公が本来占めているべき構造的位置、それも高いステータスの喪失《そうしつ》である。その「高み」が底辺から高ければ高いほど、その喪失による転落は急速であり激しく、そして痛ましい。悲劇性が本地譚に伴っているのは、この高みと底辺とがあまりにかけ離れているからなのである。悲劇のなかの主人公は、不幸をもたらす宇宙（＝世界）にいかに抵抗しそれを克服《こくふく》しようと努力しても、それに打《う》ち克《か》つことができない。宇宙の圧倒的な力の前に最終的には屈服《くつぷく》させせられる。悲劇のなかで強調されるのは、宇宙を前にした人間の生の弱さである。

要するに、悲劇とは、有限なるもの（＝人間）と無限なるもの（＝宇宙）との深い距《へだた》りを狭め埋めようとする人間の努力を描きだすが、結局はそれが決して克服しえないものであることを悟《さと》らせ、宇宙の思うままに動かされている人間の姿を発見させることで終わる。

一方、悲劇の対極に位置する喜劇はどうかというと、喜劇もまた有限なるものと無限なるものとの間に横たわる溝《みぞう》を埋めることから出発するのだが、この場合には悲劇と異なり、おおむね予想に反してその距《へだた》りが克服されてしまう。喜劇は、二つの対立物を統一させ合体化させる。喜劇が強調するのは、宇宙に対する人間の生の強さであり、偉大さであり、その不滅《ふめつ》性である。悲劇の主人公が宇宙との戦いに敗れる敗北者であるのに対して、喜劇の主人公はその戦いに勝利する者である(12)。

ところで、悲劇が高い構造的位置の喪失であるとするならば、失うべきものがない、つまり何らの高みも持っていない者は、悲劇の主人公にはなりえるはずがない。彼は、社会的にみるならば、ほとんど生と死の境に立っている存在にすぎないのである。そして、われわれの考察している物語の主人公である太郎も、唯一《ゆいいつ》その命を除けば、奪われ失うべき何ものも持ち合わせていない。

彼は、名もなく、社会的地位はもとより共同体の成員としての資格や権利さえない放浪の乞食であり、父母もいない。逆の言い方をするならば、その冒頭では、あらゆるものが

〈彼が欲するならば〉新たに獲得すべきものとなっているのであって、彼自身が失ったものの再獲得ではないのである。あらゆるものを持ち合わせていない太郎は、社会的には〈死〉の状態にあるといえるかもしれない。「物くさ太郎」とは、社会的〈死〉から社会的〈生〉への移行を物語る改善のプロセスのみからなる物語草子なのである。

われわれの理解を容易にするために、本地譚との比較を簡単に行なってみよう。例として引くのは、人のよく知るところの「小栗判官《おぐりはんがん》」である。主人公の小栗は貴族の子であったが、何の因果《いんが》か、鞍馬《くらま》はみぞろが池の大蛇と契《ちぎ》り、それがために京を追放され、さらには照手姫《てるてひめ》との恋が露見《ろけん》し、毒殺されてしまう。彼が人を喰《く》う鬼鹿毛《おにかげ》なる馬を乗りこなすほどの英雄であろうと、それを免《まぬか》れることはできない。小栗の悲劇性は、この死に向かっての転落にあるといえるにちがいない。

しかし、この物語はこれで終わるのではなく、冥界《めいかい》に落ちた小栗が再び地上に送り返され、元の貴族の地位を回復する部分がある。いわゆるブルモンの改善のプロセスに相当するもので、「物くさ太郎」のすべてのプロセスにもあたる。冥界から地上に上昇した小栗は、社会に正当に復帰しえない、ただ命のみを持った餓鬼身《がきしん》の状態におかれている。それが、徐々に社会の方向に向かって進むことによって、完全に蘇生《そせい》するわけである。

このように見てくると、「物くさ太郎」が本地譚であるかないかという、一見不必要にみえる議論が、実は、主人公の太郎を、悲劇の主人公として規定するのか、喜劇の主人公に近づけて考えた方がよいのかという問題において、きわめて重要な意味をもっていることとが明らかとなってくる。

そしてこの双方《そうほう》の決定的な分岐点《ぶんき》は、彼の出自不詳性によって、つまり正しい名前が欠《けつ》如《じょ》している乞食《こじき》であるということによって、喜劇のなかに彼を移して物語を把握《はあく》しなければならない、ということになる。主人公が名前や地位を欠落していることが、物語を悲劇として把えることの可能性を否定する。名前も地位もない悲劇の英雄など地上のどこにも存在していない。悲劇は、一つの歴史であり、過去を背負うことによって描き出される主人公の物語である。過去とは、地位であり、出自《しゅつじ》であり、名声である。そして、悲劇には何よりもまず始まりがあり、終わりのときがなくてはならない。

だが、喜劇には、原理的にいえば、始まりもなければ到達すべき結末もない。喜劇の場面の一つ一つがそれで完結し、また無限に開かれている。喜劇において大切なことは、時間や過去ではなく（そんなものは、ほとんど重要な役割を占めていない）、一つの場面が与える状況《じょうきょう》と、そのなかでの登場人物たちのセリフや身振り・行動であり、彼らの間の関係の在り方でしかない。主人公は、その与えられた状況のなかで、過去にも未来にも支配されることなく動き回っていさえすればよいのである。つまり、主人公が歴史を示す名前を所有する必要はまったくないのだ。

「物くさ太郎」の主人公は、〈物くさ〉＋〈太郎〉という名前をもっている。けれども、それが正当な名前であるとは決していえない。所与《しょよ》の状況のなかでの彼の身振りに由来した名前であって、それは何ら歴史を語るものではない。したがって、主人公が正しい名前を発見し、それを身につけたとき、彼の喜劇の主人公としての生命は断たれることになる。正しい出自を知り、そしてそのなかに組み込まれたとき、彼は過去を背負いつつ社会構造のある特定の位置を占め、行動を厳しく規制されることになるわけである。事実、この物語でも太郎の出自の発見という形で、喜劇の主人公としての太郎の物語は結末に導かれている。

喜劇そのものの特徴は始まりもなく終わりもなく、ひたすら宇宙に向かって開かれているが、一つの文学形式としてあるいは演劇形式として、何らかの形で便宜《べんぎ》的な始まりと終わりとがなければならないわけであるから、やむなく喜劇のもつ論理とは別の論理にしたがって、始まりと終わりとが設定されることになるだけである。要するに、「物くさ太郎」を本地譚としてではなく、喜劇として笑話としてとらえねばならないということの決め手は、この物語の本質的部分となっている太郎の出自不詳性に求められるのである。

情報伝達の媒介

「物くさ太郎」が本地譚ではなく、喜劇・笑話なのであるということを、いっそう明瞭《めいりょう》に理解するために、二、三の具体的な分析を試みてみよう。そのなかでも最も劇的に非本地譚であることを示す部分は、冒頭の書き出し部である。

ところで、「物くさ太郎」は一つのテクストであり、われわれの前にはそのテクストしか存在していない。私は別稿で、このテクストに記述されている事実に限定して物語の構造化を行ない、それに即して考察を加えたわけであるが、ここでは、そのさいにほとんど触れなかった二つの存在を考察の前提として想定しなければならないようである。一つは、その名も明らかでないこの物語の作者（あるいは話者）である。この作者こそ「物くさ太郎」という情報を、ある目的で発信した人物である。いま一つは、その情報を受け取り読むところの読者（あるいは聴衆）である。

すなわち、「物くさ太郎」という物語は、作者（発信者）――読者（受信者）というコミュニケーションの担《にな》い手を結びつける情報伝達の媒介《ばいかい》として固定されている。したがって、われわれは作者が何を伝達するためにこの物語を製作したのかを、そしてそれを読んだ読者はそれから何を受けとったのかを、さらには発信者の目的は読者の解読によって十分成就《じょうじゅ》されたのか、等々、を明らかにしなければならない。極言《きょくげん》するならば、テクストのなかに見いだされる笑いとユーモアの背後に、こうした関係が存在しているのだということに気がつかない限り、その笑いのもつ意味を正しく理解することができない。つまり、「物くさ太郎」のテクストの背後で、作者と読者とが対決しているのである。

このような視点を踏《ふ》まえつつ物語にアプローチしてゆくと、冒頭から太郎はすぐさま笑、い、、、の喚起者として立ち現われてくる。もっとも、物語の書き出しは、実に重々しい荘重《そうちょう》な印象を与える。だが、それはやがて明らかになるように、作者によって仕組まれた罠《わな》である。

すなわち、次のように物語は語り始められる。

東山道《とうせんどう》みちのくの末、信濃国十郡のその内に、つ、、、るまの郡《こおり》あたらしの郷《ごう》といふところに……。

この形式的な固い書き出しは、本地譚に共通して見られるものである。たとえば「小栗判官」の名を先に出したので、その冒頭部をここでも引いて比較してみよう。

そもそも、この物語の由来《ゆらい》を、くはしく尋ぬるに、国を申さば、美濃《みの》の国、安八の郡、墨俣《すのまた》、垂井《たるい》、おなことの神体は、正八幡《しょうはちまん》なり……。

明らかに双方は似ている。したがって「物くさ太郎」の作者は、その書き出しを本地譚の形式（構造）によって書いていると考えることができそうである。また、作者がこの部分に本地譚のイメージをこめようとしていたことは、他の諸本の多くが「お、た、か、の本し」

という、そのものズバリの名を冠《かん》していることからもうかがうことができる。

だが、「本地」という名前や、本地譚の形式を用いているからという理由だけで、「物くさ太郎」を本地譚として書かれたものであると断定してしまうのは性急にすぎるといわざるをえない。それこそ作者の思うツボにはまってしまうことになる。

私の考えるところでは、こうした技法を用いた理由は、もっと別のところにあったらしい。すなわち、本地譚を装い、本地譚的書き出しをすることの作者の狙いは、読者にこの物語が本地譚であると思い込ませ、それを媒介として笑いをひき起こさせようとする一種の文章技法に属する策略《さくりゃく》なのだ。読者は、この冒頭を読むことによって、本地譚に結びついているさまざまなイメージを想い浮かべる。そのイメージを手がかりとして、これからの物語の展開を予測しようとする。

例をあげるならば、この物語の主人公は、きっと神仏の申し子として生まれた高貴な人の子供であり、しかも不幸にみまわれて痛ましくも悲しい受難の放浪へと旅立たねばならないにちがいない、と想像する。本地譚ならばそのように展開してゆくからである。

だが、「物くさ太郎」は、そのような筋書《すじがき》にしたがって物語は進展してゆかない。むしろそれとは逆に読者の予想を否定するような記述が、上記の書き出し部につづいているのである。すなわち、

「……あたらしの郷といふところに、不思議の男一人はんべりけり。その名を、物くさ

太郎ひぢかすと申候《もうしそうろう》。名を物くさと申す事は、国にならびなき程の物くさなり」と。

本地譚を思い浮かべ、その主人公が冒頭において担うべき〈状況〉や〈機能〉を知っている読者にとって、このような〈物くさ〉なる主人公の属性は、まったく予期しえなかったことである。本地譚とは相容《い》れないものであることは明白であろう。読者は裏切られ、本地譚のイメージは破壊されてしまうにちがいない。そしてそれと同時に、太郎は読者に対して、容易に解読を許さない迷宮として現出することになる。つまり、読者は、太郎に対して、一種の判断停止の状態におちいるわけである。

ところが、作者は、この得体《えたい》の知れない物くさ太郎を前にして当惑《とうわく》している読者を眺めながら（おそらく、自分の仕掛けた罠《わな》に読者がまんまと引っ掛ったので満足の笑みを浮かべながらのことであろう）、彼らの前に、「ただし、名こそ物くさ太郎と申せども、家づくりのありさま、人にすぐれてめでたくぞ侍《はべ》りける」と丁寧《ていねい》な言葉で、救いの手を差し伸べる。かなり念入りな太郎の見事《みごと》な邸の説明は、いったん放棄《ほうき》した本地譚の主人公のイメージを読者に再び呼び戻させるのにきわめて効果的である。

頭の回転の早い読者ならば、ひょっとするとこの主人公は、小栗が異常なまでに貴族の姫との結婚を拒み、大蛇と契ったがために転落しなければならなくなったと同様に、その異常な〈物くさ〉の故に没落することになるのかもしれない、とさえ想像するかもしれない。いずれであるにせよ、右の一文は、「物くさ太郎」を本地譚として把握《はあく》しようとする読者に、一筋の光を与えることは確実である。

だが、太郎＝貴族＝没落する悲劇の主人公、といった本地譚的解読が決定的に誤りであることを、読者は次の記述から残酷にも知らされるのである。

……と、心には思へ共、いろいろ事足らねば、ただ竹を四本立て、こもをかけてぞ居たりける。雨の降るにも、日の照にも、ならはぬ住居して居たり。かやうにつくり悪しとは申せども、足手のあかがり、のみ、しらみ、ひぢの苔《こけ》にいたるまで、足らはずといふ事なし。もとでなければ商《あきな》ひせず、物をつくらねば食物なし。四五日のうちにも起き上らず臥《ふ》せり居たりけり。

こうまではっきりと語られれば、読者もこの主人公が本地譚とは縁がないことを否《いや》が応《おう》でも認めないわけにはいかないはずである。読者は、崇高《すうこう》なる悲劇の主人公に伴うもろもろのイメージを捨て、それとはまったく逆転した、不潔で怠惰《たいだ》な太郎を、この時点で真の主人公の姿だと認めさせられるわけである。

かくして、とにもかくにも、太郎は読者の前に一定の〈状況〉と〈機能〉を与えられた存在として登場することになったわけで、それによって思考の混乱から解放され、しかも当初の予想とはまったく異なる卑賤《ひせん》な太郎をみて、読者は複雑な意味合いのこもった笑いをもよおすことになる。それまでの緊張感がほぐれて、そこから解放されたことに由来する笑いである。

笑いとは、生理学的にいうならば、筋肉の弛緩《しかん》であり、筋肉が緊張していたときに必要とされていたエネルギーが急速に不用となったために、〈笑い〉という形をとって放出されたものである。すなわち、ある秩序にしたがって思考していた読者が、突然に別の秩序にそって思考することを迫られ、そのため思考の平衡《へいこう》状態が混乱し狂わされてしまったために、方向性を欠いたエネルギーが放出したものが笑いなのである。

A・ケストラーの説明によると、

「コミックが刺激の本性を定義するに必要にして十分な条件は、二つの独立した操作領域に関わる出来事あるいは隣接《りんせつ》的観念の、突然の二連合化である(13)」。つまり、「ある領域から別のある領域への突然の思考の移行が、その思考のコンテクストから情緒的負荷の分の、束の間の二連合化を引き起こし、その過剰のエネルギーの放出が、笑いという反応となるのである(14)」。

E・カネッティが説くハイエナの〈笑い〉が、この最たる例であろう。

「人間の笑いにじつによく似た声を発する唯一の動物はハイエナである。この声は、捕らえたハイエナの前に食物をおき、次にハイエナがそれを摑《つか》もうとする瞬間に、それを素早く取りあげてしまうことによってひき起こすことができる(15)」と彼はいう。

これは肉を食べることの代償《だいしょう》行為として生じる笑いであるが、それはまた、われわれの表現でいう、ある秩序から別のある秩序へと移行したことによるエネルギーの放出とみなすことができるはずである。社会学者のR・バスチード[16]や社会人類学者のM・ダグラス[17]もほぼケストラーと同じ考えにしたがって、笑いをとらえている。

本来ならば出会うことのない二つの秩序ないしは現実の、出しぬけの「出会い」によって引き起こされる笑い。こうした笑いをもたらす文学的技法は、頓降法とか、降漸法とか呼ばれている修辞学的《しゅうじがく》なトリックである。つまり、高貴なるものから低俗なるものへ、はるかなるものから身近なるものへ、神（聖）的なるものから人間（動物）的なるものへの読者の意表を突いた移行のなかから笑いを誘い出す方法なのである。

「物くさ太郎」の笑いも、こうした頓降法による笑いであるといえる。作者は、あらかじめ読者に本地譚のイメージにそって主人公の「かたち」を塑形《そけい》させ、次いでそれを突然破壊するのである。すなわち、本地譚という枠のうえで思考しようとしていた読者が、急にそれとは異なる枠《わく》のうえで思考するよう強要され、平衡を失った読者の思考のエネルギーが笑いとなったのだ。

作者と読者との間に成立するこうした笑いは、しかしながら、その具体的内容について考えてみるとかなり複雑である。少なくとも、次の三つの若干《じゃっかん》ニュアンスの異なる性格の笑いが、この冒頭の笑いのなかには重なり合っている。

(1) 本地譚として読者がとらえるように仕組んだ作者の罠《わな》に、見事にはまってしまった自分たちの愚かさを隠蔽《いんぺい》しようとする意味合いをもつ笑い。それは俗にいうニガ笑いであり、照れ隠しの笑いであって、笑いの対象は、太郎にあるのではなく、自分自身である。もう一つの笑いは、太郎の不潔な姿その他に対する軽蔑《けいべつ》の笑いである。働きもせず汚れるに任せている太郎は、〈まめ〉に働いていることを「善」とする考えが読者にあるとするならば、笑いの対象となるはずで、読者の笑いのなかに、そのような社会的な優越感に根ざした嘲笑《ちようしよう》が含まれているとしても不思議ではない。

(2) この笑いは、また、太郎と読者との間に一定の距離をつくりだす。笑う側と笑われる側という二つの異なる存在が笑いによって確認されるのである。つまり、笑うことによって、読者は太郎と同一の構造的位置にいないのだということを主張しているわけである。この笑う者としての読者と笑われる者＝笑いの喚起《かんき》者としての太郎という関係が、この物語ではとりわけ重要な意味をもっているようである。そのことは、本稿のなかで追い追い明らかにされるはずである。

(3) いま一つは、右の笑いとは相反する内容のもので、〈物くさ〉な太郎に対する親しみと共感の笑いである。というのも、働きもせずに〈物くさ〉をきめ込んでいる太郎は、日々の生活に追われている読者にとっては、容易にその世界へ踏み込んでいけないにせよ、一つの憧れでもあり、それを勇敢《ゆうかん》にも演じている太郎は愚かであると思われるにせよ、愛すべき人間ということができるからにほかならない。

実際には、この三つの笑いのどれが読者の笑いなのかを決定できない。多分、無意識のレベルではこの三つは重層的に一つの笑いのなかに含まれているのであろう。

何はともあれ、読者は作者の仕掛けに乗って、ここでまず笑わされたのだ。そしてこの読者の笑いから喜劇、笑話としての「物くさ太郎」は始まるのである。

日本的道化の系譜

これからの物語のなかでの太郎は、当分のあいだ笑われる存在である。彼が笑いを喚起する者でなくなったとき、この物語は終わらねばならない。したがって、いちおう太郎を笑いの喚起者として記述することがここでは可能である。そして、いうまでもなく、彼によって笑いを喚起されるのは、読者である。

なぜ読者が太郎を笑うかといえば、右ですでに述べたように、太郎が読者の属する位相からはずれているからである。つまり、読者はこの物語のなかの百姓や宿の主人や貴族の娘のごとく、〈まめ〉なる社会的存在としての立場から、太郎を眺めているからこそ彼を笑えるのである。太郎は、出自の明らかでない、名もない放浪の乞食《こじき》であり、社会の外か、さもなくば周辺部に属している。したがって、政治的・社会的構造から一応分離した存在である。しかし百姓たちはそのなかに組み込まれて身動きができないでいる。そうした社会的存在と読者は明らかに同一の次元に立っている。〈物くさ〉な太郎は笑えるが、〈まめ〉な太郎の行動に対して唖然《あぜん》とし、驚嘆《きようたん》の吐息《といき》をもらすのが、読者なのである。

一方、当の太郎は、そうした笑いに対してまったくの無関心、無頓着《むとんちやく》である。彼はただひたすら自分の望んだことを実現させることに邁進《まいしん》するだけである。彼にとっては自己の欲望を成就させることが第一なのであり、秩序だとか政治だとかは二の次である。

冒頭の部分の笑いは、読者の側からすると、〈みやび〉と〈ひなび〉という互いに排除し合う二つの異なるカテゴリーの接触・出会いによってもたらされていると考えることができる。(18) 〈みやび〉とは、都という空間に結びついた、貴族・清浄《せいじよう》・美・教養といった属性からなるカテゴリーであり、これに対して〈ひなび〉とは、田舎《いなか》の空間に結びついている、百姓・無教養・不浄《ふじよう》・醜といった属性からなるカテゴリーである。

そこで、百姓のカテゴリーからも逸脱《いつだつ》している乞食の太郎が、現実には〈ひなび〉の文化のなかにありながら、それとはまったく反対の〈みやび〉の文化のなかでの生活を夢想している光景をみて、そのアンバランスを滑稽《こつけい》に思い、笑ったのだという具合に解釈することも可能である。相反するカテゴリーが同一の事象の上に共存することは論理的矛盾であり、笑いを誘うことになる。ケストラーやバスチードの理論もこの考えに立っている。

要するに〈みやび〉から〈ひなび〉への頓降であると同時に共存でもあるがゆえに、この冒頭の場合は、笑いを喚起させるに十分なのである。

ところで、言い換えるならば、この物語の展開は、こうした二つの相反するカテゴリーを前提として、それを一瞬破壊して結合させたり、あるいは引き離したり、さらには再組織化したりすることから構成されていると考えることができる。笑いは、そうした作用の産物である。喜劇が、常識では埋めることのできないはずの二つの世界（ここでは〈みやび〉と〈ひなび〉である）を埋めようと努力し、それが予想に反して成就してゆくことにあるとすれば、太郎もまたこの物語でそれを行なうはずである。彼は、笑われつつもそれを実現させてゆくのである。

いうまでもなく、太郎が笑いの喚起者として立ち現われてくるのは、この二つの秩序を無視して行動するときである。笑う側の読者は、日常的な秩序の上に立っており、〈みやび〉と〈ひなび〉とを排他的な対立カテゴリーとして認識し、しかもそれを克服しえないものとして決めてかかっている。だが、笑われる側の太郎には、そうした認識がまるでない。つまり、日常的秩序や思考の向こう側に立っているのである。前者の属性が通常性の容認であり維持であって、それゆえ、状況に対して保守的な態度でしか臨《のぞ》まず、非創造的な視点をもつだけで終わりがちである。

これに対して、笑いの喚起者は日常的秩序を踏み越え、それを無視して動き回る。時には秩序を破壊するに留まらず新しい秩序をもたらす効果を発揮《はっき》することさえある。彼は自由奔放《ほんぽう》に振舞《ふるま》う。彼は社会的存在という枠組みの外に立つ、解き放たれた人間の生命の躍《やく》動《どう》の形象化したものにほかならない。(19) 彼のエネルギーは、彼を規制し秩序化しようとする日常的世界に対して予想外の展開を絶えず示すことに導く。(もっとも、太郎も最後には秩序のなかに吸収されてしまうのだが)

太郎の反秩序的属性(=のさ)の原型を日本の文化のなかに探すならば、それは「烏滸《おこ》の者」である。この日本的道化の系譜《けいふ》の流れのなかに画然《かくぜん》たる位置を占める太郎には、〈物くさ〉としての潜在的悪つまり怠け者のイメージがみられると同時に、〈辻捕《つじと》り〉としての顕在的悪つまり犯罪者のイメージが重なり合っている。したがって、太郎を笑うという行為は、実はこうした太郎の「悪」を笑いという形で殺害しようとしているのである。彼が究極的に共同体の供犠に選び出されて〝殺される〟という事実がそれを明らかに証明している。

なるほど、佐竹昭広が説くように、太郎には、日常性のなかに埋没《まいぼつ》している人々の心のなかに蓄積《ちくせき》された反社会的欲望が投影されている、ということも可能かもしれない。泣く子も黙る地頭《じとう》に平然と反抗し、自己の欲望を完遂《かんすい》しようとする太郎は、民衆の英雄像であるのかもしれない。だが、「兵衛 尉《ひょうえのじょう》あらき人ならば、腹をも立、いかやうにもあたり給ふ」ということを読者はよく知っているのである。とするならば、結局、太郎に対する笑いは、嘲 笑《ちょうしょう》ということになるであろう。

さらにまた、太郎の妻求めにみられる笑いがある。太郎が京に上ることになった事情は、政治力学的にみるならば、共同体にふりかかった災厄を取り除くための犠牲となってのことだと考えられるわけなのだが、表面的には百姓の長老のいう「田舎の人こそ情を知らね、都の人は情ありて、いかなる人をもきらはず、色深き御人も、互に夫妻とたのみたのまる、ならひなり、されば都へ上り心あらん人にも相具して、心をもつき給はぬか」という言葉に魅《ひ》かれて、妻求めのために旅立つことになっている。田舎に住む人々にとって、京の都が一種のユートピアとして映っていたことは否定できない[20]。

しかし、右の百姓の長老の言葉は、共同体の災厄《さいやく》を太郎に押しつけようとする、長い経験から生みだされた巧《たく》みな嘘《うそ》であることはいうまでもない。だからこそ、村人も読者もひそかに太郎の旅立ちを笑えるわけである。また、物語のなかで、妻を得ようと相談した宿の主人に、彼は「是程《これほど》のたくらだはなし」と嘲《あざ》けられ、辻捕りに及んだ女房には「此者《このもの》はいかさまにも、田舎の者にて有けるを」と笑われている。

つまり、太郎は、信濃と同様、都でも笑われる存在なのである。それゆえ、少なくとも、大納言の家で〈まめ〉に働いた期間を除けば、太郎と日常的生活者（および読者）の間には、笑われる者と笑う者、反社会的存在と社会的存在という関係があることになる。

だが、日常的生活に従事する人々に、太郎を笑うことで〝殺す〟ことがはたしてできたのであろうか。この物語の作者が、本地譚をパロディ化しつつ読者の前に提示した「道化」たる太郎は、単に嘲笑の笑いを喚起させ、そのなかで太郎を圧殺させるためだったのだろうか。「物くさ太郎」を、作者―読者の対決する媒体として措定しつつ、より深くその内容を理解するためには、さらにわれわれは、これらの点を明らかにする必要がある。

愚者から智者へ

何度も繰り返すようだが、太郎自身には秩序とか反秩序といった、〈みやび〉とか〈ひなび〉といった対立は存在していない。彼の行動は、過去によっても、彼を取り巻く空間によっても規定されておらず、ただひたすら自《みずか》らの生命を躍動させているだけである。妻求めにしても、それが結果的に（別の論理から導かれて）社会化（＝〈まめ〉化）をもたらす結婚となる可能性をはらんでいるとしても、やはり女を得て性欲を満たすという自然の本性に根ざした行動なのである。

これを哲学者S・K・ランガーの言葉を借りて説明するならば、

「かれは（道化役者が身体で示しているように）絶えずころがったりつまずいたりしながら、次々に窮地《きゅうち》に陥っては、痛い目をみるみないにかかわりなく再びそれを脱してゆく、独立心に富んだ不屈《ふくつ》の生き物である。かれは人格化された生命の飛躍なのである。しばしば途《と》方《ほう》もなく複雑でありながら、さほどの筋もないかれの偶然の冒険や不運、かれの馬鹿げた期待や失望など、要するにかれの即興《そっきょう》的な全存在が、動物的とまではいわぬまでも原始的で野蛮《やばん》な生命のリズムをもっていて、予想外の新局面を絶えず展開させてはかれを失望させたり鼓舞《こぶ》したりする世界に、対処するのである。かれは善人でもなければ悪人でもなく、道徳にはまったく無関係なのである――勝ち誇っているかと思えば、打ちひしがれて悲しげにみえるが、悲《ひ》嘆《たん》、驚愕《きょうがく》の最中においても、かれは滑稽《こっけい》である。というのは、かれのエネルギーは実際、少しも減じることはなく、失敗のつど、新たに奇想天外《きそうてんがい》な運動のための場面を準備していくからである」(21)ということになるであろう。

こういった喜劇的な形象の属性を端的《たんてき》に太郎が表現する場面が、例の辻捕りから結婚に至る場面である。辻捕りのために清水《きよみず》の門前に立ったときの姿は次のように記されている。「信濃より年をへて着たりける、貲布《さよみ》の帷子《かたびら》の何色とももんも見えぬに、藁縄《わらなわ》、帯にして、物くさ草履《ぞうり》の破れたるをはき、呉竹《くれたけ》の杖《つえ》をつき、十一月十八日のことなれば、風激しく吹きて、いかにも寒きに、鼻をすゝりて、清水の大門に、焼け卒塔婆《そとば》のごとく、立ちずくみにして、大手を広げて待つ」。

この姿は、この光景に関するかぎり、盗賊《とうぞく》・野盗《やとう》、鬼か魔物を思わせる異様さを帯びている。人々を震撼《しんかん》させるのに十分であろう。しかもこれぞと思う女を待つこと一日、夕暮近くになってようやく気にいった女を見いだすや、間髪《かんはつ》を入れずに、「わが北の方は出で来ぬれ、あつぱれとく近づけかし、抱きつかん、口をも吸はゞや」と、「大手を広げてつつと寄り、いつくしげなる笠の内へ、きたなげなる面をさし入れて、顔に顔をさし合せて、いかにや女房、と言ひて、腰に抱きつきて見上げ」るといった具合であって、そのエネルギッシュな行動は、笑いを誘う以上に驚嘆すべきものである。太郎の大胆不敵《だいたんふてき》な行動は、これまでの太郎の道化ぶりを知っている読者にしてみれば、笑うに値するものかもしれないが、同時にその痛快さは、何とも魅力的でうらやましいということも否定できない。

太郎に迫られた女房は恐怖し、必死になって、調子の言葉や歌を投げかけるのだが、こともあろうに、愚鈍《ぐどん》と思われていた太郎がそれを次々と解いてゆく。ここで彼がそれに答えられないで立ちすくんでしまったならば、それこそ読者の笑い者として終わってしまうことになる。作者は、そうしたことを予想して、太郎を突然に愚者から智者へと切り換えたのだ。

換言するならば、愚者としての太郎の極致《きょくち》において、別の思考の領域であるところの智者としての太郎へと、何の予告もなく出し抜けにスイッチしたわけである。つまり、冒頭の〈みやび〉から〈ひなび〉への切り換えに対して、今度は〈ひなび〉から〈みやび〉へと切り換えてみせたのだ。当然予期される読者の思考の混乱。

だが、これはかならずしも笑いをもたらさない。あの馬鹿な太郎に歌を詠みこなす教養がどこにあるかと怪訝《けげん》に思うか、太郎が〈ひなび〉と〈みやび〉の対立を克服してゆく様子を目の前にして、自分たちには果たしえないことを成し遂げてくれる太郎に、快感を覚えて笑みを浮かべつつ、多少冷やかな羨望《せんぼう》の念を抱く程度であろう。

むしろ、読者の期待しているのは、次に訪れるはずの太郎の失敗である。何としてもこのような太郎の爽快《そうかい》な活動を、笑いによって霧散《むさん》化しなければならない。そうでもしなければ、今まで太郎を笑い飛ばしてきた読者は、自分が何とも哀れな存在であることを嘆かねばならなくなる。つまり読者が軽蔑していた行動を通じて、太郎は、向こうの世界に彼らを置き去りにして、去っていってしまう。

作者は、読者の期待通りいったん太郎に失敗をさせ、読者の前で笑い者となるようにしてくれるのであるが、それは束《つか》の間のことで、太郎はこの失敗にも屈せず、驚くべき知力を発揮して女房の家をつきとめ、ついに女房を妻とすることに成功する。まさに、作者は、いったんは読者の意向にしたがったかにみせかけて、それを裏切ったわけである。

それにしても、太郎の秩序にこだわらない辻捕《つじと》りや物くさの行動振りは面白い。彼の魅力は、民衆の抑圧されている破壊的でかつ創造的なエネルギーが象徴化されたところにあるといっても過言ではないであろう。働かずに寝転がっていて酒や食物が得られること、権力者に対して悪口雑言《あっこうぞうごん》を投げかけ横柄《おうへい》な態度を決め込むこと、美しい知性的な女のセックスを盗み、彼女を自分のものにすること、豪華な邸で遊びにふけること、等々、民衆の果たせない願望を太郎は見事に体現している。まぎれもなく彼は人間の生の形象である。だが、それは現実の社会・政治の秩序のなかにおいては許されない民衆生活の否定的側面の形象でもあることを忘れるわけにはいかない。

すなわち、道化を論じる山口昌男の言にしたがうならば、

「彼が一身に具現《ぐげん》するのは、一つの社会が蓋《ふた》をしたがる『臭いもの』である。それ故、彼には、一つの社会で好ましくないと思われている価値が、相次いで負わされる。それでは、彼は全く悪魔と同じではないかという指摘に対しては、彼と遊戯《ゆうぎ》性の結びつきを確信することによって答えることができる……とにもかくにも、彼らの不躾《ぶしつ》けは、彼らが社会的秩序の外に留る限り許されるものであった。それ故、定住社会は一定期間彼らを受け入れて、日常生活を構成する諸要素、ヒエラルキーをすべて疑わせ揚棄《ようき》させて、新しい秩序に置き換えるのを援《たす》ける。しかし、その期間が終わると、彼は元の位置に戻らねばならない。所詮《しょせん》彼は、秩序の内側『文化』の中心に棲息《せいそく》すべき人種ではなく、周辺部、或《あるい》は境界の外に住むか、絶えず、この世界の周辺を放浪しなければならない種族に属する。境界性（マージナリティ）こそ彼が、本来帯びている刻印である(22)」。

ここで、われわれは太郎に課せられている出自不詳《ふしょう》性を想起せねばならない。出自不詳性とは、社会的秩序の内部に属する一切の属性を欠いていることであって、それゆえ、太郎は、愚か者ともなりうるし、犯罪者ともなりうるし、乞食にも召使いにも貴族にもなりうる可能性を有しているのである。ただし出自不詳である限り、社会の中心には定住しえず、その周辺をうろつくことを宿命としなければならないのだ。

それにしても、笑いの意味は複雑多様である。しかも一般にアンビバレントなものである。太郎を笑う読者の笑いもそうした性格を帯びている。すなわち、民衆の抑圧された願望を代行してくれることによる悦びの笑いと、反秩序的暴挙を演じる太郎を軽蔑して笑うことにより双方に一定の距離を設け、笑いによって彼を殺そうとする卑劣な笑いとが、基本的にこの物語のなかにはある。

一見、解放的な笑いのごとくみえるが、実は読者の愚かしさを笑いは示しているのであって、彼らは決して解放されてはいない。解放され自由なのは、太郎の方なのであり、読者は拘束《こうそく》された不自由な人々なのだ。それを笑いによって隠蔽《いんぺい》しようとしているにすぎない。この点をめぐって、作者と読者とが対立し合っているわけである。

作者は、読者に笑いを喚起させるために、道化的で反秩序的形象として、まず太郎を提出する。読者はもちろん太郎を笑う。だが、太郎は笑いの喚起者であると同時に、本来の自由で抑圧《よくあつ》されない人間の形象でもある。とすれば、これを笑うというのはどういうことなのか。しかも軽蔑的な嘲笑であるとしたら、作者は読者を笑わせることによって何を意図していたのだろうか。

そこでわれわれは作者の笑いに賦与した意味をいま少し探ってみる必要がある。

笑いは、常に二面性をもって人々の生活に介入して来る。笑いは事物、行為を、それらが日常生活で属している文脈から切り離してしまう。人は自らが、日常生活の文脈の内側に属していると思うから、その文脈から離脱、又は脱落した人、事物を笑うことが可能である。しかしそれらの人、事物が離脱の自由を駆使《くし》して、それらが本来持っていた運動の可能性を発揮したら如何であろうか。次の瞬間に、日常生活の文脈から誘い出されるのは、笑った側であることに気づかざるを得ない筈である。笑いは、事物を日常的文脈から切り離して、宇宙的リズムにおき換える最も身近で有効な手段である。(23)

すなわち、笑いは笑いを共有する者同士の紐帯《ちゅうたい》を深め、彼らの秩序を守ることに作用するとともに、笑う対象を、笑いによって彼らの秩序から切り離し格下げを果たすのにも有効なのだが、笑いはそれに留まらず、しばしば笑う者の秩序が笑われる者の世界よりも陳《ちん》腐《ぷ》でばかばかしいものであるという、まったく逆転した認識へと導いてゆく。

それがユーモアなのである。つまり笑う者と笑われる者との立場の逆転をひき起こすことに、この物語の作者の意図があった。太郎を笑っている読者こそ、真に笑うに値するということを明示すること――〈ひなび〉の領域から〈みやび〉への急速なる移行によって作者が期待したのは、いわばそうした立場の逆転、攻守《こうしゅ》交代を行なうためなのであった。

政治力学的構造からすれば、太郎の〈みやび〉化は秩序への同化であり、反秩序性の喪失であるが、笑いの弁証法《べんしょうほう》からするならば、〈ひなび〉と〈みやび〉とが克服しえないものであるという認識の上に立って、それを克服しようとする太郎を笑っていた読者に対して、太郎を笑い者として描きつつその対立を克服する者として示し、それまでの読者の笑いを逆に珍奇《ちんき》なものと化そうと作者は試みる。貴族になった太郎はもはや笑うべき存在ではないのである。言い換えれば、太郎の冒頭での夢想が実現したのである。とするならば、それまでの、決して成功するはずがないという前提《ぜんてい》から生じてくる読者の笑いは、完全に行き場を失うことになる。つまり彼らの笑いはそのまま彼ら自身の上にふりかかってくることになるのである。要するに、太郎の反秩序性を切り捨て犠牲《ぎせい》にしてまでも、作者は読者を告発しようとしているわけである。そのような意図の下で、太郎の出自《しゆつじ》が明らかにされる。

黒いユーモアの物語

さて、われわれのここでの問題に対する答えもそろそろ煮つまってきたようである。別稿において私は、前半の犠牲としての太郎を介してみられる政治のメカニズムが、前半に比べて後半になって希薄になるが、それはこの物語の別の側面からの要求、つまり笑いとユーモアによるものであると述べておいた。このことが、これまでの考察によってようやく明らかになりつつあるわけである。政治のメカニズムのなかで供犠として機能している太郎は、笑われる者としての太郎であり、供犠としての性格が薄れた太郎は、読者たちを笑う側に移行した時の太郎に対応する。この物語には、政治の弁証法と笑いの弁証法とが対立しつつも補足し合って共存しているのだ、といってもおそらく許されるであろう。

作者は、前半において読者の依拠《いきよ》する日常的領域にそって、太郎を共同体の悪の依代《よりしろ》＝犠牲として描き、読者に彼を笑わせることを許す。しかし、後半に入って、太郎をそうした役割から救いだすことによって、読者を笑い者＝悪へと転化させる。日常生活のなかに安逸《あんいつ》した非創造的で変革の志向を欠いた読者をあからさまに攻撃する。体制のなかに埋没しながら、その外に出て自由に動き回ろうとしている太郎を嘲笑する、変革者でも反抗者でもない読者諸君、笑われるべきは太郎ではなく、あなた方自身なのだ、と作者は述べているのだ。愚かな太郎よ、と笑えても、貴族になった太郎をあなた方はなお嘲笑しえるか、せいぜい自分たちのことを棚に上げてうまいことやりおった、と自己の願望を投影させて満足しているにすぎないにちがいない、と告発しているのだ。

太郎のように反抗せず、自由に解放的に生きることを追求せず、むしろそうした行為を、笑うことによって隠蔽し霧散化しようとする読者の軽薄さを、作者が、太郎を媒介として鋭く突いているこの物語は、したがって一種の本地譚のパロディであり、さらには黒いユーモアの物語なのだといえよう。

このような視点に立てば、国文学者の多くが考えるように「物くさ太郎」が信濃《しなの》は穂高《ほたか》神社の本地譚なのだという考えよりも、むしろ、そのような信仰を踏まえつつ、作者が意図的に「おたか」という虚構《きよこう》の名を「ほたか」をもじって作りだし、本地譚のパロディ化を行なった、と解釈した方がよいということになる。

後半の何の変哲もないような出自発見から締めくくりの部分までの記述も、転落のプロセスの逆である改善のプロセスを強調したパロディという考え方を受けとめつつ見直すと、怨念のこもった苦難の果ての上昇ではなく、自由で解放的な放浪の果ての偶然的な上昇として、あるいは荒人神《あらひとがみ》＝御霊《ごりよう》としての神への昇華《しようか》ではなく、その反対の豊饒《ほうじよう》を司《つかさど》る縁結びの神＝宿善結びの神と解しうるのであり、あるいはまた、言葉巧みに太郎を供犠《くぎ》に仕立ててあたらしの郷から追い払った地頭《じとう》や百姓たちを、「小栗判官」のように横山一族に復《ふく》讐《しゆう》するのではなく、地頭には総政所《そうまんどころ》の地位を、百姓には所領《しよりよう》を取らせるという皮肉たっぷりの計らいをしてやっているのだ、と解釈することが可能となる。

とするならば、一般に三歳にして両親に死に別れたと理解されている「御年三歳にて、二人の親にをくれ給ひて」という記述は、御伽草子本よりも古い大阪女子大本のごとく、御年三十歳の時に、両親と別れた、それも死に別れたのではなく、迷子になって生き別れになってしまった、と解釈した方がよいということになるはずである。そうすることによって、百二十歳まで長生きしたのだという記述と抵抗なく接続し、太郎の本地神＝御霊神的性格を否定できることになる。しかも、作者はこの物語を「をよそ凡夫《ぼんぷ》は、本地を申せば腹を立て、神は本地をあらはせば、三熱の苦しびをさまして、直によろこび給ふ也」というユーモアあふれる言葉で終わらせる。女子大本ではそれを、より明確に「をよそ凡夫は、本地（を）あらはせば、腹を立つ事をかしさよ」と、直接人間（読者）を皮肉《ひにく》る文章になっているのは大いに注目に値するといえる。

それゆえ、作者はこの物語を、この最後の一句を書くために創作したといっても過言ではない。日常生活の中で安閑《あんかん》として暮らす人間のまさに怠惰な態度を攻撃すること、そこにこの物語の真の意図があり、また独自の価値があると考えるべきである。

読者の生活を告発

「物くさ太郎」は悲劇的な物語を内容とする本地譚ではない。それは、本地譚のパロディであり、笑話であり、喜劇であり、ユーモア小説なのである。

この物語のなかには多くの笑いとユーモアとが一杯に満たされている。読者は、太郎を笑う。だが、作者は決して太郎を笑わない。太郎は作者にとって一つのユーモアの表現である。作者が笑うのは、太郎を笑っている読者なのだ。

笑いがその機能の一つとして、排除と優越性を示すものであるとするならば、読者は太郎を笑うことで、太郎を彼らの生活領域から切り離し格下げし〝殺そう〟としているとみなすことができる。だが、作者は、逆にその太郎を武器として読者のそうした行為を軽薄な愚かしいものと考え、読者を〝殺そう〟とするのである。

ユーモアは、笑いと密接に結びついているが、むしろ笑いの対極にある現象である。(24)

ユーモアとは、一致しえないもの、異なるものの、対立した世界の突然の出会いを創りだすことである（それは変革に結びついている）。しかも、このだしぬけの出会いは、多くの場合、日常的なものと非日常的なもの、合理的なものと非合理的なもの、まじめなものとまじめでないものの出会いである。しかも、それによって、一瞬、後者の世界が前者のそれを破壊し、前者がいかに矛盾に満ちた馬鹿馬鹿しい世界であるかということを暴露《ばくろ》するのだ。

つまり、読者が確固たる世界であると信じている日常生活の基盤が突き崩され、たとえそれが束の間であるにせよ、読者は、無秩序で不安な空間に誘いだされることになるのである。もし、乞食《こじき》から神へと変化してゆく仮面を被って読者に向けて投げかけた作者からの黒いユーモアの風を、敏感に感じ取った読者がいたとすれば、ある者は笑うかもしれない。だが、この笑いはもはや太郎に対する笑いではなく、彼の拠《よ》って立つ世界から道化の世界へと向かってよろめいている自分を笑っているのだといえよう。この笑いは、彼自身が否定され〝殺される〟のを必死に防ぎとめようとする苦しまぎれの笑いであるといえるかもしれない。

また、ある者はこのユーモアを笑うべきことでないと解するかもしれない。そのときには、彼はユーモアによって破壊されたそれまでの日常生活を捨て、自由で解放的な、物くさ太郎の行動的世界へと向かって歩みださねばならないのである。反秩序・反体制・反日常なるものからなる世界へ向かっての、こうした変身が現実に生じたならば、もはやこの物語は、作者の意図を超えて、「変革の書」となるわけである。

もっとも、そこまで読み取る必要があるのかは判断しかねる。だが、いずれであるにせよ、私としては、この物語には多くの解釈を許す魅力的なユーモアと笑いとがあり、その解釈の一つとして、作者は、それらを用いて読者の生活を告発しているのだ、という考えを述べてみたのであった。(25)

注

(1) 市古貞次『中世小説の研究』東京大学出版会。

(2) 本稿の基礎となったのは大塚民俗学会例会(一九七二年十月)の発表草稿であるが、その後アメリカの民俗学的研究やフランスの記号社会学的研究による物語(神話や民話・文学)の構造論的手法を知る機会をえ、内容を大幅に修正した。とくに理論的な面では、本稿のなかで直接言及しなかったが、V・モランの二つの論文(Morin, V., L'histoire drôle *Communications* 8, 1966; Le dessin humoristique, *Communications* 15, 1970)が「物くさ太郎」の笑いとユーモアの具体的分析の可能性を開いた。また、この観点からのアプローチはすでに信多純一によって試みられており、本稿はそのさらなる拡大と補足にすぎない(信多純一「夢想『物くさ太郎』論」『国語・国文学論集』塙書房、一九七二)。

（3）本稿を純然たる民俗学的論稿として私は書いているが、これが従来の民俗学的理論や成果ないし方向とどう重なるかという点に関しては私は何の答えも用意していない。
（4）柳田国男『桃太郎の誕生』三省堂、一九三三（『定本柳田国男集』第八巻、筑摩書房、一九六二、所収）。
（5）岡部政裕「物ぐさの精神——お伽草子『物ぐさ太郎』について——」（『信濃』第五巻、一九四六）、同「お伽草子——『物ぐさ太郎』を軸として——」『日本文学講座』第三巻、東京大学出版会、一九五五。
（6）市古、前掲書。
（7）佐竹昭広『下剋上の文学』筑摩書房、一九六七。
（8）桜井好朗「下剋上と神々——物くさ太郎考——」『文学』第三十九巻、一九七一。
（9）信多、前掲論文。
（10）小松和彦「『物くさ太郎』の構造論的考察」『民族学研究』第三十九巻第二号、一九七四（『説話の宇宙』人文書院、一九八七）。
（11）Bremond, C., La Logique des possibles narratifs *Communications* 8, 1966.
（12）cf. Vos, N., *The Drama of Comedy: Victim and Victor*, John Knox Press, 1966.
（13）Koestler, A., *Insight and Outlook*, 1949.
（14）ibid.
（15）E・カネッティ『権力と群衆（上）』（岩田一行訳）法政大学出版局、一九七一。

(16) Bastide, R., Le rire et les courts —— circuits de la pensée, *Echanges et Communications* (eds. J. Pouillon et P. Maranda), Tome II, Mouton, 1970.
(17) Douglas, M., Social Control of Cognition, *Man* vol. 3, 1968.
(18) 小松、注(10)前掲論文参照。
(19) Boston, R., *An Anatomy of Laughter*, Collins, 1974.
(20) この民衆的思想は大いに考えるべき問題である。というのは、京都がユートピアと思考されていたにとどまらず、なお権力の中心部がそこにあり、しかも天皇がその源泉としてとらえられているからである。現実の天皇制とこうした民衆のなかの虚構の天皇像のズレは、天皇制を考えるうえで、大きな鍵を提供しているようである。
(21) S・K・ランガー『感情と形式Ⅱ』(大久保直幹他訳) 太陽社、一九七一。
(22) 山口昌男「道化と詩的言語」(『ユリイカ』第五巻六月号、一九七三)。
(23) 山口、前掲論文。
(24) R・エスカルピ『ユーモア』(蜷川親善訳) 白水社、一九六一。
(25) 本稿を執筆後に、P・ラディン『トリックスター』晶文社、の邦訳に付せられた山口昌男の「今日のトリックスター論」を読む機会を得た。この論文ではトリックスターと笑いの関係を論じた部分があり、本稿と重なりあっている面が多いので参考にしていただきたい。最近、人類学や民俗学(外国)において、笑いの研究が散発的ながらも試み られ始めており、柳田国男のいう、笑いの文芸や祭儀の再検討がなされてもよいと思う。

Ⅱ　民衆の思想について

根元神としての翁《おきな》――猿楽《さるがく》の翁と稲荷《いなり》の翁を中心に

中世の神々の発掘

昭和三十九年暮に発見された金春禅竹《こんぱるぜんちく》の『明宿集《めいしゆくしゆう》』は、一切の神仏を《翁》つまり《宿神《しゆくじん》》に結びつけるという、一見したところ合理性を欠いた荒唐無稽《こうとうむけい》な論法によって構築されている独自な能楽書として注目を浴びた(1)。たとえば、禅竹はその冒頭で次のように説く。

抑《そもそも》、翁ノ妙体、根源ヲ尋《たずね》タテマツレバ、天地開闢《かいびやく》ノ初《はじめ》ヨリ出現シマシマシテ、人王《にんおう》ノ今ニ至ルマデ、王位ヲ守リ、国土ヲ利シ、人民ヲ助ケ給《たま》フ事、間断《けんだん》ナシ。本地を尋タテマツレバ、両部越過《おつか》ノ大日、或ハ超世ノ悲願阿弥陀如来《あみだにょらい》、又ハ応身尺加牟尼仏《おうじんしやかむにぶつ》、法《ほう》・報《ぼう》・応《おう》ノ三身《さんじん》、一得《いっとく》ニ満足シマシマス。一得ヲ三身ニ分チ給フトコロ、スナハチ翁・式三番《しきさんばん》ト現ハル。垂跡《すいじやく》ヲ知レバ、歴々分明《れきれきふんみよう》ニマシマス。

こうした宇宙の発生する時空から《翁》が立ち現われたとする独特の論の起こし方から始めて、住吉大明神《すみよしだいみようじん》・春日大明神《かすが》・諏訪大明神《すわ》などの諸仏神、祖師《そし》・人麿《ひとまろ》・業平《なりひら》・秦河勝《はたのかわかつ》・一座の棟梁《とうりよう》らのすべてを、翁＝宿神の本体・化現《けげん》ないしは使者とする論を展開する。禅竹が、最初、この書を『明翁集《めいおう》』と名付けようとしたことにもうかがわれるように、徹頭徹尾《てつとうてつび》《翁》の神聖にして本源なる性格を説こうとする彼の主張は、今日の能楽研究者にはあまり評判がいいとはいえない。

表章《おもてあきら》は次のように評する。

「禅竹の究理性《きゆうり》が、合理性・論理性を伴ったものであれば、その能楽論にも別の展開が可能であったろうが、彼の思考法には『明宿集』で一切の神仏を翁—宿神—に結び付ける牽強付会《けんきようふかい》の論法にみられる非合理性が伴なっていた。彼自身は付会とは考えず、大まじめに論じていると思われるだけに、一そう始末が悪い②」。

たしかに、現代人は別々のところにある異なった名称をもつ事物を同じものであるとするような思考方法を、日頃用いない。しかし、そのような現代的思考方法を禅竹がもたなかったからといって彼を批判するべきではないように思われる。むしろ、われわれが考えるべきは、禅竹の世界観、禅竹の能楽観として受けとめ、それが彼の生きた時代においてまったく荒唐無稽《こうとうむけい》で非論理的であったのかどうか、ということではないだろうか。

もちろん、禅竹の説明には強引さが認められることを否定するつもりはない。だが、それにもまして、彼の説明は、表が「中世の芸能人としては禅竹的思考法がむしろ普通であった(3)」と述べているように、中世的世界観に忠実であったように私には思われるのである。

ここでは、中世の神々の発掘《はっくつ》とその体系的把握《はあく》のための一つの手がかりとして、『明宿集』に語られる《翁》の観念と、それに対応すると思われる中世的神々の本源となっている《翁》の神、とくに稲荷《いなり》大明神について検討してみたい。

善・悪の二相

禅竹は、宇宙の根源に《翁》をとらえる。《翁》が万物の背後にあって、その生成と衰退を司《つかさど》っているとみなす。個別的な現われとしての世界の事象はこの《翁》によって統合化されているのであり、したがって《翁》は宇宙の未分化である状態の表象であるとともに、分類化を支える表象でもある。たとえば、住吉明神と春日明神は、《翁》という次元に立ち還《かえ》ることによって相互に交流することになる。聖徳太子《しょうとくたいし》と秦河勝とが切り結ばれるのもまた、この《翁》を媒介《ばいかい》にすることによって可能となる。

すなわち、《翁》は宇宙のさまざまの事象を、相互に関連づけ、統一を与える、糸であり網なのであり、かつまた、それを支え生み出すエネルギーの表象でもある。それがなければ、宇宙の構成物は統一を失いバラバラになってしまうであろう。

禅竹は決して宇宙が分割した事物・事象から成り立っていることを無視しているわけで

はない。彼は《翁》によってその宇宙が深層の次元で統一されているのだ、と説いているのである。要するに、宇宙の中心もしくは母胎《ぼたい》として《翁》を位置づけているわけであるから、われわれはこの《翁》を「宇宙の根元《こんげん》」にあるとの理由で「根元神」と呼びうるであろう。

禅竹は、《翁面》と《鬼面》の一対の仮面を神聖なるものとして伝承してきたという事実に符合させて、《翁》を宇宙の本源としつつ、その否定的表われとして、《鬼》を措定《そてい》する。

> 面ノ段ニ可レ有儀《あるべき》。翁ニ対シタテマツテ、鬼面ヲ当座ニ安置《あんぢ》〔シ〕タテマツルコト、コレハ聖徳太子御作《ごさく》ノ面也。秦河勝ニ猿楽《さるがく》ノ業《ぎょう》ヲ被二仰付一《おおせつけられ》シ時、河勝《こうかつ》ニ給イケル也。是則《これすなわち》、翁一体《いったい》ノ御面ナリ。諸天・善神《ぜんじん》・仏《ぶつ》・菩薩《ぼさつ》ト初メタテマツリ、人間ニ至ルマデ、柔和・憤怒《ふんぬ》ノ二《ふたつ》ノ形アリ。コレ、善悪ノ二相一如《にそういちによ》ノ形《かたち》ナルベシ。サルホドニ、降《ごう》伏《ぶく》ノ姿、怒ル時ニハ、夜叉《やしゃ》・鬼神ノ形ト現ワレ、柔和・忍辱《にんにく》・慈悲ノ姿ヲ現ワス時、面貌端厳《めんみようたんごん》ニシテ、本有《ほんう》如来《にょらい》ノ妙体也。然者《しかれば》一体異名《いみょう》ナリ。

つまり、《翁》＝本有如来、柔和・忍辱・慈悲の属性に対し、《鬼》＝夜叉・鬼神、降伏・怒りの属性を示し、この善・悪の二相を《翁面》と《鬼面》とに具現化し、しかもその統合として《翁》を位置づけるわけである。

猿楽者の歴史

この翁面と鬼面とには賤民《せんみん》的芸能者としての猿楽者の歴史が刻み込まれている。すなわち、彼らは翁面をつけることによって一般の人々に正の価値をもつ神になった。この神は人々にさまざまな善きものを与えることを保証した。一方、鬼面をつけることによって、人々に不幸をもたらす悪なる鬼となった。鬼は翁に打ち破られて退散する。あるいは鬼が退散することで翁が立ち現われる。それゆえ、制圧される鬼を演じることによって、彼らはまた人々に天下泰平《たいへい》を約束したのである。(4) 猿楽の始祖《しそ》と考えられている秦河勝《はたのかわかつ》の伝説が、《翁》と《鬼》についてのイメージを、改めてわれわれに喚起《かんき》させる。

昔、上宮太子《じょうぐうたいし》ノ御時、橘《たちばな》ノ内裏《だいり》ニシテ、猿楽舞《さるがくまい》ヲ奏《そう》スレバ、国穏《くにおだ》ヤカニ、天下《てんが》太平《たいへい》ナリトテ、秦《はだ》ノ河勝《こうかつ》ニ仰《おお》セテ、紫《し》宸殿《しんでん》ニテ翁ヲ舞フ。ソノ時ノ御姿《おんすがた》、御影《みえい》ノゴトシ。ソノ後《のち》、代《よ》ハルカニ隔テ、村上《むらかみ》ノ御宇《ぎょう》ニ、昔《むかし》太子ノ真筆《しんぴつ》ト叡覧《えいらん》アテ、猿楽舞ヲ奏スレバ、国穏ヤカニ天下太平ナリト云《いう》コトヲ信ジ思《おぼ》シ召シテ、秦ノ河勝ノ子孫ニ仰セテ、紫宸殿ニテ舞ワシメ給《たま》フ。

これによって、翁舞《おきなまい》が天下太平のために演じられたものである、という思想がわかる。
これに対して、鬼のイメージは、河勝が播磨《はりま》に移動したときに、大荒神として示現《じげん》したという伝説から読み解くことができるであろう。

業《ぎょう》ヲ子孫ニ譲リテ、世《よ》ヲ背キ、空舟《うつぼぶね》ニ乗リ、西海ニ浮カビ給ヒシガ、播磨《はりま》ノ国南波《なは》尺師《しゃくし》ノ浦ニ寄ル。蜑人《あまびと》舟ヲ上ゲテ見ルニ、化《け》シテ神トナリ給フ。当所近離《きんり》ニ憑《つ》キ祟《たた》リ給《たまわり》シカバ、大キニ荒ル、神ト申ス。スナワチ大荒神《だいこうじん》ニテマシマス也。

ところで、禅竹が説くように、宿神＝翁＝大荒神という論理の実体は、これまでの研究から考えて、二つの系統の異なる信仰に猿楽の徒が関与したことに起因しているように思われる。《翁》の神のイメージは民俗的基盤から生じたもので、おそらく農耕神、つまり田の神の表象に符合する。
たとえば、『栄華物語《えいがものがたり》』の次の記事は、田植神事に古猿楽や、古田楽《でんがく》が関与していたことを物語っている。

若うきたなげもなき女ども五六十人ばかりに、裳袴といふ物いと白くて着せて、白き笠ども着せて、歯ぐろめ黒らかに、紅赤う化粧させて、続けたてたり。田あるじと

三番叟・黒色尉（南北朝期，写真提供・国立能楽堂）

いふ翁、いとあやしきは衣着せて、破れたる大がささせて、紐《ひも》ときて、足駄《あしだ》はかせたり。あやしの女に、黒かいねり着せて、はふにといふ物むらはけ仮粧して、それも笠ささせて、足駄はかせたり。又でむがくといひて、あやしき様なる鼓《つづみ》、腰に結ひつけて、笛吹き、さゝらといふ物つき、さまざまの舞して、あやしの男ども歌うたひ、心地よげにほこりて十人ばかりゆく。そが中にも、このたづつみといふ物は、れいの鼓にも似ぬ音して、ごほごほとぞならしゆくめる。

こうした民俗的行事が猿楽者によって神事芸能として演じられたことにより、猿楽の翁舞が成立したことは十分考えられる。さらにこうした《翁》＝農耕神（田の神）を推測させる資料が断片的に見いだされる。その鍵《かぎ》は、猿楽の徒が秦河勝の後裔《こうえい》と称しているということにある。

『日本書紀』応神《おうじん》紀に、秦《はた》氏の祖とされる弓月君《ゆづきのきみ》が人夫《にんぷ》百二十県を率いて帰化したと記されている。雄略《ゆうりゃく》紀十五年の条には、秦の民が四方に分散して各豪族に使われており、思うままにならなかったので、秦造《みやつこ》酒公《さけのきみ》がこれを嘆いていたところ、天皇が詔《みことのり》をだして秦の民を集めて酒公に賜《たま》わった。そこで酒公は八十種の勝部を率いて、庸調《ようちょう》の絹・縑《かとり》を朝廷にたてまつり、それが朝廷に充積された。朝廷はこのため彼に禹豆麻佐《うずまさ》という姓《かばね》を与えたと記している。太秦《うずまさ》と秦氏との関連を物語るものとして注目すべきものである。

秦氏は各地に散らばって日本に定着し、それが秦造のもとに統合されていたものと考えられるわけであるが、彼らはその主要な職能は技術とくに八世紀頃までは製鉄に深くかかわっていたらしい。また欽明《きんめい》紀元年の条に秦伴を大蔵掾《おおくらのじょう》に、『古語拾遺《こごしゅうい》』には秦酒君を大蔵の出納《すいのう》職にしたとしているから、政府内では財政官として関係していたことがわかる。

翁面（南北朝期，写真同前）

欽明紀に、次のような興味深い話がある。

天皇が若かったとき、秦大津父《おおつち》という者を求めて臣下とせよ、という夢をみる。使いをだして彼を探すと、山背《やましろ》国紀伊《き》郡《のこおり》深草《ふかくさ》の地にその者がいた。召して、「お前に何かなかったか」と問うと、大津父は、伊勢《いせ》にでかけた帰りに山で二匹の狼《おおかみ》が相闘っている場に出会った。そこで馬から下りて口や手を洗って、「汝《なんじ》は是《こ》れ貴き神にして、麁《あら》き行《わざ》を楽《この》む。もし猟士に逢はば、禽《と》られむこと尤く速《けやけ》けむ」と祈請《きせい》して、狼の間に割って入り争いをやめさせた、という事件を語る。天皇はそれが夢の意味するところであろうと喜び、厚く彼を遇し、やがて大蔵省の役人とした。そして彼の家は大いに富み栄えた。

秦氏は、山城《やましろ》の葛野《かどの》郡太秦や同じ紀伊郡深草などを中心に京都盆地・淀川《よどがわ》北岸一帯、近江《おうみ》の愛智《えち》などに広く住み、その技術によって土地開発を行ない、富を蓄えていったものと考えられている。右の説話もその様子が反映されているもので、しかも山の神としての性格をもつ狼の祭司者的面影もここには認められるのである。製鉄を介して山との結びつきをも深め、猟師としても活動していたのであろうか。

『神名帳頭注』に記されている「山城国風土記《ふどき》逸文《いつぶん》」に、秦氏が「伊奈利《いなり》社」を祭っていたことを物語る説話がみえる。すなわち、

「風土記に曰《い》はく、伊奈利と称《とな》ふは、秦中家忌寸《なかつえのいみき》等が遠つ祖、伊侶具《いろぐ》の秦公、稲粱《いね》を積みて富み裕《さきわ》ひき、乃《すなわ》ち、餅《もち》を用ちて的《いくは》と為《な》ししかば、白き鳥と化成《な》りて飛び翔《かけ》りて山の峰に居り、伊禰奈利生《いねなりお》ひき。遂《つい》に社の名と為しき。其《そ》の苗裔《すえ》に至り、先の過を悔いて、社の木を抜《ねこ》じて、家に殖ゑて禱《の》み祭りき。今その木を殖ゑて蘇《い》きば福を得、其の木を殖ゑて枯

れば福あらず」。

この伊奈利社は、現在の伏見《ふしみ》稲荷であり、秦氏の本拠の一つである深草と隣接したところにあって、秦氏が祭ったものであると同時に、この伊奈利社の神官は代々秦氏が務めていたのである。

一般に製鉄技術者系帰化人として述べられる秦氏が、また稲の豊作を祈願するための一種の田の神を祭っていたという事実は、表面上矛盾するかにみえるが、現在でも製鉄業者の間に根深く稲荷信仰が存在していることによってもわかるように、稲荷と製鉄との関係は深い。伏見稲荷社では陰暦十一月八日に「ふいご祭」を行なっている。農耕神としての背後に、製鉄神としての性格も、稲荷神にはあったということは無視できない。この点については、吉野《よしの》裕《ひろし》が詳細な分析を加えている。(5) 吉野のいうように、〈イネ〉が作物の稲であると同時に鉄のイネ(鋳物《いもの》)をも意味しているかは断言しえないのであるが、秦氏が稲荷社を勧請《かんじょう》したときに、すでに製鉄神としての性格が賦与《ふよ》されていたことは十分考えられることである。が、とにかく、土地開発者集団となった秦氏における伊奈利社は、農耕の神の社つまり稲荷社であったのは疑いようのないことである。

稲荷神社の神官でもあった秦氏は、祭祀《さいし》の面においてもかなり広く活躍していたらしく『秦氏本系帳』によれば、京都の賀茂《かも》社ともつながりをもち、『続日本紀《しょくにほんぎ》』に語られているように、葛野の松尾神社の神官でもあった。よく知られる皇極《こうぎょく》紀三年の、富士川に住む大生部多《おおふべのおお》という者が、祭れば富と長寿をもたらすと説いた〈常世虫《とこよのむし》〉の信仰を、秦河勝が鎮《しず》めたという話がある。この大生部多という者も、秦氏の分流もしくは統率下にあったらしい。⑹ということは、外来系の信仰を奉じつつも秦氏は初期の神社に深く関与し、それを媒介にして民間信仰との積極的交流をはかったとの推定も成り立つわけである。

ところで、稲荷社では猿楽・散楽《さんがく》が平安時代に行なわれていた記録がある。藤原明衡《ふじわらのあきひら》の『雲州消息』に「また散楽の態有り。仮に夫婦の体を成し、衰翁《すいおう》は夫と為るを学び、妊女《おとめ》は婦と為るを摸す。始めに艶言《えんげん》を発し、後に交接に及ぶ」とあって、多くの見物人がこの性的な内容の物真似《ものまね》をみて喜んだ。

稲荷の祭礼に、老翁と若女《わかおんな》に扮《ふん》した者が卑猥《ひわい》な物真似を演じたということは、単にそれが笑いを見物人におよびおこさせるものというだけではなかった。それは性交を演戯《えんぎ》することによって、豊饒《ほうじょう》を予祝《よしゆく》することが意味されていた。稲荷の祭であったということによってこの考えはより補強されるであろう。こうした演戯者が専業化した物真似芸人らしいことは、同じ明衡の『新猿楽記』などによって推測しうるように思われる。

それでは、この稲荷祭で演じられる性交する老翁は何を表象しているのであろうか。いうまでもなく、稲荷の神＝田の神、つまり稲などの作物である。田の神が「田主の翁」とされていたらしいことは、すでに引用した『栄華物語《えいがものがたり》』の田植神事《たうえしんじ》の記事によって明らかである。すなわち、平安期には、猿楽者の祖先たちは、稲荷神＝田の神＝翁という信仰の

絵入板本『栄華物語』挿図・田植神事

なかで、芸能者として《翁舞《おきなまい》》の原初的なものを演じていたのであった。伏見稲荷の下級の社人《しゃにん》として、彼らはそこに基盤をもつ芸能者だったかもしれない。そうした神楽《かぐら》＝猿楽の芸能者が、相撲会《すまいえ》や祇園会《ぎおんえ》などさまざまな祭事に関係していたわけである。その芸能者の多くは、秦氏の後裔もしくはそれとの関係をもっていたのではないだろうか。

林屋辰三郎《はやしやたつさぶろう》(7)や服部幸雄《はっとりゆきお》(8)などがつとに指摘するように、平安期における宮廷芸能者でもあった近衛舎人《このえのとねり》は、班田《はんでん》農民が課役《かえき》をのがれるために、その芸能によって舎人になったものが多かった。神楽も近衛舎人によって演じられ、人長もそうであった。しかも多くの芸能者の集まりであった近衛舎人のなかに秦の姓を名乗る者が多い。また、この舎人は寺院の侍猿楽との関係があるらしいので、この方面からも、秦氏の祭事であった稲荷信仰とかすかにつながっているかもしれない。
《翁》のイメージの原初がどこにあったのかは不明である。田の神＝翁とするイメージがまずあり、それが稲荷社などに吸収されて稲荷神＝翁となったのかもしれない。あるいはその逆かもしれない。いずれにせよ、この時代にすでに《翁》の姿で農耕神をイメージする観念が形成されていたことは十分に確認しうる。しかも、平安期においては、後に具体例を提示するが、稲荷をはじめとして春日社、住吉社などの神々をいずれも《翁》によって描く観念が存在していたことを示す資料は多い。ということは、猿楽者たちは神社と関係をもつことによって、その神社の表象として《翁》を演じたのかもしれない。とにかく、猿楽者の間の《翁》の信仰は、はるか古代のはじめまでさかのぼりうるわけである。

これに対して、《鬼》の属性は、おそらく《翁》より以後に猿楽者の間に入り込んだように思う。

この点に関して一つの明快な答えをだしているのが服部幸雄である。彼は、世阿弥の『風姿花伝《ふうしかでん》』第四神儀云《しんぎにいわく》の猿楽起源譚《たん》である、

「仏在所には、須達《しゅだつ》長者、祇園精舎《ぎおんしょうじゃ》を建てゝ、供養《くよう》の時、釈迦如来《しゃかにょらい》、御説法ありしに、提婆《だいば》、一万人の外道《げどう》を伴ひ、木の枝・篠《ささ》の葉に幣《しで》を付（け）て、踊り叫めば、御供養《くよう》伸べがたかりしに、仏、舎利弗《しゃりほつ》に御目を加へ給へば、仏力を受け、御後戸《うしろど》にて、鼓・唱歌《しょうが》をとゝのへ、阿難《あなん》の才覚、舎利弗の智恵《ちえ》、富樓那《ふるな》の弁説《べんぜつ》にて、六十六番の物まねをし給へば、

外道、笛・鼓の音を聞きて、後戸に集り、是《これ》を見て静まりぬ。其隙《ひま》に、如来供養を伸べ給へり。それより、天竺《てんじく》に此《この》道は始まるなり」を手がかりに、古猿楽の徒が祭祀したものが、諸寺院の後戸に祭られている神、すなわち《宿神》であり、その本体は《麻多羅神《またらじん》》であることを明らかにした(9)。

つまり、古猿楽者の本来的機能は、寺院のなかにある恐ろしい麻多羅神に対して奉納された神事に基づくものなのであった。今日でもまだ明確になっているとはいえないこの麻多羅神は、忿怒《ふんぬ》神・夜叉《やしゃ》神・行疫神《ぎょうやくじん》・障礙《しょうげ》神であって、要するに鎮《しず》めておかねばならない祟《たた》り神である。それを鎮めておくために行なわれたのが猿楽芸であったわけである。

村山修一《むらやましゅういち》によれば(10)、比叡《ひえい》山や高野《こうや》山でもこの麻多羅神を祀《まつ》っており、真言《しんごん》宗では空海《くうかい》将来の神とされ東寺《とうじ》にいつしかまつられていた。吉凶を告げる神であって、その形が三面六臂《さんめんろっぴ》で、三面のうち中面は金色、左面は白色、右面は赤色を呈し、それぞれが聖天《しょうてん》・吒吉尼《だきに》天・弁才天《べんざいてん》をあらわすという。また陰陽道《おんみょうどう》と習合《しゅうごう》した泰山府君《たいざんふくん》(福禄寿星《ふくろくじゅ》)とも結びつけられたという。秦河勝《はたのかわかつ》を大荒神とした背景には、麻多羅神のイメージがあったのである。麻多羅神が東寺で祭られていたという事実は、本稿の後半の考察と深く関係しているので注意を喚起しておきたい。

また、この麻多羅神(宿神《しゅくじん》)と荒神との重なりとは別に、後戸《うしろど》の神を祭る寺院で行なわれる修正会《しゅしょうえ》や修二会《しゅにえ》のなかでの一種の追儺《ついな》儀礼との関連を考慮しなければならない。この法会《ほうえ》は、天下泰平《たいへい》・風雨順時・五穀成熟《ごこくせいじゅく》・兆民快楽《ちょうみんけらく》を吉祥天《きっしょうてん》や観音に祈願するもので、この法会の最後に「走り」という芸能的儀礼が行なわれた。追儺式に近く、鬼を追い払い福を招くという思想にもとづくもので、この儀礼の演じ手として、最初は呪師《じゅし》という役僧《やくそう》が行なっていたのであるが、やがてそれより身分の低い猿楽者が用いられるようになった。したがって、《鬼》の信仰は、ここにも一つの起源があるとも考えられることができる。

このようにみるならば、宿神＝翁＝麻多羅神とする禅竹の理論は決しておかしいものではないということになる。《翁》は生成であり、《麻多羅神》（荒神）が破壊であって、それをともに演じたのが彼らなのである。宿神という語そのものは『栄華物語』などにみられるように、もともとは守宮神《すくうじん》つまり宮を守る神という意味にすぎなかったのではないだろうか(11)。

翁のイメージ

『明宿集《めいしゅく》』で禅竹《ぜんちく》が、春日《かすが》明神や住吉《すみよし》明神などをはじめとして多くの神仏をことごとく《翁》としていることは、決して彼の《翁》求心志向の生みだした強引な合理化ではなかった。禅竹がそう考えることを十分に許す信仰的土壌《どじょう》が、古代から中世にかけて広く人々のなかに浸透《しんとう》していたのである。猿楽の徒は古くから《翁》を尊崇《そんすう》してきたのであるが、それに並行して、神を《翁》のイメージとする思想が広まっていた。したがって、禅竹が

《翁》を宇宙の根本にすえたのはむしろ当然のことであった。

神を《翁》のイメージで示す事例は多いが、そのいくつかを示すと、『今昔物語集《こんじやくものがたりしゅう》』巻第十一の三十五に、藤原伊勢人に貴布禰《きふね》明神が夢に老翁の姿で示現し、その指示によって鞍馬《くらま》寺が建立された説話がある。同じく巻十三の三十四では、道祖《どうそ》神が老翁として示されている。『古今著聞集《ここんちょもんじゅう》』の神祇《じんぎ》第一の五では、慈覚大師《じかくだいし》が白髪の杖を持った老翁に会い、その老翁が大師に、自分は住吉明神である、と答える説話がある。短いので引用しておこう。

> 慈覚大師如法経《にょほうきょう》かきたまひける時、白髪の老翁杖をたづさはりて山によぢのぼりけるが、「あなくるし。内裏の守護といひ、此如法経の守護といひ、年はたかく成てくるしう候ぞ」との給けり。「たが御わたり候ぞ」とたづね申されければ、「住吉明神也」とぞ名乗《なのり》給ける。皇威も法威もめでたかりけるかな。

『平家物語』巻五の三「物怪《もののけ》の事」には、源中納言雅頼の使う青侍《あおさぶらい》の夢に、やはり老翁の姿で神が描かれている。すなわち、大内《おおうち》の神祇官と思われるところで束帯《そくたい》正しい上臈《じょうろう》がたくさん集まって評定《ひょうじょう》をしている。末座の平家の方人《かたうど》らしい上臈がその場から追い立てられている。はるか上座にいる気高い御宿老《しゅくろう》が、「平家に預けておいた節刀《せっとう》を伊豆《いず》の流人《るにん》頼朝《よりとも》に与える」というと、そのわきの宿老が「その後は私の孫に」といっている。そこで青侍が夢のなかである老翁に次第を聞くと、「末座の上臈は厳島《いつくしま》大明神、節刀を頼朝に与えようといったのが八幡大菩薩《はちまんだいぼさつ》、その後私の孫にといったのが春日大明神で、私は武内の明神である」と答えた。厳島明神がはっきりしないほかは、いずれも翁として語られている。

こうした例は、平安から中世の説話などを丹念にみてみると無数に見いだしうるはずで、このような事実を踏まえるならば、《翁》を神々の統合的表象とみなした禅竹の思想は、非合理ではなくむしろ当然のことなのである。時代が中世に入れば入るほど、翁＝神のイメージはむしろ固定化しており、したがって名前が明らかでなくとも、翁が夢や幻に示現《じげん》して何事かを告げた場合、それを神として読み解くことができるほどである。さらに下った資料のなかにも、中世的世界観の中核に翁＝神のイメージがあったということを示す事例はこれまた多いのであるが、一つだけ一般に知られている興味深い例を挙げておく。

『御伽草子《おとぎぞうし》』に「酒呑童子《しゆてんどうじ》」という物語がある。中世から近世初期に広く人々に語られた伝説で、源頼光《らいこう》の一党が、大江山に住む鬼を退治するという典型的な怪物退治譚である。この物語のなかで、頼光たちは戦勝を祈願して熊野《くまの》・住吉《すみよし》・八幡《はちまん》に祈願《きがん》する。すると、大江山にゆく途中、三人の老翁に「神変奇特酒」というものをもらい、鬼たちと歌うときにも援助するといわれる。頼光たちは、この三人が熊野・住吉・八幡の神たちであることを知り、勇んで鬼の城に向かう。

このように、中世の神観念において神＝翁というイメージは、かなり固定的に表現されているのがわかる。《翁》が正の属性としての神の表象であるとすれば、《鬼》が負の神であることもこの物語から読み解くことができるかもしれない。この物語群のなかに、酒呑童子の前半生を描いたものがあり、そこには彼が伊吹《いぶき》明神＝大蛇の子（母は人間）であるとされており、しかも彼は奇妙なことに、比叡山《ひえいざん》で稚児《ちご》として働いているとき、田楽《でんがく》・風流《ふりゅう》のごとき祭礼（天皇の即位）の祝いに参列するために、鬼の仮装で臨《のぞ》むが、このときに着けた鬼の面が体にくっついてとれなくなり、ついに鬼になってしまった、と説かれている。鬼踊りは、田楽・風流のような雰囲気が感じられるので興味深い。

翁＝稲荷《いなり》大明神

さて、これまでの検討によって、次のことをわれわれは理解した。

一つは、能楽の《翁》の起源を探ることによって、それがもとは稲荷社信仰を介した田の神＝農耕神の表象であり、そして翁の負の側面である鬼は、麻多羅《またら》神に示される祟り神＝荒神の表象ではなかったか、という推定を得た。

これは換言すれば、物真似《ものまね》芸＝散楽《さんがく》の徒であった彼らが、一方において翁を、他方において鬼を演じなければならなかったということを意味する。さらにいえば、彼ら自身が賤《せん》民《みん》の身分にあり、一般の人々から、神であると同時に鬼であるとしてイメージされていたことをも示している。豊饒《ほうじょう》を予祝《よしゅく》する《翁》、制圧されることによって天下泰平をもたらす《鬼》とは、同じものの表と裏なのである。

いま一つは、平安末から中世にかけて広く神を翁とする思想が存在していたという事実である。中世の翁＝神の思想が能に直接とり入れられたわけではないが、猿楽者の間ではとりわけそれとの観念的交流が深められたように思われる。したがって、古代から伝承されてきた猿楽の翁信仰が、中世世界観のなかの翁信仰によって、さらに補強されたと考えることができる。

ところで、これに加えて、中世期において直接猿楽の徒の翁と交渉し合っていたという明確な証拠《しょうこ》はないのであるが、中世の神々のなかでも無視しえない《翁》のイメージで描かれる神がいる。この神は、猿楽の《翁》が、秦氏の分流によって崇敬《すうけい》され、それが稲荷社にまでたどりうるように、やはり秦氏の流れによって祭られてきたものである。すなわち、秦氏によって創始された伏見稲荷をめぐるさまざまな伝承群のなかに《翁》の神が登場するが、この《翁》の神は、中世の根元神的性格をやはり示し、中世文化の奥底にあって中世のさまざまな神々とつながっているように思われる。この《翁》の神は、その主要な属性、つまり稲を荷《にな》っているという姿から《稲荷翁》と呼ばれている。

《稲荷翁》の伝説は、弘法大師《こうぼうだいし》との関係で説かれているもので、いずれの伝承も中世に入ってからのものである。東寺《とうじ》本『弘法大師行状記《ぎょうじょうき》』から、相当する部分を引いてみよう。(12)

弘仁七年孟夏《もうか》の比、大師《だいし》抖擻《とそう》の時、紀州田辺の宿にて、異相の老翁にあひたまへり、其長八尺許《ばかり》、骨たかく筋ふとくして内に大権の気を含み、外に凡夫《ぼんぷ》の相を現せり、和《わ》尚《じょう》を見たてまつりて悦て申ていはく、吾神道にあり、聖に威徳《いとく》ゐます、まさに今菩薩この所にいたり給ふ、弟子が幸なりと、大師のたまハく、霊山に有て面拝せし時の誓約いまたわすれす、此生他生形異にして心おなし、予に秘教紹隆の願あり、神に仏法擁護《おうご》の誓ひます、ともに迷者を利して同く覚台に遊ハむ、爰《ここ》に帝都九条の一坊に一の伽藍《がらん》あり、東寺と号す、国家を鎮せんか為に、密教を興すへき砌《みぎり》なり、この所にて待たてまつらん、必来給へしとねんころにかたらひたまひしに、化人《けにん》すなはち盟約《めいやく》をなせり。

同十四年正月十九日、大師恩詔《おんしょう》をうけ、東寺を賜てなかく真言の道場となし給へり、其年四月十三日、彼紀州の化人、稲を荷ひ椙《すぎ》を持て、両婦をともなひ二子をひきゐて、東寺の南門に来りのそみ給しに、大師逢たてまつりて悦をなし、誠を抽て、神徳《じんとく》をあかめ、法味を酹給し時、道俗《どうぞく》是を敬て瑚璉《これん》を備へ、簠簋《ほき》を献じたてまつれり、其後しはらく八条二階の柴守か宅に宿し給ふに、大師其間、帝都の巽《たつみ》にありて杣山《そまやま》を点し、利生《りしょう》の勝地《しょうち》をさためて、一七《いちしち》ヶ日夜の間、法によりてそ鎮壇し給ひける、今の稲荷の社《やしろ》是なり、彼八条の二階堂は今の御《お》旅所《たびしょ》なり、大師神輿《みこし》を作り、額をかゝせ給ひて、まゐられしかは、今の祭礼の時、是《これ》をいたしたてまつるとなむ。

われわれは、この説話から《翁》が稲を荷《かつ》いでいること、それが稲荷大明神であること、ということを検出し、それによってこの《翁》が農耕神＝田の神の性格をもっていることを推定しうるはずである。中世において稲荷大明神＝翁のイメージ化はかなり定まっていたらしく、『熊野曼荼羅《まんだら》』にも翁のような姿で描かれている。

ところで、稲を運ぶ翁のイメージは、田植神事の「田主の翁」や稲荷祭での物真似芸の若い女と性交する老翁、さらには大嘗会《だいじょうえ》の「稲実の翁」を想起させるであろう。肥後《ひご》和男《かずお》の研究によれば、松江にある神魂社で十一月に「卯《う》の祭」が行なわれるが、その御釜の神事で釜のなかにいろいろと飾りをしてから、そこへ神官が天秤棒《てんびんぼう》の一方には稲束《いなたば》、一方には瓶子《へいし》をつけて現われて釜を祭る豊作儀礼が行なわれる。これが稲荷翁と関連するのではないだろうかとしている(13)。

また近藤喜博《よしひろ》は、奈良の春日《かすが》社の「おん祭」に注目する。この祭は現在では十二月十七日に行なわれ、この日御旅所で神楽、舞楽の奉奏《ほうそう》が行なわれる。そして社頭《しゃとう》にもちきたって頂けおいた稲束を荷って、御渡《おわたり》行列の先頭をゆく者が、稲荷伝説の稲荷翁のイメージにきわめて近いとする(14)。この祭で特に注目すべきは、かつて金春《こんぱる》座をはじめとする猿楽四座が猿楽を演じたことである。

いずれの事例も、新嘗《にいなめ》祭＝豊年祭の性格をもつから、「稲実の翁」に関連しているように思われる。稲荷社でも、このような神事があり、その神話的対応物として《稲荷翁》の伝承が作られたのであろうか。その可能性も十分考えられるが、右にあげた説話をみればわかるように、稲荷翁のイメージが、農耕儀礼に由来したとしても、内容的には弘法大師の縁起《えんぎ》の一部を成すものであって、説話自体は中世において創られたものと考えねばならないので、どこまで《翁》が古いイメージを留めているかはわからない。

ところで、稲荷説話のなかに、稲荷翁が醜悪な顔をした怪物的人物であったとする話をともなうものがある。さきに紹介した『弘法大師行状記』には次のように書かれている。

古老伝云、龍頭太《りゅうとうた》ハ、和銅《わどう》年中ヨリ以来タ、既《すで》ニ百年ニ及フマテ、当山麓《さんろく》ニイホリヲ結テ、昼ハ田ヲ耕シ、夜ハ薪ヲコルヲ業トス、其ノ面龍ノ如《ごと》シ、顔ノ上ニ光アリテ、夜ヲ照ス事昼ニ似リ、人是ヲ龍頭太ト名ク、其ノ姓ヲ荷田《かだ》氏ト云フ、稲ヲ荷ケル故ナリ、而ニ弘仁ノ比ニ哉、弘法大師此山ヲトシテ、難行苦行シ給ケルニ、彼翁来テ申テ曰ク、我ハ是当所ノ山神也、仏法ヲ護持《ごじ》スヘキ誓願《せいがん》アリ、願ハ大徳《だいとこ》常ニ真密ノ法味《ほうみ》ヲ授ケ給フヘシ、然者愚老 忽《たちまち》ニ、応化《おうげ》ノ威光ヲ耀テ、長ク垂迹《すいじゃく》ノ霊地ヲカサリテ、鎮ニ弘法ノ練宇ヲ守ルヘシト、大師 専《もっぱら》服膺《ふくよう》セシメ給テ、深ク敬ヲ致シ給フ、是以其ノ面顔ヲ写テ、彼ノ神躰《しんたい》トス、種々ノ利用連々ニ断絶スル事ナシ、彼ノ大師御作ノ面ハ、当社ノ竈《かまど》戸殿ニ案置《ママ》セラル、毎年祭礼ノ時、神輿相共ニ出シタテマツル、仍《すなわち》当社ニ荷田ノ社トテ鎮坐シマシマスハ、彼ノ社壇也、今ノ神官肥前々司荷田ノ延種ハ、龍頭太ノ余胤《よいん》也。

荷田氏は、上位の神官を司る秦氏の後裔《こうえい》に対して、それより下位に位置する奉仕者つまり社人の有力者で、古代から何度か系統の異なる者がその家を継いだらしいが、とにかくその荷田氏の始祖としてこの《稲荷翁》が考えられていたことがこれによってわかる。しかもこの《稲荷翁》は稲荷山の山神であり、また昼は耕作し、夜は薪をこるという二重の職能をもった醜悪な龍頭の男とも同一視されている。いわば、龍頭太は《稲荷翁》の負の表象といってよいであろう。また、われわれが注目しなければならないのは、弘法大師が龍頭太の顔を仮面に写し、それを稲荷社の竈戸殿に祭ったということである。龍頭太が竈《かまど》神《がみ》の性格をもつことを示す、というこの事実は、夜に薪をこるという属性と関係し、さらには荒神《こうじん》や火の神、さらに製鉄ともつながっており、そのように考えることを可能にする。《稲荷翁》は、われわれがいう「根元神」的存在として稲荷信仰のなかで位置づけられていることが、こうした考察から理解しうるのである。

ところで、近藤喜博はその卓抜《たくばつ》した洞察力《どうさつりょく》でもってこの稲荷伝説を考察しているが⑮、そのなかで、大師と稲荷翁とが出会う場所に注目している。異本もあるが、多くの場合は、引用した説話のごとく、紀伊国の「田辺の宿」と「東寺」の前である。この田辺の宿を、近藤は単なる宿場の意ではなく、当時の交通の要所要所に形成された賤民《せんみん》の集落である

「シュク」であると推定している。もしこれを認めるならば、稲荷大明神は、元はシュクの者で、それが弘法大師を介して稲荷明神になったということになる。とすれば、シュクの翁は、シュクの神＝宿神の姿ということになるはずである。宿神がつねに翁のイメージで語られたかは定かでないにせよ、猿楽の徒のような賤民（シュクの者）の伝承する宿神が、翁のイメージで語られていたことを考えると、稲荷翁の宿神の翁、つまり猿楽の翁とはつながっているかもしれないとの推測が可能となってくる。

しかも、ここで注意しなければならないのは、もう一つの出会いの場所が「東寺」であるということである。東寺には弘法大師が中国より将来したという《麻多羅神》が祭られていた。すなわち、《翁》と《荒神》とは、同体異相あるいは同じ存在の正と負の相であって、《翁》の場合には、猿楽であれ稲荷であれ、農耕神＝田の神の性格を示している。その一方では、《荒神》は、猿楽の場合、祟り神にして鬼なのであり、稲荷の場合では夜に活動する火の神あるいは龍である。しかも麻多羅神として相互にその負の属性はつながっているらしい。そして、双方《そうほう》の《翁》は宿神なのである。

肉体と精神の到達点

かくして、稲荷翁と猿楽の翁とはおおむねその属性が対応することになる。われわれは稲荷翁＝猿楽の翁と断言するつもりはない。だが、中世的世界観のなかで根元神としての性格を帯びている《翁》のイメージは、猿楽のなかにあっても、稲荷のなかにあっても、ほぼ一定しているということを理解してもらえれば、十分であると考える。おそらく、この《翁》の根元神的性格は中世にあっては広く認められていたものと思う。

ここでは紙面および時間の関係で言及《げんきゆう》するに至らなかったが、たとえば『八幡愚童訓《はちまんぐどうくん》』にみえる鍛冶《かじ》する翁のイメージなど、古代から中世にかけての《翁》の神の根元神は数多く指摘できる。本稿では互いに交流をもっていたのではないかと考えられる稲荷の翁と猿楽の翁を検討したに留まるが、こうした多くの《翁》の神の分析《ぶんせき》を媒介にして、中世の神々の隠された体系性を明らかにすることもできるだろうと私は考えている。しかも、《翁》のみを考察するのではなく、その分身もしくは使者としての役割を担《にな》っている童子神との絡《から》み合いも検討する必要がある。一般に護法童子《ごほうどうじ》と呼ばれているこの神は、根元神としての《翁》をより聖化させ活気あるものにするために活動しているのである。この童子は、宿神＝麻多羅神にも、稲荷大明神にもともなわれているが、ここでは残念ながらまったく言及しえないままに終わっている。

以上の考察から、金春禅竹《こんぱるぜんちく》の説く《翁》論は、中世の翁についての観念をその極致《きよくち》にまで純化させたものなのであって、決してその時代に反した強引な符号《ふごう》化ではなかったのだといえるであろう。まさに、『明宿集《めいしゆくしゆう》』は中世の神学の書といっても過言《かごん》ではないのである。

最後に『明宿集』のなかの次のような奇妙な説明について、その理解の可能性を示唆《しさ》しておこうと思う。

胞衣《えな》ハスナワチ荒神《こうじん》ニテマシマセバ、コレ義合《あ》エリ。

つまり、荒神とは母の胎内の子の胞衣に相当するというのであるが、これはどのようなことなのか。この問題はきわめて難解であるが、これまでの考察を踏まえるならば、荒神＝竈神《かまどがみ》というように考えることによってこれを解くことができるように思う。すなわち、竈戸《かまど》は生活の原点であり、生成の基礎である。そこから文化は創りだされてくる。人間の胎児も胞衣に包まれており、そしてそこから生まれてくるといえるので、双方ともに生成のための器＝母胎の象徴として共通し対応する。要するに、《翁》は竈であり胞衣なのであって、そこに《翁》の根元神としての性格がはっきりと示されているように思われる。

こうした個別的な神々の表象としての《翁》の根元的属性を析出《せきしゅつ》することによって、われわれは中世的世界の内奥に迫ることができるであろう。なぜなら、禅竹が説くように、《翁》は人間の肉体の限界点であると同時に精神の到達点を意味しているからである。

注

（1）『明宿集』は『世阿弥・禅竹』（日本思想大系24）岩波書店、に収められている。以下の引用はすべてこれによった。
（2）表章「世阿弥と禅竹の伝書」『世阿弥・禅竹』（日本思想大系24）岩波書店。
（3）表、前掲論文。
（4）戸井田道三『能——神と乞食の芸術』せりか書房。
（5）吉野裕「稲荷信仰溯源」『文学』第三十九巻十一号。
（6）上田正昭『帰化人』中央公論社、参照。
（7）林屋辰三郎『中世芸能史の研究』岩波書店。
（8）服部幸雄「後戸の神」『文学』第四十一巻七号。同氏「宿神論」（上・中・下）『文学』第四十二巻十号、第四十三巻一号、二号。
（9）猿楽の歴史に関する研究書は多いが、とくに能勢朝次『能楽源流考』岩波書店、後藤淑『能楽の起源』木耳社、を参照した。
（10）村山修一『本地垂迹』吉川弘文館。
（11）服部幸雄「宿神論〈補訂〉」『文学』第四十三巻六号。
（12）近藤喜博『古代信仰研究』角川書店、より再引用。
（13）肥後和男「稲荷伝説」『日本神話研究』河出書房。
（14）近藤喜博『古代信仰研究』角川書店。

(15) 近藤、前掲書。

世捨てと山中他界——山岳空間の認識論的構造

捨てられる側のイメージ

世を捨てて生きようとする者にとって、世俗の共同体的生活というものは、否定的で消極的な意味しかもたないのであろうが、どちらかというと、そのような世捨てのできる人々は、経済的にも、学問的にも、精神的にも恵まれた条件の下に置かれていた、ほんの一握りの知的エリートであって、大部分の一般民衆は世を捨てることもできずに、というよりも、ほとんどそのようなことを考える余裕もなく共同体の生活を送り続けねばならなかった。

人間が集団のなかで他の人々とともに生きていこうとする以上、その集団を維持《いじ》し存続させるための秩序や倫理・価値観が必要であり、それに反する価値感や行動は、当然否定されねばならない。「世捨て」とは、そのような社会集団や共同体からの離脱・逃避であり、共同体の論理や価値観に対立するそれの主張を意味し、これまた、共同体の否定にもつながっている。

本稿では、捨てる側の精神ではなく、捨てられる側の共同体に生きる人々の「世捨て」に対するイメージを、山中その他の他界観の検討を通じて眺めてみる予定である。ここで世を捨てるのが良いのか、世俗の生を生き抜くのが良いのかの是非を論ずるつもりはなく、ただ日本の村落共同体の次元において、他界という観念的な世界がどのような意味を有していたのかを、民俗的認識という視点から明らかにし、それを手がかりにして他界観と「世捨て」的行動との関連性を指摘してみることが主たる目的となっている。

村落共同体と他界

他界についてのイメージが結ばれるのは、日常生活の場である村落共同体を媒介《ばいかい》にしてである。それは物質を中心的基盤とした性別・年齢・職業・地位などに基づく政治的・法的諸制度（慣習）によって構成される種々の人間関係の網の目と、その永続性の上に成り立っている共同体の諸特性に、ことごとく対立したイメージで描かれるのが一般的である。

われわれの目からすれば、支配され抑圧《よくあつ》されていると理解されるにせよ、共同体の内部に留まっている人々には、共同体の掟《おきて》に敵対するものとしての個人の信念はほとんど問題とならない。そこでは、絶えず集団と集団、あるいは人間と自然という関係で問題は生じ、個人の意志はその背後に影を潜めている。というのも、彼らは肉親や妻子、親類縁者、仲間たちとともに生きることを希求する限り、共同体や集団に依存していかねばならないことを熟知《じゆくち》していたからである。

けれども、彼らの依拠《いきょ》する共同体が満足のゆくまで個人や内集団を保護できるというわけではなく、外的にも内的にもつねに威嚇《いかく》され、危険に曝《さら》されていた。

たとえば、共同体の外側にいる支配階級（経済力を掌握《しょうあく》する地主や商人、武力を背景とした政治権力など）の搾取《さくしゅ》・弾圧、あるいは徒党を組んで村を襲い、殺戮《さつりく》や略奪《りゃくだつ》を行なう山賊《さんぞく》その他の無法者の侵入、水害や冷害などによる饑饉《ききん》や地震などの自然がもたらす災厄《さいやく》や病気、さらに共同体内部における地位や富を契機とした個人間や集団間の愛憎・敵対意識・抗争・葛藤《かっとう》、等々。これらが個人や特定の社会集団ばかりでなく、共同体の存在そのものまで脅《おびや》かしているのである。

こうした脅威《きょうい》がもたらす不安や矛盾を解消し浄化《じょうか》する手段として、村落共同体は一揆《いっき》のような積極的な行動から、民間信仰、たとえば年中行事や憑物《つきもの》のような呪術的《じゆじゅつてき》色彩の濃い宗教的行動、あるいは昔話や民謡・飲酒などのような消極的な行動まで、さまざまな文化的装置を編みだした。「死」の世界としての他界もまた、そのために創りだされたものの一つであった。

人々は、こういった行動や観念を共有することで喜怒哀楽を分かち合い、ともに語り合って運命共同体としての村落社会への帰属意識を高め、相互の精神的紐帯《ちゅうたい》を強めていくのである。土地を捨て、肉親・妻子を捨てて、単身、共同体を離れての生活が、今までの生活より「幸福」であるなどと、誰が保証できるであろうか。人々は貧しければ貧しいほど、抑圧されればされるほど集団的となり、また、集団の結束を強めていく以外に生きられなかったのだった。

そのような共同体や集団のなかでの、自らの意志や判断に基づいた選択による行動ではなく、無意識的・慣習的に繰り返され、集積されていく日々の行動を、われわれは「日常生活」（＝日常性）と呼んでいる。

単調ではあるが、安全で確実と思われる現在の状態の持続を志向する思考に、その根底を支えられている、この日常生活は、青木《あおき》保《たもつ》が指摘するように、これまで多くの思想家や評論家たちによって「矛盾にみちた『よくないもの』であり、何よりもその打倒および克《こく》服《ふく》が課題とされねばならない[1]」ものとして指弾《しだん》され続けてきた。したがって、われわれが問わねばならないのは、日常生活とは何か、ということであり、それについての視点なくして脱日常・非日常の在り方を考えることなどは到底できないにちがいないのである。

けれども、青木が「『日常性』あるいは『日常生活』という言葉は、決して語るに難しい言葉ではない。日ごろ耳にし、また活字で見かけるごく普通の言葉である。しかし、一度この言葉に表現されているものの実体を思想的課題としてとり上げるとなると、われわれは、はたと当惑《とうわく》せざるをえない。この言葉によって一体、何を実体としてとらえたらよいのかまるで判然としないからであり、また日常性そのものの、日常生活そのものの思想的ないし『科学的』な把握《はあく》がほとんどなされていないのに気づくからである」(2)と述べているように、日常性そのものに関する詳細な思想的考察は——それが批判され否定されるべきものであるからなのだろう——今まで無視され続けてきている。

日常性の実体およびその意味を、非日常性との対比によって追究してきた唯一《ゆいいつ》の学問が「人類学」であり、その兄弟の学「民俗学」であったにもかかわらず、最近までこれらの学問に対する、こういった意味での評価はなきに等しいものであった。

さて、話がひどく一般的で大きな問題にそれてきたので元に戻さなければならないが、要するに、ここでは「世捨て」という行動を理解する一つの視点として、日常生活の支配する場としての村落共同体と、それに対立したイメージで表現される非日常的世界としての他界とを、対比的に検討してみることが意図されているわけである。

したがって、以下では、民俗的次元での山岳に重点を置いた他界観の意味を浮き彫りにすることが中心となるであろう。

遊行民の役割

「他界」とは、共同体にとって一体どのような意味をもった領域なのであろうか。

「他界」という言葉を文字通りに解せば、それは別の世界、時間的にであれ、空間的にであれ、「現世」とは異なる世界の意である。すなわち、誕生してから死ぬまでの生活を送る時間と空間が「現世」であるのに対して、「他界」には、時間的に誕生以前（多くの場合〝死んでいる状態〟とみなされる）の世界と死後の世界と、空間的には同じく誕生以前と死後の（空間的意味での）世界および、日常的な生活の場所とされない、共同体の外側に存在する、未知の領域のすべてが意味されている。これがもっとも妥当《だとう》な定義であると思われる。

一般に「他界」は、「死後の世界」（来世）と同一視されているが、これは人々が、いかに死および死後に深い関心を寄せていたかを如実《によじつ》に物語るものである。

ところで、民俗的次元での他界観を検討してみると、視点のとり方によって、他界が異なった空間的拡がりを示すことに気づく。まず他界を、観念の世界においてのみ存在するものと、地上に実際に存在する空間として表象されるものとの、二つに大別することができる。

前者は、黄泉国《よみのくに》・常世国《とこよのくに》　極楽浄土《ごくらくじょうど》と地獄《じごく》・ニライカナイ（琉球《りゅうきゅう》）のような観念上の世界にのみ存在し、この世に生ある限りそことの往来はまったくできず、また肉眼でみることも不可能な世界である。

これに対して後者の意味する他界は、前者のように現世と全く隔絶《かくぜつ》した世界ではなく、その気になれば、みることも近づくことも入り込むこともできる地上の一定の空間領域、すなわち山・丘・海・湖沼・河原・村のはずれや境、等々である。

後者の他界は、日常世界としての現世と深く関係し合っており、共同体にとっては容易に無視できない、きわめて重要な意味を与えられている領域となっている。そこで、後者の他界について考えてみよう。

日常世界としての村落共同体を一歩外にでれば、そこは他界であるという意識は、村のはずれや河原、辻などに道祖神《どうそじん》（＝塞《さい》の神《かみ》）を祭ったり、地蔵《じぞう》を立て墓地を作ったりすること、あるいはまた盆の送り迎え、虫送り、といった信仰的行動のなかによく示されている。

共同体の内部と外部を、「現世」と「他界」とに対応させる、こうした民俗的思考は、その発生基盤を日常生活の場と、そうでない非日常的な場との相違に求めており、それはさらに俗―聖、生―死、人間―非人間（神や仏、悪霊、妖怪《ようかい》など）、安全―危険、秩序―無秩序、善―悪、等々のような一連の対立した二元的カテゴリーを導きだす。したがって共同体からの出離《しゅつり》としての「世捨て」という行動は、前者の諸特性を有するカテゴリーから、後者のカテゴリーへと積極的に身を移すことを意味する。つまり、他界としてイメージされている世界に立ち去ることとなのである。

日本の村落共同体においては、神霊や悪霊などの非日常的・超自然的存在は、その外からやってきて、何らかの影響を人々に与えて、そこを去ってゆくのが一般的な形態である。これは共同体の外を他界とし、非日常的な領域とする観念と呼応し合っていると考えられる。共同体の外からやってくる人々は他界からの来訪者なのである。そこで、われわれは共同体に留まっている人々と、そこを訪れる者との関係を示す一例として、世捨て的行動（＝共同体的生活の否定）の一形態である「遊行民《ゆぎようみん》」の、共同体の人々に対する役割を挙げてみることができるであろう。

これについて、広末保《ひろすえたもつ》は次のように説く。

「神の来訪を人の姿であらわすという宗教的な慣習は、民俗学者や民間信仰史の研究家によって指摘されているところだが、その神霊をになう、神語を説き、神に扮《ふん》するものたちの多くは、遊行漂泊《ひようはく》の民であり、少なくとも、定住農耕民とは異った生活形態と精神構造をもったものたちであった。定住民は、かれらを、その非定住的遊行性のゆえに賤視《せんし》し、同時に、それのもつ呪術宗教的なもののために畏敬《いけい》した(3)」。

さらにまた広末は、遊行民が死に関する事柄《ことがら》の管理者、御霊《ごりよう》その他の異常なるものの依代としての役割を担《にな》っていたと説く。

「非日常的な恐怖の世界を、定住民は遊行民に託《たく》した。遊行民は、それをもって定住民の世界を侵蝕《しんしよく》した。遊行念仏の聖《ひじり》や、時宗《じしゆう》が、死の管理者であったことも、同じような意味あいで、見逃すことができない(4)」。

これは言い換えれば、定住民と遊行民との間には対立しつつも相互に補い合うといった互酬の関係が成り立っていることを示すものであって、両者の関係は一方的なものではない。双方が相手を互いに支配し、支配されているのである。すなわち、定住民＝共同体にとって「悪」で否定的な諸属性を、共同体の外、つまり他界の人々である遊行民に托すということによって、逆に遊行民が定住に必要な存在へと転化する、という矛盾した価値を同時に遊行民は身に帯びることになるのである。

この否定的価値を担うがゆえに肯定されねばならないという両義性は、深層心理学的に表現すれば、定住民の遊行民への憧憬と恐怖から由来するものと説明されるはずである。遊行民は定住民の抱く「負」の価値を担うことによって、危険視され、隔離《かくり》され、タブーにつつまれ、定住を拒絶されることになるのだが、その反面、その聖性のゆえに、当然のこととして定住民に対して金品《きんぴん》（喜捨《きしゃ》）を要求することができた。

古来《こらい》、乞食《こじき》が聖なる存在として畏敬《いけい》されていたということは周知《しゅうち》のことであるが、その背後には彼らが他界のイメージを身に帯び、神や悪霊の化身であり、使者であり、依代《よりしろ》であり、現世と他界との媒介者であるという性格が与えられていたという事実が控えている(5)。

要するに、遊行民に対して定住民が賦与《ふよ》した、否定的価値の担《にな》い手としてのイメージと、共同体の外の世界を他界とするイメージとの一致のなかに、「世捨て」に対する共同体の反応の仕方を、われわれは窺《うかが》い知ることができるはずである。

空間の象徴的認識・分類

共同体や特定の集団にとってのそれであるか、個人にとってのそれであるかで、相当異なってくるにせよ、われわれは目の前に存在し、生起する事物や事象を、何らかの規準に基づいて分類し、秩序づけている。民俗的、伝統的社会の次元においては、個人の生活がほとんど共同体の存続に依存しているので、「世界」の認識や秩序づけ、とりわけ価値の認識は、共同体にとって「善」であるかないかによってまずなされる。

すでに明らかにした共同体の内と外に対応する二元的な対立概念も、こうした価値認識に基づくカテゴリー化に由来している。共同体にとって善なるものとは、いうまでもないことだが、日常生活を維持するためのもの一切で、それを脅かすものは、事物であれ、事象であれ、時間や空間であれ、すべて否定すべき悪として遠ざけられ、そして危険なものとしてさまざまなタブーが賦与されることになるのである。

このような共同体の論理にしたがった分類の仕方が、物理的空間である共同体を取り巻く風景のなかに適用されたのが、日常世界としての村落空間と、そうでない非日常的世界としての山岳や海、河原、村の境などの空間といった区分である。日本人は、古くから一貫して山中を他界としてみなしてきたが、民俗的次元からその意味なり役割なりを考える場合、右のような空間の象徴的認識・分類という観点から把握してみる必要がある。

日本のような山国では、共同体を中心としてみると、必然的にその周辺部を構成するのは「山岳」か「海」かにならざるをえない。他界としての海は、熊野《くまの》・那智浜《なちはま》や室戸岬《むろとざき》、足摺岬《あしずりみさき》などの一般にもよく知られている補陀落渡海《ふだらくとかい》の信仰に端的に示されているが、ここでは触れないでおく。ここで大切なのは、山にせよ、海にせよ、それが何らかの意味で風景の末端《まったん》部を占めているという事実こそが、それらの空間が他界として象徴的に語られる根本的な基礎となっている、ということなのである。

これは、それらの空間が、絶対的に（M・エリアーデの説くように）他界としてのイメージを獲得しているのではなしに、村落空間との相対的な関係によって生じていることを意味しており、したがって現世と他界を表象する空間的関係は、中心と周辺という枠組《わくぐみ》にそって、つまり村落空間に対しての山、あるいは海、荒野、河原といった具合に、置き換えの可能なものとして把握しなければならないということを示していると考えられる。

このことを示す例として、アフリカの山のない村落空間に対置するブッシュ（叢林《そうりん》）を挙げることができるであろう。

集落は広大なサヴァンナの中に散在している。人々は集落の周囲のサヴァンナを焼き払って鍬《くわ》で耕し主として穀物を栽培する。集落から遠く離れると深いブッシュがある。ブッシュにはかなり密生した林があったり川が流れていたりする。ブッシュには様々な獣がいて乾季《かんき》には狩の舞台になるし、薬に詳しい連中が木の根や皮などを求めて出かけて行くこともある。耕地や家屋を含む村と深いブッシュとのこの対比は、世界認識を支える象徴的な枠組としても用いられている。ブッシュには獣が住んでいたり不可思議な効力をもった薬用植物があるばかりではなく、神の分身らしき悪霊や妖《よう》精《せい》達、その他様々な霊がひそんでいる。亡霊がさまようのもブッシュである。共同体の日常的な秩序の場としての村に対してブッシュの奥は一種の他界であると言えよう。いずれにしても村とブッシュの二元論は、より広範な世界観の二元論を象徴する核の如きものとなっているのである。他界としてのブッシュが意味するものが何であるかはそれ自体極めて大きな問題なので、ここで詳しく取上げることはできない。ここで重要なことは、村とブッシュは完全に分離しているのではなく両者の間には絶えず交流と相互作用があるということである。(6)

この引用にみられるアフリカの伝統的社会における村落とブッシュの関係は、神話や儀礼・世界観その他の多くの点で興味深い問題をはらんでいるのであるが、ここでは日本の山岳などの空間とアフリカのブッシュとが、ほとんど村落に対して変換可能な象徴的・構造的位置を占めていること、および山岳などの空間の意味や役割は本質的に相対的なものであって、位置や視点の置き方によってその意味内容も変わってくる、ということが確認できれば十分であろう。

村落から眺めた周囲の末端的部分を構成するのが山岳であり、それが他界として象徴的に認識され、さまざまな禁忌《きんき》や儀礼の場として用いられたということを如実《にょじつ》に示すのは、民俗学でしばしば論議の対象となる「は山信仰」である。麓山・葉山・羽山・半山・端山などのさまざまな漢字が地方によって当てられているこうした山々は、民俗学者の鈴木《すずき》昭英《しょうえい》の研究によれば、全国に数多く存在しており、そのほとんどが山岳地帯と平野部の交点に位置する、修験道《しゅげんどう》の影響を強く受けた民間信仰の対象とされている山であるという。(7)

鈴木は、「は山」の「は」は山の端の義で、奥山に対する麓《ふもと》の山の意味であると推定しているが、われわれはそのような意味も含まれているにせよ、どちらかというと、それとは原義的には逆の、村落や共同体を取り巻く風景の最周辺としての意味をもつものと理解したい。しかも「はし」という言葉には「端」の意味ばかりではなく、二つの世界や領域を結びつけ連絡させる「橋」の意味もこめられている。

そして、われわれはこの点にとくに注目しなければならないのである。すなわち、民俗的次元での山中他界観の根底には、山岳が、現世の最果てであるという認識とともに、この現世とそのはるか彼方のどこかに存在するとされている隔絶《かくぜつ》した世界である他界とを結びつけ媒介しているという認識が存在しており、それが地上的(現世の)空間である山岳を他界としてとらえるための象徴的枠組の基礎となっていると考えられるのである。

山岳の境界的性格

山岳が世界の周辺であると同時に、別の世界との境界でもあるという民俗的思考は、もちろん、山岳ばかりでなく、その他の他界としてイメージされる地上の空間にもあてはまることである。村の周辺、橋、河原、坂、辻、峠。これらの空間領域のいずれもが山岳と同様に、ある空間と、それとは異なる別の空間との境界を形作っている。つまり、村と村との、地方と地方との、国と国との境界的領域、仲介・中間的空間であるとみることができる。そして、それが象徴的意味を獲得して現世と他界の境目として認識されることになるのも、山岳と同じである。すなわち、このことから、地上的他界とは、他界そのものではなく、現世の最果てであると同時に、他界の入口であるという二重の意味を有していることを引きだすことも可能となってくる。

境界の向こう側には、こちらの世界のそれとは異なる論理や秩序によって支配されている世界が存在していると考えられているにせよ、みることもいくこともほとんどできない世界であるのでリアリティーに乏しく、また直接的に生活と関係をもたないので、あまり関心の対象ともならない。これに対して、地上の空間としての他界は、人々の生活と密着している。たとえば、山岳。地形的にはその迷宮《めいきゅう》性、外見的には天に近く異様な形姿、農耕面では水の供給、等々さまざまな意味で村落と関連しており、また日常生活の場でないので、共同体の負の価値が強く投影されやすい聖なる場所ともなっている。

ところで、われわれにとって検討せねばならないもっとも重要なことは、山岳と聖性（タブー）との関連である。そしてその二つを関係づけているのが、現世の果てであるとともに他界への入口であるという山岳の有する境界的性格である。これはまた、共同体の人々が抱く世捨て人に対するイメージと非日常的世界としての山岳を他界とみなす思考とを、この境界性という観点から互いに関連させて論じることができることをも物語っている。

境界領域とその司祭者、たとえば、遊行《ゆぎょう》的な盲僧《もうそう》との関連を説くのは、山口昌男である。山口は、「現世と来世（生者の世界と死者の世界）、日常世界と冥界《めいかい》、村の境界（道祖神＝塞《さい》の神を祀る）の内と外の媒介《ばいかい》をなしたのはどのような存在であったのか」との疑問から出発して、日本文化の基底には修験道《しゅげんどう》を媒介としたシャーマニズム的世界観が脈流《みゃくりゅう》していると述べつつ、境界の管理者、盲僧のシャーマン的、ヘルメス的性格を指摘する。(8)

石を祭ることが盲僧の第一の職分であった。そのように土地境界に関係し、これを鎮《しず》める盲僧が、一方、塚や墓所に関係をもち、死体と因縁《いんねん》をもっていたのは当然であるとする柳田《やなぎた》説をもとに、故筑土《つくど》鈴寛《れいかん》氏は盲僧の職分が、一方に亡魂鎮圧《ぼうこんちんあつ》と慰藉《いしゃ》にあったのも自然であると説く。我々の表現で云えば、このような境の司祭者としての盲僧の役割は「魂の導者」（プシコポンポス）のそれであるということになる。とすると、古代ギリシャで、矢張《やは》り境の神であり、冥界へ死者の魂を導びき、神と人間の世界をつなぐ媒介者であり両性具有神《りょうせいぐゆう》であり、シャーマンの神話的投影であると考えられているヘルメスと、盲僧のそれが殆《ほと》んど重なるという事実は、それらが地理的・文化的に距《へだた》って生起《せいき》しているとは云え、決してシャーマンとしての盲僧の位置を考える上でマイナスの効果を持つものではないと思う(9)。

さらに彼は、遊行系の時宗僧《じしゅう》や熊野聖《ひじり》、あるいは修験山伏《しゅげんやまぶし》にまで視点を拡げ、彼らと彼らの管理していた空間との媒介的《ばいかい》・境界的性格を示唆している。共同体的生活を否定して生きる人々(=世捨て人)の依拠《いきょ》する空間の属性から、彼らのイメージを探りだそうとするわれわれの行き方に対して、山口の説は、いささかシャーマニズム的解釈に偏《かたよ》っていると思われるが、その目指す象徴的意味の世界は、われわれとほとんど同じである。

われわれの考えは、次のようなものである。山岳が現世と他界との境目に立っているということは、まったく相反する矛盾した二つの役割、つまり二つの異なる世界を結合し連絡させることと、それを分断し区別することとが同時に課せられていることを意味する。山岳のもつ聖性は、この両義性のうちに秘められているのである。

二つの異なる事象を結合し、媒介するものは、必然的に双方《そうほう》の事象の属性を有していなければならないと考えられるので、媒介的空間もまた同じ意味で、両義的・不確定属性を有していなければならない。さもなければ、それは別の独立した事象（空間）となってしまうはずである。

現世と他界とを媒介する空間としての山岳も、したがって矛盾した両義的イメージで満たされている。すなわち、現世的イメージと他界的イメージが山岳という空間のなかに同時に存在しているわけで、それに村落空間の諸特性と対立した一切の否定的価値が投入されて、神秘で異常で怪奇でといった、非日常的で両義的意味を担う役割と重なり合い、独自の空間を形成することになるのである。

地上的世界でありながら、極楽浄土があり地獄があると語られたり、誕生以前の世界である母胎とみなされながら、死後にゆく世界であるとされたりする。他界との通路であるから、神や悪霊がやってくるのも山を媒介としてであり、また死者の魂が去ってゆくのも山である。桃太郎や隠れ里などの昔話や伝説は、山を媒介・通路として現世と他界とは繋《つな》がっているのだという観念をもとにして成立している。

この山岳の両義性は山岳に住む存在に対しても認められる。しばしば山にいる人々は超自然的存在として語られるが、これは彼らが山岳のもつ上述のような特殊な性格を媒介として、神と人間との、悪霊《あくれい》・鬼神《きしん》と人間との双方《そうほう》の属性を有しているものと考えられていたからである。神々や悪鬼《あっき》類と人間を媒介していた存在は、われわれの考えでゆくと、人間性と神性あるいは鬼神性の双方の属性を帯びていなくてはならない。神の零落《れいらく》したものとして、民俗学で把握されている河童《かっぱ》や座敷童子《ざしきわらし》などの妖怪や、母子神信仰の残存として解されている小サ子《ちいこ》に対する信仰も、媒介項としての性格から由来するものかもしれない。

いずれにせよ、山岳という空間が、その両義性のゆえに、「対立するものを共存させること」を可能にしている空間であったことには間違いはないであろう。このような視点から、『日本霊異記《にほんりょういき》』―『本朝法華験記《ほんちょうほっけげんき》』―『元亨釈書《げんこうしゃくしょ》』―『今昔物語集《こんじゃくものがたりしゅう》』を結ぶ流れの周辺に存在する、山岳を舞台とする世にも怪奇な伝承類を分析してみるのも面白いであろう。

女性はもとより、男の入山に際しても種々の儀礼やタブーが課せられたということはよく知られているが、この山岳のもつ聖性は何に由来するのであろうか。もちろん、日常世界としての村落に対して、山岳は人の住みにくい非日常的世界であり、共同体の負の価値を賦与《ふよ》するのに都合が良かったということも理由の一つであろう。

しかし、他界としてイメージされる空間の境界性・両義性《りょうぎ》に注目することによって、民俗の認識構造の問題として論じることも可能なのである。すなわち、二つの異なる世界を結びつけ媒介する役割を有する山岳という空間は、それが現世にも属するし他界にも属している、あるいはどちらにも属していない、というどっちつかずの領域であるがゆえに、二つの世界の厳然たる独立性を脅《おびや》かしている。媒介項としての山岳が存在することによって、二つの世界は結合し、一つになっている。

人間の認識とは、混沌《こんとん》としてある現象に、不連続性を作りだし、異なる別個の事象として区分してゆくことから成り立っているとする視点からすれば、厳然《げんぜん》と二元的に区分されているべき現世と他界が山岳を媒介にして一つになっているという事実は、民俗的認識体系を破壊する。そこで山岳を幾多《いくた》のタブーにつつみ、物理的にはどうであれ、儀礼的に〝見えない状態〟、つまり隔離《かくり》し、非日常的世界としておく必要があったわけである。要するに、現世と他界との連続性を断つために、中間の媒介領域である山岳をタブーにつつんで消したのである。ここに山岳の聖性が発生してくる認識構造上の基盤があるのである。

たしかに右のような解釈は、聞きなれない人々には奇異《きい》で詭弁《きべん》的な印象を与えるかもしれないが、現在の人類学では一般的な考えである。たとえば、イギリスのもっとも著名な社会人類学者E・R・リーチの、次に引用するタブーと両義性についての見解は、われわれの山岳空間に対する解釈の正当性をはっきり支持してくれるはずである。

どこの宗教的信仰でも、生者と死者とを区別しようとする。論理的には〈生〉は単に〈死〉の二元的な対立概念であるにすぎない。すなわち、二つの概念は同一物の両端なのである。つまりわれわれは一方が無ければもう一方も持つことができないのである。けれども、宗教というものは、つねに両者を分離させようと試みる。そうすることによって〈現世〉の反対概念である〈他界〉を仮りに創り出す。現世には、死なねばならない不完全な人間がおり、他界には、不死の神々が住んでいる。したがって、神というカテゴリーは、人間の二元的対立概念として構成されている。はるか彼方の他界に住んでいる神は、論理的に知ることはできても、感覚的にはそれではピンとこない。そのためにも神々が身近にいる必要がある。そこで宗教は、現世と他界との間に連続性を再び創り出す。だが、われわれとしては、その創り方に注意せねばならない。それは論理的に区別された二つのカテゴリー、つまり、現世と他界を、タブーに満たされた両義性で埋めるのである。双方のカテゴリーの間に橋を架《か》けるために、高度に両義的な種類の超自然的な存在、すなわち、人間の肉体を得た神、聖母マリア、半神半人の超自然的な怪物などが用いられる。これらの境界的で両義的な存在は、はっきりと神と人間とを媒介する能力を保証されている。それらはもっとも強いタブーの対象であって、神々自身よりもはるかに聖なるものである。……そこで、明確に区別されたカテゴリー間の対立を関連づける曖昧《あいまい》なカテゴリーにはタブーというものが課せられている、という一般理論を曳《ひ》き出すことができる。仮にAとBという二つの対立するカテゴリーがあり、〈AはBでなく〉、逆に〈BはAではない〉とする。そして第三のカテゴリーとしてCが、双方《そうほう》のカテゴリーを媒介するものとしてあり、AとBの二つのカテゴリーの属性を分ち持っているとすると、その結果、Cはタブーとされるはずである。(10)

世界はタブーと非タブーの多様な組み合わせによって分類され識別されているといえるであろう。民俗的次元での、聖性に満ちた山中他界としての山岳観はこのようにして成立しているのである。エリアーデならば、山岳は宇宙の中心であり、世界の軸として説くはずであるが、村落共同体の人々にとっては、共同体の否定的価値を托した辺境であり、危険であるがゆえに隔離《かくり》しておくべき「悪」なる空間であったようである。

「世捨て」的空間の喪失

「世捨て」とは共同体的日常生活を否定して生きることの志向である、ということはすでに述べておいた。したがって、世捨て人の生きてゆく形態は、それによってほとんど決定している。彼らが日常生活を自らの希望通りに変革しない以上、とるべき道は、共同体の人々が他界とし危険視している、タブーにつつまれた、他界としてイメージ化されている領域に移動する以外にはないのだ。すなわち、流浪漂泊《るろうひょうはく》、山への隠遁《いんとん》、仏門に入り世俗との関係を絶つなどに限定されている。

いずれの場合にせよ、そのような領域が、われわれの表現でいう、現世と他界であったことは確かであり、そのような場にいる人々が両義的なイメージを身に帯びた、非日常的（異常な）人間としてみなされたのもまた当然であった。なぜなら、そのような人間は、二つの世界――現世と他界との間に、どちらに属することもなく揺れ動くように存在しているからである。

このような、二つの異なる世界のどちらにも属している、というよりも、むしろどちらにも属していない状態におかれている人間（むろん、タブーに包まれた聖なる存在である）を、社会人類学者のV・ターナーは、二つの世界を支配する構造（レヴィ＝ストロースの用いる意ではなく）から免《まぬか》れているとの理由で「構造間的人間」と呼んでいるが(11)、民俗的位《い》相《そう》からみた世捨て人（遊行民や乞食などの聖性を想起せよ）の位置も、これに近いものであったということができるであろう。

このような現世と他界との境界領域として山岳をみなす思想に立脚《りっきゃく》した、境界的、両義《りょうぎ》的人間の典型を挙げるとすれば、中里介山《なかざとかいざん》の大河小説『大菩薩峠《だいぼさつとうげ》』の主人公、机龍之助《つくえりゅうのすけ》をおいてほかにいないであろう。天上と地獄《じごく》、有明（昼）と無明（夜）、善と悪、人間と非人間、希望と絶望の間を暗殺剣《あんさつけん》を振ってさ迷い歩く、盲目のこの剣士には、化物的人間の異常さ、非日常性（聖性）が見事に描き込まれている。彼こそは、他界（神仏の世界）にも、現世（人間界）にも属しきれない薄暮《はくぼ》の境界的、構造間的人間なのである。介山には、机竜之助の歩む世界と峠と間《あい》の山《やま》と山中他界とは、一つのイメージ、すなわち二つの世界の境目にあるという観念で結ばれていたのだった(12)。

いずれにせよ、「世捨て」行為が共同体にとって否定すべきことであった以上、世捨て人を非日常的世界に追放する必要があったし、他方、世捨て人も世を捨てるためには、そのような場所へ立ち去らねばならなかったのである。したがって、山中他界観に支えられている山々が多くの場合、世捨て人の行くべき場所として選ばれることになる。

要するに、山中その他の地上的他界は、共同体の諸属性（＝善）に対する、曖昧《あいまい》で無秩序で否定的な属性が課せられた反社会的・反構造的空間（＝悪）として位置づけられており、それゆえに、共同体の人々の生き方に敵対する生き方をする世捨て人を、吸収することも可能なのである。善は悪をその相手役として必要としている。

これは観念上のことばかりでなく、物理的にもそうである。善人は悪人との、善なる空間は悪なる空間との関係によって規定される。悪の世界は絶えず善の世界を破壊しようと画策《かくさく》しているが、これに対して、善の世界は、その日常性を守るために、「悪」を悪の世界に追放し、そこに封じ込めておこうと企てる。この意味から、善なる空間としての村落に対して、悪なる空間としての山岳その他の地上的他界が存在する必要があるのだ。

このように、かつては世を捨てる人々と捨てられる人々との間の関係は、相互に排除し合う形ではあるが、地上の別々の空間に依拠して生きてゆくことができたとみることができるので、一応バランスを保っていた。けれども、日本全国いたる所が日常的な秩序の場となってしまっている今日のわれわれには、この日常世界を捨てて立ち去るべき非日常的世界としての地上的他界はもはやどこにもない。旅や路も河原も海もすべてが管理され商品化された日常世界となってしまっている。

この意味からも、かつて共同体にとって悪なるものの墓場であり、他界のイメージでつつまれていた妙義山《みょうぎさん》などの山岳において、連合赤軍が国家権力によって潰滅《かいめつ》（自滅？）させられた一九七二年の事件は、きわめて象徴的な事件であったように私には思われてならないのである。われわれは、純粋な「世捨て」的空間を失ってしまったのである。

注

（1）青木保「現代日常生活批判」『中央公論』昭和四十七年五月号。
（2）青木、前掲論文。
（3）広末保「遊行なるもの」『悪場所の発想』三省堂、一九七〇。
（4）広末、前掲書。
（5）松田修はこの点に注目し、神の隠身としての乞食の行動を「権利としての乞食」と名づけ、それに沿って興味深い文学論を展開している（「幕末のアンドロギュヌスたち」『海』昭和四十七年一月号、参照）。
（6）阿部年晴「死者と生者の共同体」『伝統と現代』第十二号、一九七一。
（7）鈴木昭英「麓山信仰と修験道」『日本民俗学』第三十二号、一九六四。
（8）山口昌男「地獄以前」『人類学的思考』せりか書房、一九七一。
（9）山口、前掲書。

(10) Leach, E. R., Anthropological Aspect of Language, *New Directions in the Study of Language, Cambridge*, Massachussetts, 1964.
(11) Turner, V., Betwixt and Between : The Liminal Period in *Rites de Passage, The Forest of Symbols*, Ithaca and London.
(12) 尾崎秀樹「〝峠〟の意識——『大菩薩峠』の世界㈠」『文学』第三十八巻一号、一九七〇。

海上他界の思想——「うつぼ舟」を中心に

神話的形象・モティーフ

他界観は想像力の世界に属しており、それゆえ、それはつまるところ、人々がいかに自己の世界を認識しているのか、という問題にかかわっている。そうだとすれば、「他界」（および「他界観」）という概念をどのように論理的に規定するかといった一般的問題の考察をぬきにして、海上他界観や山中他界観のごとき、具体的で個別的空間に結びついた形での「他界観」を論議することに、どれほどの生産的価値があるのか私にはよくわからない。

なぜこんなことをいうのかというと、現世とか他界とかの、あるいは人間とか神とかの概念は、人間の思考が生み出した論理的な産物であり、それは人間以前の状態のときから、文化の所有以前から私たちに与えられていたものでは決してないからである。民俗学者や人類学者が他界観について論じようとする場合に、何よりもまず第一に問題とせねばならないのは、この認識論的基盤なのである。

しかし、残念なことに、この場でそのことについて深く考えているほどの余裕《よゆう》を私は持ち合わせていないため、将来、豊富なスペースのもとでじっくり腰をすえてこの「他界論」を試みることにし、以下では「海上他界観」を考察するうえで参考とすべき、いくつかの神話的（あるいは儀礼的）形象ないしはモティーフについて若干の検討を加えるだけに留めたい。

「距《へだた》り」の徹底追究

「他界」とは、根源的には身体的問題にかかわっている。あるいはきわめて簡単に表現するならば、他界とは人々が周囲の世界のなかに見いだす、ある種の遠近的感覚の産物である。すなわち、他界とは、物理的にあるいは社会的に、あるいはまた心理的に遠方に存在するものであって、これは双方《そうほう》、つまり自分の属する世界とそうでない世界（＝他界）との間に、必ず一定の距離が設けられていることを意味している。この距りが埋めつくされない限りにおいて、他界は他界として存在しうるのである。おそらくは、この「距り」の徹底的追究によってこそ他界観の本質は明らかとなる、と私は考える。

他界を成立させるこの距りは、世界の奥行とか深さとか厚さとか、あるいはまた広さと言い換えて表現することも可能である。しかもこの距りの存在のために、他界は歪《ゆが》んで見えたり隠された状態になったりするわけである。逆に述べるならば、そうなることで他界が現世とは異なった世界として立ち現われることになるのである。

さらにまた他界とは、そこから何者かが現われ出てくる、あるいは、そこに向かって去っていくための世界の奥行のはるか彼方にある時空だと考えることができるが、そこが一点なのか多くの点であるのかさだかでない。

他界は、私たちが属する時間と空間の外側に広がっていて、あたかも外に向かって無限に膨脹《ぼうちょう》していく球体の点や面のごときものと考えられ、それゆえそれを思考し固定化して十分に把握《はあく》しようとする私たちの視線をも拒《こば》もうとしている。他界は逃げ水のように視線を投げかければ投げかけただけそのぶん遠方に去ってしまう。私たちにはそれを思考することができないのではないだろうか。というよりも他界そのものへの思考が停止したときに、他界的存在やイメージが姿を垣間見《かいまみ》せてくるのである。

「やつし」の背後にあるもの

さて、日本の他界観を考えようとしてまず気づくことは、他界に対していくつかの名前が与えられているにもかかわらず、他界じたいの特徴が私たちにはほとんどさだかでないという点であろう。柳田国男《やなぎたくにお》や折口信夫《おりくちしのぶ》があれほどの情熱を注いだ、海の彼方《かなた》の他界、根《ね》の国《くに》・常世《とこよ》の国、ニライカナイなどの国がどんな世界だったのかと目を凝《こ》らして見つめようとしても、常識的な、いわゆるユートピア的特徴しか見いだすことができず、しかもそれすら希薄なのである。だが逆の見方をすれば、だからこそ柳田や折口のような人たちは自分たちのロマン的な他界像を、そこに投影できたともいえる。

古代人の想像的空間において、他界は多面的重層的に描かれており、そのいずれが原型的なものであり、中心的なものであるのかは決定できない。おそらく、これは古代人が他界を現世と対立させて表現し把握することに力点を置き、他界そのものには、それほどの関心を示していなかったことを物語っているのであろう。つまり、現世と他界との関係の仕方が問題であったのである。

たとえば、古代神話の他界を、大まかに分類すると次のようになる。

(一) 高天原《たかまのはら》
(二) 黄泉国《よみのくに》（黄泉・泉国・夜見之国）
(三) 海《わた》つみ国・海神国・海宮（海原国・和多都美国）
(四) 根国・下津国（根《ね》之《の》堅州《かたす》国《くに》・底津根之国・極遠之根国）
(五) 常世国（常世国・常呼）

これらの他界は、天上界・海上界・地下界の、いずれかの空間に位置するものとされているわけだが、二つの世界にまたがっていることもあり、私たちにはそれをはっきりと固定させて記述することはできない。これら三つの他界空間は独立したものであるのではなく、連続体として存在する他界の一つの側面のごとくに考えるべきである。同一物の異なった領域なのだ。したがって、境界がはっきりしていない。

これに対して、現世と他界との境界に対する古代人の思考は並々ならぬものがあった。この境目《さかいめ》を明確に認識することによって、他界は現世から切り離され、また同時に、そこを媒介《ばいかい》として双方は連絡し合うことになるからである。

私たちの扱う海上他界観は、日本の他界観の一つの側面であるにすぎず、しかも、その他の他界観と深く関係し重複し合っている。したがって、海上他界を考察すれば、否《いや》が応《おう》でも他の他界観にも立ち入ることになるはずである。

日本の海上他界観の基本型は、現世の反対側、すなわち海上のはるか彼方《かなた》に他界を想定することにより、現世を肯定することに、つまり他界は現世を豊かな楽園にするために存在していることに求められる。言い換えれば、他界は現世に富や善をもたらす一方、現世に生じた悪や不幸を吸収するために用意されている一種の文化的浄化装置である。それゆえに、他界は善と悪、生と死、光と闇、等々の対立的属性を同時に帯びているのである。

こうした思想は、神話的次元、儀礼的次元などにそれぞれ反映されている。そして民俗学者や人類学者の仕事とは、そうした神話や民間行事のなかに刻み込まれて、そして共同体（集団）の無意識化されている伝承の意味を意識化し、それを蘇《よみがえ》らせることである。

さて、海上の他界と現世との関係で問題となる、二つの世界の連絡の仕方であるが、私たちはそれを理解するために、他界から善がどのようにして現世にもたらされるのか、および悪が現世から他界へどのようにして送り出されるのか、という二つの側面について論じなければならない。しかしながら、ここでその双方について論じる余裕はないので、前者の場合についてのみ、それも今後の課題のためのメモ程度のことを示唆《しさ》することに留めたい。

他界という言葉は現世的時空の外側に広がる時空を示す概念であるから、両者の間には何らかの形で区別と媒介とが企てられていなければならず、そこで現世あるいは他界に属していることを示すしるしと、二つの世界の間の往還《おうかん》の方式とが重要な問題となってくるわけである。

一般には他界のしるしをもつものが現世的時空に在るということによって他界と現世との連絡が行なわれている。すなわち日常的状態においては存在しないものが、現世的時空に現われるということで、他界の存在が確認され双方の連絡が可能となるといえる。

他界的存在、いわゆる神霊が現世に顕《あら》われる場合、しばしば組み合わさり重なり合った二つの要素、つまり神霊であることを示す形姿と、神霊がそのなかに収められている容器あるいは乗物（＝依代《よりしろ》）とによって、それが確認されるのが一般的形式である。

いま少し具体的にいうと、前者は折口信夫《おりくちしのぶ》によって唱えられた「やつし」として、後者は柳田国男《やなぎたくにお》によって注目された「うつぼ舟」として、この二つの要素を表現することができる。したがって、この二つの要素を合わせもつものこそ、はるか彼方から現世を訪れてくる神々に対する信仰である「まれびと」（＝来訪神）の典型であると私たちは考えるべきである。「まれびと」信仰とは、これらの諸要素の複合なのであって、一つの要素から成り立つものではない。（もっとも、上の二つの要素のみに還元することも無理なのではあるが）

これを海上他界観に即していうと、神霊はときを定めてはるか海上の彼方から〈船〉に乗って地上にやってきて、「やつし」の状態で人々の前に立ち現われる。

「やつし」とは、異装つまり仮面仮装に相当するもので、折口は、それを次のように説明している。

「『やつす』ということは、もとは、神祭り、寺の法会《ほうえ》に参列する人は、禁欲生活にはいりげっそり衰える。その後に人格が転換して神聖なものとなる。その衰えることが『やつる』であるが、それを自《みずか》ら努力してやり、あるいは指導者のごときものが無理にやらせる場合は、『やつす』である。後にはそれだけでは何だからして、外的に変化する。冠《かぶ》り物《もの》、着物など、すっかり変える。ごく昔は、痩《や》せ衰えて身体を簑笠《みのかさ》でつつむくらいであった。するといかにもやつれているように感ぜられる。反対にいうと、やつした姿になる。それがしだいに簑笠などとは変わっていく。したがって簡単でなくなる。『やつす』は一方みすぼらしい姿になることであるのに、他方仰々しい姿になることになる」[1]。

ここで私たちが注目せねばならないのは、服装を変えることが神であるしるしとなること、「やつし」によって人格を転換し神となること、である。すなわち、異装者はまさしく神であり来訪してきた「まれびと」なのである。「まれびとの最初の意義は、神であった」と説くのは、いうまでもなく折口である。

「まれびと」は「時を定めて来り臨む神である。大空から、海のあなたから、或村に限って富と齢と其他《そのた》若干の幸福とを齎《もたら》して来るものと、村人たちの信じていた神なのである」(2)。だとすれば、この「まれびと」は神を意味する「やつし」の状態で訪れてくるはずである。折口信夫が、とくに関心を注いだ古代の簑笠などは、そうした始源的役割の課せられた「やつし」の代表であった。

高天原《たかまのはら》を追放されたスサノオが、下界へ下る途中、長雨に遭《あ》い、青草を結び束ねて簑笠とした姿で宿を乞うが拒《こば》まれる、という神話がある。これなどは、折口をはじめとして多くの学者が説くように、「まれびと」の一つの姿を示すものであると考えられる。

「やつし」には二重の意味が、つまり隠されることによって顕われるという神秘的な役割が、与えられていた。換言すれば、聖なるものは隠されなければ発現しえないのだ。ここには、神の側からの現世への働きかけと人間の側からの他界への働きかけとが、一つの対象のうえに重複《ちようふく》して表現されているわけである。

「やつし」のなかには神霊がおり、他界が存在しているにちがいない。だが、私たちがそこを覗いてみても決して神霊も他界もそこにはない。その瞬間、それらはバラバラに飛び散り消え去ってしまうのだ。ある意味で、現世に出現するための神々の衣裳《いしょう》である「やつし」は、距りを埋めるものであると同時に、決してこの距りを埋めることはできないということを新たに確認させるためのものでもあるともいえる。あくまでも他界は、視線を遮《さえぎ》る「やつし」の背後にあるのである。

沖縄の仮面行事

「まれびと」および「やつし」をめぐって、私たちが念頭においておく必要があることは、折口がそうした信仰についての考察の必要性を痛感するまでに至らしめた、沖縄の仮面仮装をともなう諸行事である。南西諸島、とりわけトカラと八重山《やえやま》を中心に分布する仮面行事は、主に海上はるかな他界からはるばる訪れてくる神々の儀礼として伝承されている。これらの仮面行事を比較・検討したドイツの民族学者のJ・クライナーも、「仮面行事における他界観の特徴は、あの世とこの世のはっきりした区別の存在である。神の訪問、すなわち神が仮面の形でもって人々の前に現れるためには、あの世とこの世はまったく別のものでなくてはならないわけで、神だけがときを決めてこの世にやってくるのである」と考察し、仮面行事は、おおむね海上他界観の上に成立していると説いている③。

仮面行事のなかでももっとも知られているのは、八重山の「アカマタ・クロマタ」であろう。この神は夫婦神で、しかもシロマタという子を連れて海の彼方からあるいは地の底から部落にやってくると考えられている。宮良《みやら》高弘《たかひろ》の調査によれば、アカマタ・クロマタ・シロマタの三神は、まず「舟」で海岸に至り、次いで聖所から仮面の姿で部落に出現してくる。たとえば、儀礼においてうたわれる歌に、次のようなものがあるという。

「千尋《ひろ》も万尋もある　遠い遠い海の彼方の　安南《アンナン》から　渡来して来られた　シロマタアカマタの御前　今日の吉日を選び　黄金の日を調べて　翌年の豊饒《ほうじょう》　来たる夏の豊作を祈願申し上げますから　どうか翌年を豊作にし　来夏世を実り豊かな年にお寿び下さい(4)」。

海から渡来する神に共同体の豊饒《ほうじょう》を願うという農耕儀礼的側面がこれによっても示されているわけであるが、「アカマタ・クロマタ」との関連で見るに値する祭儀として、同じ八重山の各地に伝わる「節祭」を挙げることができる。この儀礼ではさらに、明確に、神のもつ生産力による作物の豊作への期待が強調されている。

「節祭は、旧暦七・八月の癸《みずのと》亥の日に行なわれるところもあるが、石垣《いしがき》島の川平部落では、戊戌《つちのえいぬ》の日におこなわれる。その日には、『マユンガナシ』とよばれる簑をまとった仮装者が杖をもって現われ、各戸を訪れ、杖で大地を一・二度つついたうえで、来るべき年の豊作を祈る言葉を唱える、そして家より食物の提供をうける(5)」。

この杖は、おそらく、ファリック・シンボルを表わしたもので、それで大地をつつく行為は大地との性交を擬《ぎ》しているのであろう。「やつし」の姿で現世を訪れた神は、共同体の土地を豊かなものに変えるのが主たる仕事なのである。人々は、海上の他界からくる神々に対しては最大の関心を払うのだが、神がそこからくるという他界そのものについてはほとんど関心を示さない。せいぜい共同体に富をもたらす神々の住む国だという理由からだろうか、食物に満ちた豊かな世界とされたり、暗い死の世界とされている程度にしか描かれていない。共同体の人々にとっては、他界は遠方に、海の彼方の、どちらかというと思考できないほどのところに存在していると考えるだけで十分なのである。

人々においては海上の他界よりも仮装した神やその杖の方がはるかに重大であり、その意味でも「アカマタ・クロマタ」の行事で用いる、触れたら死ぬとされる棒や、その他の島々で用いられる杖ないし棒の象徴的意味の研究の方こそ、さらに掘り下げてゆく必要があると思われる[6]。

神の乗物・霊魂の容器

海上の他界からこの地上を訪れる「まれびと」が「やつし」の姿であるという事実に関連して私たちが考えねばならないことは、海上の他界から現世にくるために神々が用いる乗物のことである。この乗物は神話的次元においては〈船〉として、とりわけなかが空っぽになっている船いわゆる「うつぼ舟」として描かれている。神霊は、その中空の船のなかに隠されて地上に示現《じげん》する。見方によっては、この船は「やつし」の変形であり、それと同じ役割を負っているとすることも可能である。つまり、二つの世界を往来する船であるとともに、神霊の霊魂が収められる容器でもある「うつぼ舟」で、最初、神々は地上に出現するのである。この神々は、海を越えて来訪してくる。

この「うつぼ舟」に注目した柳田国男は、これを日本人の癖の一つだとまで述べる。

「沖より外の未知の世界は、殆《ほとん》と有る限りの空想の千変万化《せんぺんばんか》を許したにも拘《かかわ》らず、如何《いか》なる根強い経験の力であつたか、海を越えて浮び来る異常の物は、例へば死人を納めた木の箱の如《ごと》きもの迄《まで》、我々の祖先は一括して、常に之《これ》を『うつぼ舟』と呼ぼうとしたのである。それがもし偶然の一致で無ければ、即ち何等かの原因の隠れたる、不思議な国民の一つの癖である」[7]。

たとえば、海上の他界・常世の国からやってきた神にスクナヒコナというのがいる。この神もスサノオの一時期の状態と同じく「まれびと」の一人であった。この神は天之羅摩《あまのかかみ》船《ぶね》に乗り、うち剝《は》ぎに剝いだ蛾《が》の皮もしくは鷦鷯《みそさざい》の羽を衣として、海の彼方から突如として現われ、オオクニヌシの国土造営の仕事を助け、それが一応終わるや粟《あわ》の茎によじ登り、その穂に弾かれて忽然《こつぜん》と常世《とこよ》へと飛び去ってゆく。

彼が「まれびと」であることは、羅摩という瓜《うり》に似た実をつける草木から作られた（この解釈は松村武雄《まつむらたけお》による[8]）、いわゆる「うつぼ舟」に乗り、蛾ないし鷦鷯の羽によって身を「やつし」てこの地上に示現し、国土の豊饒のために働いて、それが果たされると再び海上の他界へと去ってゆくパターンによって明らかである。このように、海上他界を示唆する話には、「やつし」とともに「うつぼ舟」が深く関係している。

スクナヒコナの天之羅摩船が海を漕《こ》ぎ渡ってきたのか、天を渡来してきたのかは定かではない。だが、古代人の思考においてはどちらでもよかったようである。海上の他界から海を渡ってくる船は、また大上の他界から飛行してくる船でもあった。古代人は海上と天空とを明確に区別していない。たとえば、天之羅摩船と同一の役割を帯びた船とみなすことのできるものに、「不具」のため海に流されることになったヒルコの葦船《あしぶね》がある。別の書によると、この船は天磐杼樟船《あまのいわくすぶね》あるいは鳥之磐楠船《とりのいわくすぶね》とされ、また天鳥船《あまのとりふね》とも記されている。天鳥船はタケミカズチが天上より地上へと降りるための船として用いている例があり、またアメワカヒコとともに天降《あまくだ》ったアメノサグメは、天磐船に乗っている。これらが物語るように、古代人には天の海も水の海も同じカテゴリーに属するものであった(9)。

スクナヒコナの天之羅摩船は植物の船であったようだが、他の伝承によれば、この神は石の船＝天磐船《あまのいわふね》によって地上に寄りきたるということが示唆《しさ》されている。古代歌謡のなかで、「常世にいます石《いわ》立たす、少名御神」とうたわれ、『文徳実録《もんとくじつろく》』では石の形で浜辺に漂着しているのは、その例である。

日本人の神話的思考においては、こうした瓜や石や竹あるいは卵のようなものが、その中空なる性質によってであろう(10)、神秘的なものとして認識されていた。

海上と地上、天上と地卜とを媒介する乗物が「船」であるということから想い起こされるのは、「真床覆衾《まどこおぶすま》」のことである。ニニギノミコトが天降る際に身をくるむようにして乗ってきたとされるのがそれであって、天皇の即位儀礼に相当する大嘗祭《だいじょうさい》で天皇がそれに籠《こも》りくるまるというので、折口信夫をはじめとして西郷信綱《さいごうのぶつな》や護雅夫《もりまさお》など何人かの学者によって注目されたのは周知の通りである。

この「真床覆衾」は天上のみならず海上の他界とも結びついていた。すなわち、豊玉姫《とよたまひめ》が、夫に課した禁忌《きんき》を破られたために海上の他界「海つみ国」に帰るにあたって、出産したわが子を「真床覆衾」と「草」とで包んで海辺に置いて海に入っている。この事実は、真床覆衾のモティーフを北方系シャーマニズムに一方的に結びつけることの危険性を示唆しているともいえる。いずれであるにせよ、これも一種の神の乗物（＝船）であって、しかもある世界から別のある世界への移動のために籠《こも》り隠れねばならない〈変身〉用の神の霊魂の容器であったことを物語っている。したがって〈死〉と〈再生〉のモティーフがこれにともなっている。すなわち、東南アジア・太平洋諸地域の神話や儀礼・考古学的資料を背景にして、古代神話の船のモティーフを太陽信仰の残存として把握する松本信広《まつもとのぶひろ》は、次のように説く。

「古代人は魂の国とこの世との間には滔々《とうとう》たる水の境したることを信じたのである。出産すなわち霊魂の生まれかわりにさいしても、水上を越えて新しき魂の浮び渡来することを信じたのであろう。船の中に日神が海をわたってこの土に降りるという思想は、生まれた子を空船に乗せて海に流す話と同様、水を渡ることによって、生まれかわる、今までの生活から隔絶《かくぜつ》せられて新生を獲得するという意味のこもった、古代の誕生の儀礼の痕跡《こんせき》をふくんでいるのではないだろうか(11)」。

このように、古代の神話的世界を海上他界的要素を示すものにしぼって眺めてみるだけでも、「やつし」「うつぼ舟」「死と再生」といった具合に、その裾野《すその》は多様に変化して無限なまでの広がりを示しているのが明らかとなってくる。

「補陀落渡《ふだらくと》海《かい》」の思想

さらに興味深いことは、中世に時代が移行してもこの古代的海上他界の思想、海の彼方から寄り来たる神々の思想が、ほとんど衰えることなく存続していることである。中世といえば、本地垂迹《ほんじすいじやく》説を根幹とする修験道《しゆげんどう》が大きな勢力を振《ふる》った時代であって、修験者によって山中他界の思想が強調され、また浄土《じようど》思想の影響などもあって、山中に極楽《ごくらく》や地獄を認めようとする傾向が目立った。だが、それにもかかわらず、海上他界観は修験道的変色、浄土教的修正を受けつつも、その本来的枠組《わくぐみ》を守り通していた。

問題となる空間の代表は、古代の地上的他界つまり現世と海上他界との境であった「熊《くま》野《の》」と「常陸《ひたち》」である。とりわけ熊野は、いつの時代においても地上的他界として崇拝を集めてきたところである。

中世の熊野は山中他界観と海上他界観との二重の他界思想を説くことにより修験道の一大拠点と化し、絶大なる影響をもつに至っていた。そうした信仰を背景として、熊野に祭られている神仏の前世・由来を人々に説明するために、「熊野の本地」譚《たん》が数多く製作されたのである。しかも意義深いことに、これら神仏説話のなかには、海上他界観を支える古代的文化装置である「まれびと」と「うつぼ舟」の二つの要素が、ほぼ原型のまま保存されていた。古い神と新しい神との調和・統合を目指して作られたこれらの説話は、古代神話を継承的に発展させることから生まれた、もっとも日本的な神話だといって過言《かごん》ではない。少なくとも中世の世界観を考察するためには、修験道神話の理解なくしては不可能なことである。

「熊野の本地」とは、およそ次のごとき話である。

昔、インドの摩訶陀国《まかだこく》に千人もの妃をもつ善財王《ぜんざい》なる国王がいた。その妃のなかに五衰殿《ごすいでん》の女御《にょうご》と呼ばれるひどい醜女《しこめ》がおり、その醜さゆえに国王の関心をほとんど受けられず、惨めな日々を送っていたが、千手観音《せんじゅかんのん》に一心に祈りを捧げた結果、彼女は金色に輝く美貌の女性に変身し、王の寵愛《ちょうあい》を一身に担《にな》うことになった。このため残りの妃たちは彼女をひどく憎み、女御が懐妊《かいにん》したのを知ると策をめぐらして彼女を無実の罪に陥《おとしい》れ、山のなかで斬殺《ざんさつ》してしまう。だがそのとき、月足らずのまま女御は王子を生み、その王子は虎と喜見上人《きけんしょうにん》とに守り育てられ、七歳になった時に宮中に参上して、女御の無実を明らかにする。これを知って嘆き悲しんだ王は、女御を殺した妃たちを嫌って、王子・上人とともに、黄金造りの飛車《ひしゃ》に乗り日本国に飛来した。はじめ彦山《ひこさん》に着き、やがて転々と山を移動して熊野に落ちつくことになった。これがすなわち熊野三所権現《さんじょごんげん》の神々である。本宮《ほんぐう》の本地は阿弥陀如来《あみだにょらい》であり、もとの喜見上人、西宮（結宮）は本地が千手観音《せんしゅかんのん》で、昔の五衰殿の女御、中宮には善財王、証誠殿《しょうじょうでん》の左の一社には王子が、それぞれ神として現われた。

これまでの研究は、この話を王子の山中異常出産を中心とした〈生〉と〈死〉をめぐる山中他界思想の一つの表現として分析するのが主であったが、海上他界観を背景にした物語として眺めることもできる。すなわち、この説話には、海上他界観の原型の一部を構成する二つの柱が厳然と存在しているからだ。まず、熊野の神々が仏教的他界である天竺《てんじく》から海を越えて日本に飛びさたったという記述から「まれびと」（＝来訪神）の性格を見いだし、次いで善財王一行が渡来するために用いた乗物が、天空を飛ぶ車であったことから、それを「天鳥船《あまのとりふね》」（＝うつぼ舟）の変形として把握できる。

こうした考察がそれほど無理な考えでないことは、西田長男《にしだながお》によって試みられている例証でも明らかである。彼はこの「飛車」が「うつぼ舟」の一種であると次のように説く。

「建御雷神《たけみかずちのかみ》が乗って天降られた天鳥船とは、ぜんざい大王やごすいでんのきさきが乗つて来られた飛車と同様のものであつたのではなからうか……因《ちな》みに、竹取物語以下の物語類にも既に『飛車』のことは見えてゐる。竹取物語では、その女主人公のかぐや姫は迎へに来たこの『飛車』に乗つて天上に帰つたとあるが、それは天界と地界とを、又は『熊野《くまの》の本地《ほんじ》』でいへば、釈迦《しやか》誕生の本国たる仏生国とこの辺地《へんじ》粟散国《ぞくさんこく》とを連絡するものとして想像せられたものと思はれる。而して宇津保《うつほ》物語では、この『飛車』を『鳥舟』ともいうてゐる。或は之《これ》を『虚舟《ウツボブネ》』としても考へられてゐる……又、熊野権現霊験記《れいげんき》によるに、賀《か》茂《も》下上の神々は、もと中天竺摩伽陀《まがだ》国の王舎大城の賓波沙羅《びんばしやら》王の后韋提希《いだいけ》夫人《ぶにん》及びその子の阿闍世《あじやせ》太子が下加茂（下鴨）明神・上加茂明神として垂迹《すいじやく》せられたので、その亡躰《なきがら》を一つの空舟《ウツボブネ》・虚舟《ウツボブネ》に納めて海上に流棄《るき》したのが、波のまにまに遂に我が熊野の海に漂着したのであると記されてゐる」(12)。

要するに、熊野の信仰は、山中他界観のみならず、同時に海上から来訪する神々の思想をも説いていたのである。

海上他界と熊野とに加えて「うつぼ舟」が三つ揃《そろ》えば、最近関心を集めている「補陀落《ふだらく》渡海《とかい》」の思想ということになる。これはいってみれば、人間が来訪神のごとく「うつぼ舟」のなかに収まり、南方海上にあるという補陀落浄土《じようど》＝観音浄土を目指して海に乗り出してゆくことである。熊野の修行僧《しゆぎようそう》によって試みられた、生きながら棺《ひつぎ》さながらの空船に閉じ込められてのこの渡海行は、限られたことでしかなかったようだが、その凄絶《せいぜつ》さによって私たちの想像力は激しく刺激される。

ところで、この補陀落渡海僧の何人かは、幸か不幸か流れに流れて「まれびと」信仰の島、沖縄に漂着し、この地に仏教を伝えたという。『琉球《りゅうきゅう》国由来記』巻十「琉球国諸寺旧記」の伝えるところによると、葦の軽船に乗って瓢然《ひょうぜん》として小那覇の湊《みなと》に流れ着いた者があり、何処《いずこ》の人とも知れず、ただ補陀落僧とのみ答えた、という禅鑑《ぜんかん》禅師という僧が、浦添《うらそえ》の西に補陀落山極楽《ごくらく》寺を開いた。これが沖縄への仏教伝来の文献上での最初とされている。

ほかにも何人かの補陀落僧がこの地に漂着した模様であるが、それにしても死を覚悟しての補陀落浄土《じょうど》への旅立ちの帰結が、「まれびと」として「うつぼ舟」で来訪する神となるという事実は、皮肉な面白さを伝えていて、また、日本の海上他界観の具体的一端《いったん》を知るうえで興味深い話である。

「うつぼ舟」のモティーフ

さらに、いま一つ例を挙げるとすれば、熊野《くまの》と並ぶ地上的他界である「常陸《ひたち》」に関係する説話が好ましいと思われる。それは、養蚕《ようさん》起源神話の形式をとる、筑波《つくば》・富士の両山の神の本地《ほんじ》を説いた「蚕影山縁起《こかげさんえんぎ》」である。

欽明帝《きんめい》の御時、北天竺《てんじく》旧仲国の天女金色姫は、継母《ままはは》によって四度も苦境に陥れられる。そこで父王は、この国にいて継母の仕打ちに合うよりは、仏法流布《るふ》の国に行き衆生《しゅじょう》を済度《さいど》せよ、と桑《くわ》の木でうつぼ舟を作り、姫をそのなかにこめて海に流した。舟は常陸国豊良《とよら》の湊《みなと》に漂着し、浦人権大夫《うらびとごんだゆう》に発見されて姫は大事に育てられるが、やがて病を得て死んでしまう。権大夫は金色に輝くこの姫を清潔な唐櫃《からびつ》に収めるが、その夜夢に姫が現われ、恩を返したいので、どうか私に食を与えて下さい、と告げる。そこで箱を開けてみると姫の姿はなく、一匹の小虫がいるだけであった。姫の亡骸《なきがら》が蚕《かいこ》に変身したのである。やがて筑波《つくば》山に住む颫道《ほうどう》仙人がやってきて、それを糸になして絹を織り、寒さを防ぎ暖をとることを教え、それによって権大夫は富貴《ふうき》になった。この神は、筑波山に飛び去り、そこに祭られたが、後に富士山へと居を変えた。それゆえ、筑波山と富士山の神は同じなのである。この姫の名をまたかぐや姫とも言う。

この説話に描かれている「うつぼ舟」のモティーフは「伊豆・箱根の本地」のなかにもみられ、山岳信仰のなかに予想以上に海上他界観の要素が刻み込まれていることがうかがえる。しかも金色姫は、金色に輝く五衰殿の女御に通じ、さらに「諏訪《すわ》の本地」の金剛女、それに加えて「湯殿山《ゆどのさん》の本地」で語られる金剛童子《こんごうどうじ》の妻金鉢女などとの関連が考えられ、修験道《しゅげんどう》的山中他界観が大きく前面に出てくる。

本地譚《たん》は『神道集《しんとうしゅう》』に語られたものが古く、その原典は『私聚百因縁集《しじゅひゃくいんねんしゅう》』から『今昔《こんじゃく》物語』を経て『撰集百縁経《せんじゅうひゃくえんきょう》』や『法苑珠林《ほうおんじゅりん》』などの仏典類にまで遡《さかのぼ》るとされているため、民間伝承と化した仏教説話の原型を見極めることはひどく困難となっている。そうであるにせよ、「うつぼ舟」によって示される海上はるか彼方から寄り来る神々の思想が、そうした山岳を他界とする信仰のなかに存在していることは疑うことができない。

スクナヒコナの神が寄りきたった浜辺は、やはりこの常陸の国であったが、宮田登《みやたのぼる》の考察によれば、常陸の国では近世に入っても、鹿島を中心にして、海の彼方から五穀《ごこく》を満載《まんさい》して「ミロク船」(＝宝船)が来訪してくる、という信仰が説かれており、また、この地には補陀落浄土を説く観音信仰も見いだされ、筑波や伊豆・箱根の修験とも浅からぬ関係が保たれていた、という。[13]「ミロク船」は「うつぼ舟」の変形と見なすこともでき、それゆえ、海上の他界から現世を富み栄えた世界にするために来訪する神々の信仰という古代的文化装置は、近世になってもなお活動しているのであった。つまり、柳田が評したように「うつぼ舟」のモティーフは、「不思議な国民の一つの癖」となっているのだった。

「海修験」と「山修験」

修験道の信仰のなかには、海上を他界とする思想が予想以上に潜んでいる。修験の山は、何らかの形で水に対する信仰を伴っており、これは、私の考えでは海に対する信仰の変形である。たとえば、日光修験が行なった、山岳入峰《にゅうぶ》修行と並ぶ中禅寺湖上での補陀落渡海《ふだらくとかい》のための船禅定《ぜんじょう》と呼ばれる修行などは、その現われであろう。これには観音信仰が大きな役割を果たしたようである。著名な修験の山（これを私は「山修験」と呼ぶことにする）は、大なり小なり海ないし湖・沼・池をその近くに備えている。川や滝をこれに含めることも可能であろう。

　これに対して、島や岬を中心に展開した「海修験」とでも呼びうる、金華山《きんかざん》や江之島《えのしま》の、あるいは足摺岬《あしずりみさき》その他の海辺の修験道は、前者の裏返しにも等しい関係にある。すなわち、前者の「山修験」が山中他界を前面に出して海上他界をその背後に隠しているのに対し、後者の「海修験」は、海上他界の真っただなかに、小型の山中他界としての島や岬を見いだしているのである。しばしば強調される山中他界と海上他界との間の対立は、〈海〉に対する〈山〉が、〈島・岬〉に対する〈湖・池〉というように調和的に解消されているのではないだろうか。換言するならば、「湖・池」は山にある〈海〉であり、「島・岬」は海にある〈山〉なのである。[14]

　こうした解釈は、まだ思いつきの域を出てはいないが、しかし、山中他界とか海上他界とかの限定つきの考察では決して明らかとはならないことである。そうではなく、山中他界も海上他界もあらゆる他界をも含めた、他界観の総体を統一的に把握《はあく》するためには、可能な限り広い視野のなかから検討・分析《ぶんせき》を加えてゆき、最終的には民俗の〈集団表象としての）認識論的次元にまで下がって他界観を把握せねばならないのである。

私たちは、「やつし」と「うつぼ舟」を手懸《てがか》りに「海上他界観」を考えてきたわけであるが、これは他界観の一断片《だんぺん》であるにすぎず、しかも、海の彼方《かなた》にばかり心を奪われているうちは、他界観を支える認識構造を知ることは決してできないであろう。なぜならば、他界そのものは果てのない世界の奥行なのであって、私たちの投げかける視線から逃れ続けるからである。他界は、隠されていて体験できない世界、埋めることのできない拒りがあることによって存在する世界なのである。このためにも私たちはまずこの距りのもたらす役割を極めるための試みを、事あるごとに積み重ねていかねばならない。

注

（1）折口信夫「日本芸能史」『折口信夫全集』ノート編、第五巻、中央公論社。
（2）折口、前掲論文。
（3）ヨーゼフ・クライナー「南西諸島における神観念・他界観の一考察」『沖縄文化論叢』（民俗編Ⅰ）平凡社。
（4）宮良高弘「八重山群島におけるいわゆる秘密結社について」『わが沖縄・沖縄学の課題』木耳社。
（5）宮良、前掲論文。

(6) たとえば、松村武雄「生杖と占杖」『民俗学論考』大岡山書店、は、そうした問題に迫った貴重な研究である。
(7) 柳田国男「うつぼ舟の話」『定本柳田国男集』第九巻、筑摩書房。
(8) 松村武雄『日本神話の研究』第三巻、培風館。
(9) 松村、前掲書、参照。
(10) 折口信夫「石に出で入るもの」『折口信夫全集』第十五巻、中央公論社。
(11) 松本信広『日本神話の研究』平凡社。
(12) 西田長男『日本宗教思想史の研究』理想社。
(13) 宮田登『ミロク信仰の研究』未来社。
(14) 修験道を、山中他界を背景にした信仰とするだけでは、海辺に設置された修験の寺院やその行場の本源的意味はつかめないであろう。足摺岬や室戸岬の修験道寺院などを説く場合、海上他界の思想は重要な役割を果たしていたはずである。私は単に思いつきの構造的変換としてのみ「海修験」を述べているのではなく、歴史的にもその存在と思想をもっと考える余地があるとして、「山修験」と「海修験」とを対比しているのである。

屍《し》愛《あい》譚《たん》をめぐって——伊《い》弉《ざ》諾《なき》・伊《い》弉《ざ》冉《なみ》二神の冥《めい》界《かい》譚《たん》を中心に

肉欲的性愛のイメージ

国文学者石田吉貞《いしだよしさだ》は、藤原定家《ていか》を論じた一文で、日本の伝統的美意識の一つに「死を根源とする異常美」があると述べている。(1)艶《えん》とか、あわれとか、妖艶《ようえん》とか、華麗《かれい》とかいう名で漠然と呼ばれているものの背後・根拠には、死という現象があり、それが無常の法則の限定性・苛《か》酷《こく》性というかたちをとって人間と対決し、内面化してゆくにしたがって、やがて一つの美へと昇華《しょうか》する、とみる彼は、それを「死美」と名づけた。

石田は「死美」の具体的な例として次のような話を紹介している。

太平洋戦争中、夫に戦死された一人の若い妻があった。葬儀が済《す》んで人々がみんな帰った深夜に、この若妻はひとり悲しみに堪《た》えず、簞笥《たんす》のなかから、結婚式のときの、見る眼もまばゆい着物を取り出して着て、夫の位牌《いはい》の前で、生前夫のいちばん好きだった踊りを踊った、ということを、ある新聞は報じていた。普通の人が見たならば、この若妻は、気が狂ったか、または夫の死を悲しまない不貞《ふてい》の女かに見えたであろう。しかし、その燦爛《さんらん》たる袖に包んだ悲しみこそ、またその美しい袖が描き出す踊りの線の限りなき歎《なげ》きこそ、その若妻が亡き夫に捧げる、泣いても泣ききれない悲しみを現わしているのではないか。限りなき悲しみと限りなき美しさと、美しければ美しいほど悲しく、悲しければ悲しいほど美しいこの美、しかも燦爛として少しも湿っぽくないこの美、死美とはこのような美、少なくともこれに近い美である。

このような美は、死というものが存在しなくては決して成り立ちえないものである。日頃は日常の生活の忙しさのなかに沈められている妻の夫への愛が、死という愛を永遠に引き裂く事件を前にして、悲しみの凝縮《ぎょうしゅく》した踊りのなかに具現化《ぐげんか》され、ついには美にまで高められたのである。

だが、私は石田のように手放しで、この若妻のしぐさを美化するには、躊躇《ちゅうちょ》せざるをえない。それというのも、葬儀の晩の若妻の踊りがあまりにも美しすぎるからである。もはや他界の人となった、亡骸《なきがら》さえもない夫への、踊りというかたちをとった妻の愛の表現。それは物理的な愛の対象を欠いているにもかかわらず、異常なまでに艶《なま》めかしく、あまりにも妖《あや》しい雰囲気をたたえているように私には思えるからである。

たしかに彼女の愛は表向きとしては精神的なものである。だが、それにもかかわらず、彼女の美しさには、生々しいまでに肉欲的性愛のイメージが漂っているのはどうしたことなのだろうか。

美とは、眺めることによって初めて成立するものである。美の担《にな》い手とそれを美と認める者との間には、一定の距離が設けられており、〈視線〉が両者を結んでいる。美とは、見る者と見られる者（あるいは事物）の関係である。しかも双方《そうほう》が人間である場合、見られる側が意識をもたない事物の場合より、ずっと複雑であるのは明らかであろう。

私は、妖艶というものを内面化された愛の隙間《すきま》からこぼれ落ちる肉欲の香り、と理解している。さらに、石田の説くように、妖艶なるものが死美であるとすれば、その美しさは、死のうえに咲いた美しさであり、若妻の場合でいえば、夫の死を糧《かて》として花開いた異常美である。夫の死を歎き悲しむ若妻の心も真実であると思うのだが、その一方では、もう一人の女の心が、その悲しみを、夫と妻との二人の愛の関係の枠を越え、それ以外の他者の視線に応えて、夫の死を己《おの》れの美の具現化《ぐげんか》のために——たとえ本人がはっきりと意識していなくとも——利用したのである。すなわち、妖艶なる美の背後には、その美のために犠《ぎ》牲《せい》になった屍者《ししゃ》たちが眠っているとも言いうるにちがいない。

この意味からも、石田も触れていることだが、梶井基次郎《かじいもとじろう》の「桜の樹の下には屍体《したい》が埋まっている！　これは信じていいことなんだ。何故って、桜の花があんなにも見事に咲くなんて信じられないことじゃないか」という有名な言葉とか、三島由紀夫《みしまゆきお》の「多くの屍《しかばね》とおびただしい血が、金閣《きんかく》の美を富ますのは自然であった」といった言葉を、若妻の死美としての妖艶と重ね合わせて考えてみる必要があると思うのである。

死美と屍愛《しあい》の間

若妻の美しさは、死してなおその肉体を愛し続けるという屍愛を思わせる。けれども、死美と屍愛との間には、決定的とまでいえる大きな違いが認められる。死美とは、死という事件を利用した、生者の美化であり、聖化である。これに対して屍愛の場合、死美にまで高められることもないわけではないが、屍体・屍者を愛する姿は美にほど遠いものである。つまり死美は他者の視線を意識しているのに対し、屍愛では他者に無関心であり、屍体と二人きりの愛の世界を生きている。他者の目から見れば、その光景はグロテスクの一語に尽《つ》きるといわざるをえないとしても、本人はいっこうかまわないのである。

ところで、死美の主要な担《にな》い手が女性であり、屍愛がもっぱら男性の手にゆだねられ、しかも死美へまで昇華しえないのは、どういうわけなのだろうか。これは右で述べた、愛の姿を見られることへの配慮とそれへの無関心という観点からおさえることも大切であるが、その根源には、むしろもっと即物《そくぶつ》的な規制が働いているように思われる。すなわち屍体と実際に肉体的交わり（屍姦《しかん》）をもつことができるのは男に限られている。女の場合、死んだ男をどんなに愛していようと、彼とはもはや永久に肉体的交わりをもつことは不可能である。せいぜいが屍体と添《そ》い寝するに留まらざるをえない。畢竟《ひっきょう》、彼女の愛は内面化し、精神化へと向かうことになる。にもかかわらず、その精神化の衣の陰から、肉欲の香りが漂い出てき、それが視線にさらされて美化していったのが死美なのである。

本来の愛の対象を欠き、その屍体のうえに咲いた美が死美となるのに対し、生きた愛の対象（生きた男の肉体）に激しく向かってゆく女性の愛欲のさまは、「道成寺《どうじょうじ》」説話の安珍《あんちん》を追い求める清姫《きよひめ》の姿に端的《たんてき》に示されているように、醜悪《しゅうあく》のイメージを通りすぎ、もはや「悪」そのものの化身《けしん》である。けれども、私には死美も悪の化身としての女性の姿も、同じ根から生じたものと思われてならない。本質的にいって、美を尊重しそれを生きる女性は、屍者の血肉を糧《かて》として、美を創り出しているにもかかわらず醜悪な姿を男の前から隠しているからである。

それに較べれば、美に無頓着《むとんちゃく》にグロテスクな姿をさらして、男の特権である屍姦を行なうことは、まだ可愛気《かわいげ》があるといえよう。しかもその屍姦にしても、日本ではそれほど行なわれたとは思われないのである。もっとも、このような行為は、反道徳的なこととされていたであろうから、表に出てこないだけで、ひそかに行なわれていたとは十分考えられることではあるが。

禁忌《きんき》の侵犯・違反

屍姦――これは、普通の人々からみれば、明らかに異常な、倒錯《とうさく》したセックスであり、いわば「禁忌」を犯しての肉欲の追求の一形態にほかならない。たとえ屍者を生前たとえようもなく愛していたにせよ、屍体と交わることは、美には無縁のグロテスクな行為でしかない。それればかりではなく、むしろ生前の愛を聖化し、美化するのではなく、その逆、つまり非聖化、非美化に導いてゆく。愛を破壊《はかい》し、無に帰してしまう効果として作用するのである。屍愛・屍姦の追求の果てにあるのは、結局のところ、崩壊《ほうかい》し、腐乱《ふらん》してゆく肉体の醜悪な変貌《へんぼう》の姿の確認でしかないからである。

屍体というものは、物質的にであるにせよ、イメージとしてであるにせよ、あくまでも醜く、また不浄《ふじょう》なものとしてしかありようがないのだ。

たとえば、日本で数少ない屍姦説話の一つ、『今昔《こんじゃく》物語集』(巻十九)に収められている、大江定基《おおえのさだもと》の屍姦のさまを紹介することによって、より具体的にその醜悪な姿と愛の無常さを理解していただきたい。

三河守《みかわのかみ》であった大江定基は、妻ある身であったが、別に「若く盛りにして形端正《たんせい》なりける女」を愛し、妻が怒って彼のもとを去ってしまったにもかかわらず、この女を任地にまで連れていくほどの熱の入れかたであった。

しかる間、この女、国にして身に重き病ひを受けて久しく悩み煩ひけるに、定基心を尽くして歎き悲しんで、様々の祈禱《きとう》を至すといへども、その病ひの癒《い》ゆる事なくして、日ごろを経るに随《したが》ひて、女の美麗なりし形も衰へもて行く。定基これを見るに悲しびの心たとへむ方なし。しかるに女遂《つい》に病ひ重くなりて死ぬ。その後定基悲しびの心堪へずして、久しく葬送する事なくして抱きて臥《ふ》したりけるを、日ごろを経るに、口を吸ひけるに、女の口よりあさましきくさき香の出で来たりけるに、疎《うと》む心出で来て、泣く泣く葬《はふり》してけり。その後定基世は疎きものなりけりと思ひ取りて、忽《たちま》ちに道心を発《おこ》してけり。

この話の後にも髪をおろして寂照《じゃくしょう》と名乗った定基に関する面白い説話がいくつか続いている。南方熊楠《みなかたくまぐす》によれば、定基が愛した女は赤坂の遊女力寿という名の女であったという(2)。

この説話は、後半の彼が出家《しゅつけ》して、唐において鉢《はち》を飛ばすほどの法力《ほうりき》を得た話と対照させて読むといっそう面白いのだが、詳しく論じている余裕はない。いずれにしても、愛人の死をも越えて愛を貫こうとする定基は、禁忌を侵して屍姦にまで及んだが、その結果得たのは、生のはかなさ、愛の無常さであった。つまり屍姦が、彼の発心《ほっしん》の一大契機《けいき》となったのである。「女の美麗なりし形も衰へもて行く」と語られ、「口を吸ひけるに、女の口よりあさましきくさき香の出で来たりけるに、疎む心出で来て、泣く泣く葬してけり」と語られた話のなかには、例の死美の姿を見いだすことはできない。あるのは女性の美の崩壊《ほうかい》であり、二人の愛の終焉《しゅうえん》の図である。

定基は、愛人の死を媒介《ばいかい》にしてその愛を内面化し、精神化する。けれども、その結果としての己れの美の向上を彼はまったく企てておらず、屍姦を犯してまでの愛の追求が、むしろ今までの愛の美しさ、素晴しさを、無残にも愛人の肉体の崩壊、腐敗《ふはい》とともに打ち砕《くだ》き、否定してゆく方向に導いてしまう。そして浮世《うきよ》の愛のはかなさを知ったとき、定基は世を捨てたのである。

だが、定基のように、愛欲を断って僧として大成した者はまだ幸せである。上田《うえだ》秋成《あきなり》の『雨月《うげつ》物語』の「青頭巾《あおずきん》」に登場する破戒僧《はかいそう》の場合には、もはや世を捨てた身であるだけに悲劇的である。この僧は、三重の禁忌を犯している。同性愛と屍姦と食人という違反がそれである。その結果、彼は生きながらにして鬼畜《きちく》に堕《お》ちる。秋成はその様子を、村人の口に托《たく》して次のように語る。

かの児童《わらわ》が容《かたち》の秀麗《みやびやか》なるをふかく愛《め》でさせたまうて、年来《としごろ》の事どもも、いつとなく怠《おこた》りがちに見え給ふ。さるに茲年《ことし》四月《うづき》の比、かの児童《わらわ》かりそめの病に臥《ふ》しけるが、日を経《へ》ておもくなやみけるを、痛《いた》みかなしませ給うて、国府《こくふ》の典薬《てんやく》のおもだゝしきをまで迎《むか》へ給へども、其のしるしもなく、終《つひ》にむなしくなりぬ。ふところの璧《たま》をうばはれ、挿頭《かざし》の花を嵐にさそはれしおもひ、泣くに涙なく、叫《さけ》ぶに声なく、あまりに歎《なげ》かせたまふまゝに、火に焼《や》き、土に葬《ほうむ》る事もせで、顔《かお》に顔をもたせ、手に手をとりくみて日を経給ふが、終《つい》に心神《こころ》みだれ、生きてありし日に違《たが》はず戯《たわぶ》れつゝも、其の肉の腐《くさ》り爛《ただ》る、を吝《をし》みて、肉を吸ひ骨を嘗《な》めて、はた喫《くら》ひつくしぬ。寺中の人々「院主《じゅ》こそ鬼になり給ひつれ」と、連忙《あわただ》しく逃げさりぬるのちは、夜々《よな》里に下りて人を驚《おど》殺し、或は墓《はか》をあばきて腥《なま》々しき屍《かばね》を喫《くら》ふありさま、実《まこと》に鬼といふものは、昔物がたりに聞きもしつれど、現《うつつ》にかくなり給ふを見て侍《はべ》れ。

　まさに骨までも愛した僧の行為が、鬼だと評され、成敗《せいばい》されねばならないのだから、戒《いまし》めを堅く守るのが当然とされている僧のことだとはいえ、哀れなものである。このような愛は「異常な」愛であって、つまりは、愛も「正常」に行なわれねばならないのであった。屍愛・屍姦とは、日常の生活を律している道徳（＝禁忌の体系）の向こう側に属する行為である。したがって、この観点からすれば、このような愛は禁忌の範囲内で営まれている愛に対立し、それを脅かしている。

　正常な愛とは、とりもなおさず社会的愛、つまり、社会の肯定と存続という要求に応えた愛のことである。だが、屍愛・屍姦という異常愛は、近親相姦《きんしんそうかん》と同様に、社会学的にみても、衛生《えいせい》学的にみても、反社会的であり、危険な愛であるがために、隔離《かくり》し禁止の状態にしておかねばならないわけである。禁忌の侵犯は、社会の秩序を破壊する。禁忌の違反者は、非社会的、反社会的人間として生きるか、あるいは世界の崩壊のなかに身を置くかのいずれかの道を自らの運命として与えられることになる。そして、愛についていえば、自分自身が、「青頭巾」の破戒僧のように変身するか、愛の対象が大江定基の話のように変貌するかのどちらかというわけである。いずれにせよ、禁忌の違反は、これまでの愛を急速に変化させ、破綻《はたん》へ導いていくようである。

屍体覗《したいのぞ》き

多少猟奇《りょうき》趣味的になるが、世に伊弉諾尊《いざなきのみこと》と伊弉冉尊《いざなみのみこと》の冥界譚《めいかいたん》を、屍姦《しかん》譚として解釈する説がある。この説は巷《ちまた》の性研究者の間ではかなり知られた考えなのであるが、正統な神話学者や古典学者の間では、奇想的発想の産物として無視されるか、面白半分に扱われるかのいずれかで、ほとんどまともに評価されていない。私も人類学という比較的地味な学問的環境に身をおいている関係上、奇抜《きばつ》な説には慎重《しんちょう》に接してきたつもりであるが、最近になってこれまで読んだ文献《ぶんけん》や解釈を多少とも批判的に検討した結果、この神話を屍愛譚として解釈してもそれほどおかしくはないと思うに至った。

まず、問題の部分は『古事記《こじき》』に、次のように語られているので紹介しておこう。最愛の妻、伊弉冉尊を亡くした伊弉諾尊が、はるばる黄泉国《よみのくに》をたずねるくだりである。

ここにその妹《いも》伊耶那美《いざなみ》の命を相見まくおもほして、黄泉国《よもつくに》に追ひ往《い》でましき。ここに殿《との》の縢戸《くいど》より出で向へたまふ時に、伊耶那岐《いざなぎ》の命語らひ詔りたまひしく、「愛《うつく》しき我《あ》が汝妹《なにも》の命、吾と汝の作れる国、いまだ作り竟《お》へずあれば、還りまさね」と詔りたまひき。ここに伊耶那美の命の答へたまはく、「悔《くや》しかも、速《と》く来まさず。吾は黄泉《よもつ》戸喫《へぐい》しつ。然れども愛しき我が汝兄《なせ》の命、入り来ませること恐し。かれ還りなむを。しまらく黄泉神と論《あげつら》はむ。我をな視たまひそ」と、かく白して、その殿内《とのうち》に還り入りませるほど、いと久しくて待ちかねたまひき。かれ左の御髻《みみずら》に刺させる湯津《ゆつ》爪櫛《つまぐし》の男柱一《ひとつ》箇取り闕《か》きて、一《ひと》つ火《び》燭《とも》して入、見たまふ時に、蛆《うじ》たかれころろぎて、頭には大《おお》雷《いかずち》居り、胸には火《ほ》の雷居り、腹には黒雷居り、陰《ほと》には拆《さく》雷居り、左の手には若《わき》雷居り、右の手には土《つち》雷居り、左の足には鳴《なる》雷居り、右の足には伏《ふし》雷居り、幷はせて八くさの雷神成り居りき。

いうまでもなく、この話の後には、妻の恐ろしい姿に驚いた伊弉諾尊が逃げ出し、約束を破られた妻、伊弉冉尊が「吾に辱見せつ」と怒り狂い、黄泉醜女《よもつしこめ》をして夫を追わせる、いわゆる「呪的逃亡」譚が続いている。

ところで、この神話には少なくとも二つの禁忌が語られている。一つは妻が夫に課した覗《のぞ》き見の禁止であり、もう一つは生者は黄泉戸喫《よもつへぐい》をしてはならないという禁忌である。そして、この神話の物語的展開は、この二つの禁忌がともに破られていることから成り立っている。とりわけ覗《のぞ》き見の禁止は、この神話の物語的性格に不可欠な要素であり、しかも破られるために提出された禁忌だといっても過言ではない。というのは、黄泉戸喫した者が決して再び地上の人間として生きることができないとすれば、たとえ夫がどんなに死んだ妻を恋しく思い、生き返って欲しいと思っていようとも、引き裂かれた二人の仲が再び元通りになることはありえないことだからである。

わざわざ冥界までたずねてきてくれた夫の行為は、すでに黄泉戸喫してしまった伊弉冉尊にしてみれば、ありがた迷惑だったのかもしれない。もしも禁忌を破らずに、妻を伊弉諾尊が待ち続けていたとすれば、おそらく死ぬまで彼はそこで妻を待つことになったであろう。

だが、禁忌は破られた。この禁忌の違反を契機《けいき》に事情は一変する。伊弉諾尊は、「蛆《うじ》たかれころろぎた」妻の醜い腐爛《ふらん》屍《し》体《たい》を垣間《かいま》見《み》るに及んで、彼女を連れ戻すことを諦《あきら》め、地上に逃げ帰る。その結果、肉体的にも精神的にも、二人は、地上界と冥界とに別れ、二人の愛は決定的に破綻したのだった。

神話学者や古典学者が与えるこの神話の解釈は、ほとんどが儀礼主義的解釈に終始している。現在もっとも支持されている説は、松村武雄《まつむらたけお》によって提出された「屍体覗きの慣習の、神話への反映」とでもいうべき解釈である。[3] すなわち、

「黄泉国を訪れた伊弉諾尊は、禁止を課せられたのでもなく、従つてまた禁制を破つて伊弉冉尊の死体を覗き見たのでもない。覗き見しても差支《さしつか》へないものを、若《も》しくは覗き見

することを目的として訪れ来つたものを、覗き見しただけのことであり、そして視たところのものが余りにも甚だしく糜爛《びらん》してゐたために驚き去つたのである。つまるところ、記紀の三個の神話的叙述は、それを裏返しにして我々に提示してゐるに過ぎない」(4)

松村は、それまでに提出されていた、豊玉姫《とよたまひめ》神話に典型的にみられる出産覗き見の禁忌とこの神話とが同系の神話とする説や、屍体覗き見の禁忌を物語る神話とする説に反対するために、こうしたいささか極端な説を提示したわけであるが、今でも、たとえば西郷信綱《さいごうのぶつな》(5)など多くの学者は、この説にしたがっているようである。

松村や西郷がその証拠として挙げるのは、南島の葬制における屍体覗きの風習であるが、それは決して強力な証拠ではない。彼らがもっぱら頼りとするのは伊波普猷《いはふゆう》の「南島古代の葬制」なる文献であるが、それに直接あたってみると、ずいぶんと疑問に思う点が出てくるのである。

たしかに伊波の論文によれば、津堅《つけん》島では、

「人が死ぬと、莚《むしろ》を包んで、後生山と称する藪《やぶ》の中に放つたが、その家族や親戚朋友《しんせきほうゆう》たちが、屍が腐乱《ふらん》して臭気が出るまでは、毎日のやうに後生山を訪れて、死人の顔を覗いて帰るのであつた」という。(6)

だが、今少し詳しく読んでみると、どうも南島での屍体覗きは、一定の期間、家族親類が、毎日行なうのが一般的であったらしく、その間は屍体が腐敗して異臭を放とうとも、

それをいっこう気にせずに行なっているのである。

「粟《あ》国《ぐに》島生れの下女は、夫が死んでからまる一週間、一日も欠かさず故人の顔を見に出かけたが、親戚の者等から、それ位つゞけていつたら、亡夫も満足するだらうから、もうやめたらよからう、との忠告を受けたので、不承不承《ふしようぶしよう》にその日から断然いかなくなつたとのことである。そして日《ひ》毎《ごと》に死体が変化して臭気が益《ますます》甚しくなつても、彼女には穢《きたな》いとか怖いとかいふ情は少しもおこらなかつたといふことである」と、伊波は報告した。

また「沖永良部《おきのえらぶ》諸改令達摘要録」を引き、「爾来《じらい》地葬すべきは当然に候処《そうろうところ》或る所は其《その》棺《ひつぎ》を墓所に送り、モヤと唱ふる小屋内に備置き、親子兄弟等此モヤに到、其棺を開き見る回数、終《つい》に数日を経、屍の腐敗するも臭気を不厭《いとわず》赴《おもむく》に相聞《あいきこえ》、右は人情の厚きに似たれど」云々といった記事を紹介している。(7)


南島の屍体覗きの慣習がおよそ右のようなものであるとすれば、記紀の話とそれとの間のズレはあまりにも大きすぎる。まず、一定期間、毎日屍体を覗きに行ったという形跡が、記紀には認められない。また南島の屍体覗きの目的は死者の蘇生《そせい》への期待とともに、死者に対する生前と変わらぬ親愛の情を示すためのもので、それゆえ、屍体が腐敗し異臭を発しても、覗き見を中止したり逃げ出したりしないことが注目される。さらに伊弉諾尊は火を灯した結果、妻の屍体を見たのであるから、それ以前は暗闇《くらやみ》であったと考えられる。南島の場合、昼間である。明りを灯すことによる妻の本当の姿の確認の意味が、松村説ではまったく明らかとならない。

結局、屍体覗きの慣習の投影《とうえい》とする説では、禁忌の意味も、神話の前半の暗闇の中での二人の語らいや、後半の腐乱屍体と化した妻からの逃亡の意味も、決して明らかとはならないのである。

中国説話集の影響

男と女の愛の語らいは、昔から夜中に行なうのが一般的であった。言い換えれば、愛とは、第一次的に視覚に依存《いぞん》するものではなく、香り（嗅覚《きゅうかく》）や声・物音（聴覚）あるいは肌触り（触覚）のなかから豊かに創り出されるイメージの、想像力による夢幻《むげん》の世界における営みであった。そして日本的女性美の一つは、この視覚的な隔離《かくり》から発生しているともいえよう。『堤中納言物語《つつみちゅうなごんものがたり》』の「虫めづる姫君」のなかに「鬼と女とは人に見えぬぞよき」とあるが、この言葉が苦しまぎれに吐《は》かれた言葉にせよ、実に見事に女の美のあり方を、愛のあり方を示唆《しさ》している。

中世の『御伽草子《おとぎぞうし》』には、夜中に愛を交わした、年頃《としごろ》の可愛らしく思われた女が、夜が明けてみると、何と驚いたことに、日頃出入りしている七十歳くらいのしわくちゃ婆さんの尼《あま》さんであったという、実にユーモラスな破戒僧《はかいそう》の話が収められている（「おようの尼」）。これなども、愛の語らいというものが、視覚の利《き》かない暗闇のなかで行なわれるという慣習を、巧《たく》みに利用した笑話であろう。

さて、伊弉諾《いざなき》・伊弉冉《いざなみ》二尊の冥界譚《めいかいたん》の前半の部分も暗闇のなかでの愛の語らいの話である。視覚の利かない、したがって声その他の感覚を用いて構築されたイメージの世界、あるいはかつての愛の生活の美しさ、楽しさに依存した、愛の交換の場面として解することが可能である。しかも伊弉諾尊の愛の相手が死んだ妻であるとすれば、屍姦《しかん》に及んだかどうかはなお定かでないにせよ、屍愛《しあい》であるのは間違いなさそうである。考えてみれば、愛する女性を失った男が、屍体《したい》と化してなおその女性の肉体を捨て切れず、途方にくれている話は、大江定基ばかりでなく、今日でもよく耳にすることである。

神話学者の松前健《まつまえたけし》も、この冥界譚の前半の愛の語らいの部分を、妻恋しさのあまりの夢幻譚とみなし、後半の禁忌《きんき》の侵犯以降を、明りで実際に腐乱《ふらん》屍体をみて夢から醒《さ》めたものという風に解釈している(8)。

ところで、記紀の成立には、中国の神話や説話の影響が大きかったとは、大方《おおかた》の学者の認めるところであるが、中国の説話集『捜神記《そうしんき》』に、次のような興味深い話が載っている。

漢のころ、北海郡の営陵県(山東省)に一人の道士《どうし》があり、人間を死んだ人と会わせる術を使った。妻を亡くしてから数年になる同郡の人が、その評判を聞き、たずねて行って、

「死んだ家内にひと目会わせてください。それができたら、死んでも思い残すことはありません」

と言うと、道士は、

「会いに行きなさるがよい。ただ暁《あかつき》を告げる太鼓《たいこ》の音が聞こえたら、すぐ外へ出なされよ。ぐずぐずしていてはなりませんぞ」

と、死んだ妻に会う術を教えてくれた。

すぐそのとおりにすると、妻に会うことができた。そこで妻と話しあったが、悲しみと喜びのうちに、生きていたときと変わらぬ愛情を交わしあったのである。

やがて太鼓の音が聞こえた。夫は後髪《うしろがみ》を引かれる思いであったが、止まるわけにはゆかず、戸口を出ようとするとき、ふと着物の裾《すそ》が扉にはさまれた。そこで振りちぎって帰った。

それから一年あまりたってこの人が亡くなり、家族の者が埋葬《まいそう》しようとして墓を開いたところ、妻の棺の蓋に夫の着物の裾がはさまっていた。

道士によって夫に課せられた禁忌からもわかるように、夫が死んだ妻を訪問するのが夜（すなわち暗闇）であり、しかも二人の愛の語らいが肉体的交わりにまで及んだというこの話は、いうまでもなく、伊弉諾尊の冥界訪問譚と重なり合っている。この話では禁忌がかろうじて守られており、一年後には実際に死者となって妻のもとに行くことになっている。禁忌の違反の部分に対応する説話としては、同じ『捜神記』に次のような話が載っている。

漢の頃、談生という独身の男がおり、彼が『詩経《しきょう》』を感動しつつ読んでいると、年が十五、六の美しい女性が現われ、夫婦になりたいと申し出た。だがそれには次の如《ごと》き条件（禁忌）があった。「私は普通の人間とは違いますから、あかりで私を照らしてはなりませぬ。三年経ってからなら、照らしてもかまいませんが」。二人は夫婦になり男子も生まれたが、彼は我慢《がまん》できなくなり、ついに妻が寝込んだ夜中、こっそり明りで妻を照らしてみると、妻の腰から上は普通の人間であったが、腰から下はひからびた白骨であった。目を醒ました妻は「あなたは約束を破りましたね。私はもう少しで生き返るところでしたのに。どうしてもう一年の我慢ができずに私を照らしてしまったのです」と夫を責めた。彼は泣いて謝ったが許されず、妻は子供を育てるための糧《かて》にと赤い袍《うわぎ》を夫に与え、彼女自身は夫の着物の裾《すそ》を引き裂いて形見のしるしとして持ち去った。その後、談生はその袍を町で売った。それが睢陽王の手に渡り、王は自分の娘のものであることに気づく。娘の墓をあばいてそれを盗みとったに違いない、と思った王は、談生を捕え尋問《じんもん》した。談生はありのままを述べたが信用されず、王は娘の墓を検分することにした。だが墓はそのままで手をつけた跡もない。掘り返して棺の蓋《ふた》をあけると、談生の説明通り着物の裾が出てきた。二人の間にできた子は、死んだ王女そっくりであった。

この話は、夫の冥界訪問という形式をとっておらず、その逆の、女の顕界《けんかい》訪問として語られているが、後半の禁忌違反の部分、すなわち明りで自分（妻）を照らしてはならないという禁忌が夫に課せられており、しかもそれを守ることが妻の蘇生につながり、それの侵犯が愛の破綻《はたん》を招くという点で、伊弉諾尊の話に酷似している。昼間の二人の生活がどのようなものであったかは語られていないのでわからないが、夜毎、暗闇のなかで死者と肉体を交え、しかも子までもうけたのであるから、これも一種の屍姦であったわけである。

やはり『捜神記《そうしんき》』に収められている話に、道度という男が旅の途中、二十三年前に死んだという女から三日間だけ大婦になってくれと頼まれる話があるが、その話の最後の部分に、女の母親が自分の娘の墓をあばいて棺のなかを調べた結果、二十三年も前に死んだ娘の身体には、道度のいうように、男と交わった跡が歴然と残っていた、と語られ、屍姦譚であることをはっきりと物語っているのも注意をひく。

記紀の冥界譚では、愛の語らいの部分がぼやかされており、屍愛の形跡は十分検出できるが、屍姦まで読みとることはなお慎重を要する。だが、屍姦譚として解釈してみても、それほど奇抜《きばつ》で珍奇なものではないはずである。

禁忌《きんき》の正体《しょうたい》

右で紹介した『捜神記《そうしん》』の話は、日本の神話や昔話のなかでは、「豊玉姫《とよたまひめ》」説話とか「異類女房」とか「異界女房」とかの名で総称されている一群の神話や昔話と共通したモティーフをもっている。

関敬吾《せきけいご》は、この種の昔話を「豊玉姫」説話から説き起こし、地上の男性と異界の女性(異類)との婚姻《こんいん》、妊娠、出産、禁忌の違反、夫婦の別離、という具合に分析し、それを体系的に考察することを試み、さらに『捜神記』の影響についても触れているが、伊弉諾・伊弉冉二尊の冥界譚には言及していない。(9) しかし、松前健は、伊弉諾尊に課せられた禁忌と「異界女房」譚(鶴女房や蛙女房など)にみる禁忌とは、同根から派生したものであろうと解釈している。(10)

とはいえ、伊弉諾・伊弉冉二尊の神話や談生あるいは道度の説話と、異界女房譚とでは大きな違いがあることにも留意しておかねばならない。すなわち、前者が人間であった女性との交わりであるのに対して、後者では、もともと異界の女性との婚姻譚として設定されている。それゆえに、前者には死者との肉体的・精神的性愛、つまり屍愛《しあい》・屍姦《しかん》のイメージがつきまとっているのであるが、後者にはそれがほとんど認められないのである。

双方《そうほう》に共通してみられる要素は、夫である男に課せられた禁忌とその違反が夫婦の愛の破綻を導く、ということで、しかもその禁忌の多くが「覗《のぞ》き見」をしてはならないということである。

そこで、私たちが真に考えねばならないのは、覗き見の禁止という禁忌の意味は何かということではなかろうか。

私は、鶴見《つるみ》和子《かずこ》が説くように「異類女房」譚における「覗き見」のモティーフが、日本人の好奇心を物語るものの一つの証拠といったように解釈しようとは思わない[11]。そのような解釈は、あまりにも恣意《しい》的にすぎる。それは、むしろ男と女の関係のあり方を物語るものとして読み解かれるべきものである。

ちなみに、日本の昔話において、その多くの覗き見の禁止が女から男に与えられていて、その逆の場合がほとんどない。一考に値する問題ではないだろうか。私にはそれが、男と女の価値のおき方から発した相違であるように思われてならないのである。

さて、問題の伊弉諾《いざなき》・伊弉冉《いざなみ》二尊の冥界《めいかい》譚や異界女房譚における禁忌の意味だが、その手がかりは、禁忌を破られた伊弉冉尊が夫に対して「吾に辱《はじ》見せつ」といって怒ったこと、あるいは豊玉姫説話では、彼女が夫である彦火火出見尊《ひこほほでみのみこと》に対して出産の場を覗き見るなという禁忌を課すが、それが破られたとき、「妾《われ》、恒《つね》は海道を通して、通はむと思ひき。然《しか》れども吾が形を伺 見《うかがいみ》たまひしが、いと怍《はづか》しきこと」といって海へ去ってしまったこと、などに求められる。すなわち両者とも本当の姿を見られることを「恥」と感じており、それが原因で愛が破綻しているのである。

けれども、考えてみれば、夫に覗き見られた彼女たちの姿は、あるがままの姿であり、それが蛆《うじ》のたかった腐乱《ふらん》した肉体であるから、あるいは蛇体であるからといって一方的に恥を覚え、怒り、挙句《あげく》には愛が壊れたとみなすのは、なんとも奇妙なことである。だが、これは、換言すれば、女性というものは、その本性を隠し、化粧した偽りの姿で男と接し、結ばれるもの、とする価値観がそこに働いているとみることができる。つまり、男が女から課せられた禁忌とは、女の本性を知ることの禁止だったわけである。

女性は二つの面《かお》を持っている。他人（とくに男）に見せる美しく装った姿と、見てもらいたくない醜悪な姿とを。男とてそのような面を持っていないわけではないが、神話や昔話のなかではそれを超越しているのが一般的である。

女性の二つの面は、一方は男の歓心《かんしん》を買い、それによって愛されるようになりたいという願望につながり、もう一方は男の関心を向けてはならない、知られてはならない、それを知られたことによって嫌われたくないという願望につながっており、そのため、恥になる知られたくない姿を禁忌の状態にして、男から隠したのだ。男に見せたがる面は、美しさである。だが、皮肉なことに、神話や昔話では、女の美しさは仮象《かしょう》のものでしかなく、本当の姿は腐乱屍体であり、蛇であり、動物であり、骸骨《がいこつ》であるとして描かれている。神話はよく本質を見極めているといえる。

女性は、男性に対して禁忌の部分と非禁忌の部分とを有している。それは、右のような美と醜といった視覚的、肉体的な観点の禁忌ばかりではなく、空間的、時間的にもそうなのである。台所や産屋《うぶや》などに立ち入ってはならないという禁忌にその一端《いったん》を垣間見《かいまみ》ることができるし、たしか人類学者のレヴィ＝ストロースも、女というものは普通の状態では「蜜《みつ》」を出すが、調子の悪いときには「毒」（経血）を出す、と述べている。(12) もちろん、毒を出す期間、女は男から隔離《かくり》され、禁忌の対象となるはずである。

美と精神の相剋《そうこく》

伊弉諾尊《いざなきのみこと》に課せられた禁忌《きんき》が屍姦《しかん》の禁止を意味しているか否かは定かでないが、その禁忌の違反が二人の愛の決定的破綻《はたん》の原因となったのは明白な事実である。豊玉姫《とよたまひめ》説話をはじめとする異界女房譚《たん》における禁忌もまた同様であろう。

ということは、現世的な愛、恒久的《こうきゅうてき》な愛とは男（夫）と女（妻）との間に一定の約束（禁忌）が保たれており、それを越えて愛の行為や思索《しさく》の追求を行なわないことのうえにおいてのみ成立するものであることを示していると考えられる。つまり、夫婦の愛も、典型的に一つの秩序というわりである。過大な愛の追求も、過少の愛の追求も、ともに愛そのものを破壊する。私には、神話や昔話の多くにみられる愛をめぐる禁忌のモティーフは、そのように読み解かれるべきだと思われてならない。

さてそこで、伊弉諾尊の冥界《めいかい》訪問が屍姦であるとすれば、それは度をすぎた異常な愛の追求であって、その時点で、すでに禁忌は破られており、愛は破綻している。それが伊弉冉尊の黄泉戸喫《よもつへぐい》したという言葉に暗示されているのだといえよう。したがって、覗き見の禁止という禁忌は、伊弉諾尊がそれを破り、妻の本当の姿を見、愛の夢から醒《さ》めるための、破られることを予定された禁忌だったわけである。

また、この神話には男の愛の追求の仕方と女のそれとが、屍姦と禁忌という「かたち」によって典型的に示されているわけである。愛が成立するには、男にみられてはならない部分をあくまで隠し通すことにあるとする女性の「美」至上《しじょう》主義的価値観と、禁忌を犯しグロテスクなイメージで眺められようと、あくまで愛を維持させようとする男の「精神」至上主義的価値観が、ここでは対立し、相剋《そうこく》し合っている。

男は禁忌を破ろうとし、女は禁忌を守らせようとする。結局、男の禁忌違反という愛の行為は、女の愛に対する価値観を打ち砕いてしまうのだ。いうまでもなく、相愛というかたちでの愛は破綻し、禁忌を破られた女は去ってゆく。女を愛しているがゆえの禁忌の違反が、愛の破綻を招いてしまう男とは、なんと哀れな存在なのだろうか。

要するに、男たちは、女たちの、女たちによって許された面だけを眺めたり触れたり香りをかいだりするだけで満足しなければならないわけである。女によって男をひきつけるために創られた「美」に、そのかりそめの姿に満足し、それに愛を留めておかねばならないのである。

男は、そうした女の表面的な美しさに、ほとんどの場合、魅了《みりょう》されてしまう。美しい女性の前に出たとたん、異様な雰囲気のなかに落ち込み目まいに襲われる。香りもまた夢幻《むげん》の世界へ彼を誘う手助けをするはずである。

だが、女性の美しさの背後には、男には隠されているもう一つの女の面、醜悪でグロテスクな姿が存在しているのだ。それは、伊弉冉尊の蛆《うじ》にたかられた姿や、異界女房譚の蛇や蛙や蛤《はまぐり》のような、美とは似ても似つかない姿をしている。だとすれば、男たちが抱く美しい女たちは、円朝《えんちょう》の語る『牡丹灯籠《ぼたんどうろう》』の新三郎が抱くお露と同じく、本当は死者の仮の姿であるのかもしれない。

本稿の冒頭で、私は「死に根源をおいた異常美」としての死美について触れたが、あの異様な美しさの背後にも、おそらくはもう一つの女の面、つまり醜い屍体《したい》や骸骨《がいこつ》が横たわっているにちがいない。

中世の奇怪な説話を絵画化した絵巻に『長谷雄卿草子《はせおきょうぞうし》』というのがある。平安時代の文章家として名高い紀長谷雄《きのはせお》が朱雀《すざく》門の鬼と双六《すごろく》を争って勝ち、約束通り鬼から美しい女をもらう。その際、鬼は彼に「こよひより百日をすぐして、まことにはうちとけ給へ。もし百日のうちをかし給なば、かならずほいなかるべし」という禁忌を課する。けれどもこの世にこんな美人があるものだろうか、と思わせるほどの女であったので、八十日ばかり経ったある日、ついに女を抱いてしまう。すると何ということだろうか。女は水になって流

「長谷雄卿草子絵巻」（国際日本文化研究センター蔵）長谷雄が約束を破って女を抱くと，またたくまに女の体が溶けてしまう。

れ去ってしまったのである。悲劇といおうか。喜劇といおうか。詞書《ことばがき》の最後に、この女の正体が次のように記されている。

女といふはもろ〳〵の死人のよかりし所どもを、とりあつめて人につくりなして百日すぎなば、まことの人になりて、たましゐさだまりぬべかりけるを、くちをしく契《ちぎり》をわすれて、をかしたるゆへに、みなとけうせにけり。いかばかりかくやしかりけん。

注

(1) 石田吉貞「定家的妖艶の形成——死美の誕生——」『文学』第四十巻第八号、一九七二。
(2) 南方熊楠「屍愛について」『南方熊楠全集』第二巻、平凡社、一九七一。
(3) 松村武雄『日本神話の研究』第二巻、培風館、一九五五。
(4) 松村、前掲書。
(5) 西郷信綱『古代人と夢』平凡社、一九七二。
(6) 伊波普猷「南島古代の葬制」『沖縄文化論叢』(民俗編Ⅰ)、平凡社。
(7) 伊波、前掲論文。
(8) 松前健『日本神話の新研究』桜楓社、一九六九。
(9) 関敬吾『昔話の歴史』至文堂、一九六六。

(10) 松前、前掲書。
(11) 鶴見和子『好奇心と日本人』講談社、一九七二。
(12) Lévi-Strauss, C., *Mythologiques III : L'origine des manières de table*, Paris.

国占《くにじ》めと国譲りをめぐって——日本神話における占有儀礼

土地の占有《せんゆう》

日本の古代神話を眺め渡してみると、「国占め」「国まぎ」「国見《くにみ》」「国讃《くにほ》め」「国譲《くにゆず》り」、等々、相互に関連し合っていると思われる多くの儀礼的モティーフを見いだすことができる。ここでの課題は、神話的記述のなかに刻み込まれているこれらの儀礼的モティーフを、《占有儀礼》という用語のもとに一括《いっかつ》し、その整理と若干の考察を試みることにある。(1) 紙面その他の都合により、ここでは考察の材料を、主として風土記《ふどき》の記事に求めた。(2)

本稿のサブ・タイトルに掲げられている《占有儀礼》という言葉は、学術用語としても、あまり目にすることがない用語なので、まず最初に、この言葉の大雑把《おおざっぱ》な概念規定を行なっておくべきであろう。

「占有」という語は、文字通りに解すれば、ある事物を自分の所有物にすることであるが、ここでは、より限定された意味で、すなわち、ある一定の領域の土地を獲得しそれを支配すること、といった意味で用いられている。したがって《占有儀礼》という場合には、こうした土地の占有をめぐって執《と》り行なわれるさまざまな儀礼的行為、ということになる。(3)だが、ここで留意しなければならないのは、儀礼的行為とはいうものの、以下で紹介する諸事例は、いずれも風土記などの記述のなかに認められる、様式化され、慣習化されていたと推測できる神々や人間の行為を、差し当たって《儀礼》と呼んでいるにすぎない、ということである。

古代社会において実際にそうした《占有儀礼》が行なわれていたかは定かではない。この点をあらかじめ了解《りようかい》しておいていただかないと、とんでもない誤解を招くことにもなりかねない。記述されたものは、決して現実に行為されていたものの正確なコピーではない。潤《じゆんしよく》色や変形が加えられており、ときにはまったくの虚構である場合さえ考えられる。

境目のこちら側と向こう側

占有儀礼の主要な対象である一定の領域の土地を、古代人は《国》と呼んでいる。「国占め」すなわち《国》の占有という言葉が、それを端的に物語っている。古代においては、《国》という概念は大別して次の二通りの用い方がなされていた。(4)

一つは、記紀の神話に示されるように、《天》に対立する概念としての《国》で、これは天上界に対する地上界の意である。つまり人間の住む地域を意味した。

いま一つは、政治権力が及んでいて、その支配下にある地域、という意味で《国》が用いられる。「天皇のしきます国」といった表現がそれである。

たしかに、右のような規定は正しいといえるのであるが、微妙な点で不満が残るということも否めない。古代においては、《国》という言葉は、いま少し違ったニュアンスをともなっていたのではないだろうか。この点について具体的な事例を挙げながら検討してみよう。《国》という語は、語源的にみると、垣根《かきね》を意味する《杭根《くね》》と関係をもっていて、垣根に囲まれた内側の領域を指す言葉であったらしい。

『出雲国風土記《いずものくにふどき》』大原郡《おおはらのこおり》木次《すき》の郷《さと》の条に、

「天の下造らしし大神の命、詔《の》りたまひしく、『八十神《やそがみ》は青垣山《あおがきやま》の裏に置かじ』と詔りたまひて、追ひ廃《はら》ひたまふ時に、此処《ここ》に迨次《きす》きましき。故《かれ》、来次《きすき》といふ」とある。

すなわち、垣根にたとえられた、青山に囲まれたその内側が、天の下造らしし大神つまり大国主命の占有する《国》であるということが、この記事に書かれているわけである。したがって、垣根の内側＝《国》という観念がよく示されている事例といえるであろう。

こうした《国》の占有・支配者を一般に「国主」と呼んだ。大己貴《おおなむち》、葦原醜男《あしはらのしこお》、等々、数多くの名前をもつ大国主命《おおくにぬしのみこと》の名前は、それゆえ、大いなる国主という賛辞《さんじ》が固有名詞化したものと考えられる。[5]

右の事例では、大国主命が兄弟神である八十神を追い払って国を奪い取る、というやり方で《国》を占有しているが、それでは、《国》という土地概念はどのようにして形成されるのであろうか。すなわち、《国》以前の状態の土地と《国》の状態の土地の認識・識別はどこにあるのだろうか。

これを考える手がかりとなる事例が、『播磨国風土記《はりまのくにふどき》』讃容郡邑宝《さよのこほりおほ》の条の記事である。

弥麻都比古命《みまつひこのみこと》、井《い》を治《は》りて、粮《かれい》したまひて、即ち云《の》りたまひしく、「吾《あ》は多くの国を占めつ」とのりたまひき。故、大を滄《お》の村といふ。井を治りたまひし処は、御井《みい》の村と号《なづ》く。

この記事に従うならば、「国占め」という営為《えいい》は、井戸を掘り開き、その水を利用して田畑を作る、という具体的な作業と結びついて思考されていたようである。未開墾《みかいこん》の状態の土地を開墾し耕作することが、《国》作りなのであった。つまり、荒地にクワを入れたとき、《国》が発生するのだといえるであろう。

認識論的観点から見るならば、人間の分類的思考がまだ分類の手を加えていない、自然のままの土地に対して最初に加えられる分類化が、《国》という概念の適用なのである。したがって、《国》の認識は、《自然》から《文化》への移行を示す知的活動ともなっている。

この場合の《国》は、垣根の意味に近く、白紙の状態にある土地に境目を示す線をつける、といった意味合いが強い。それゆえ、境目のこちら側と向こう側の二つに土地が分割され、その双方に、占有者は異なるにせよ、《国》が生じる可能性を含んでいるわけである。たとえば、『播磨国風土記』託賀《たか》郡法太《ほうだ》の里の条に、次のような話が記されている。

法太《ほうだ》と号《なづ》くる所以《ゆえ》は、讃伎日子《さぬきひこ》と建石命《たけいわのみこと》と相闘《あいたたか》ひし時、讃伎日子、負けて逃去《に》ぐるに、手以《ても》て匐《は》ひ去《い》にき。故、匐田《はうだ》といふ。甕坂《みかさか》は、讃伎日子、逃去《に》ぐる時、建石命、此の坂に遂《やら》ひて、いひしく、「今より以後は、更、此の界に入ること得じ」といひて、即ち、御冠《みかげ》を此の坂に置きき。一家いへらく、昔、丹波《たには》と播磨と、国を境ひし時、大甕《おおみか》を此の上に掘り埋めて、国の境と為しき。故、甕坂といふ。

讃伎日子と建石命の争いについては、同郡都太岐《つたき》の条にそのいきさつが書かれている。昔、讃伎日子が氷水刀売《ひがみのとめ》に求婚したが、刀売は、これを拒んだ。だが、讃伎日子はなお強引に求婚した。これに怒った刀売は、建石命に援助を求めて、讃伎日子と建石命の軍勢が相闘い、その結果、讃伎日子が負けて逃げた、というのである。

したがって、この事例では、そのとき敗走した讃伎日子に対して、氷水刀売を助けた建石命が、《国》の境を確定するために、御冠を占有標識のしるし・国境のしるしとして坂に置いたことが語られているわけである。すなわち、大国主が八十神を青垣《あおがき》山の外に追い払った事例と同様の話であって、要するに、境のしるしの内側と外側に、異なる支配者を冠する《国》が存在することになる。境の内側の人々にとっては、外側の《国》は悪のイメージによって思考される。その《国》は、荒ぶる神々の住む世界なのであった。

一例を挙げると、天孫降臨《てんそんこうりん》・国譲り以前の葦原中国《あしはらのなかつくに》は、高天原《たかまのはら》から見れば、「道速振《ちはやぶ》る荒振《あらぶ》る国つ神等」が数多く住む好ましくない《国》であるとされている。さらに一例を示すと、天皇の統治下に入らない別の勢力を、「土蜘蛛《つちぐも》」と呼んで賤視《せんし》している。『肥前国《ひぜんのくに》風土記』には、この土蜘蛛誅殺《ちゅうさつ》・平定の記事が多数みられる。

たとえば、次の記述もその一例である。

天皇《すめらみこと》、宇佐の浜の行宮《かりみや》に在《いま》して、神代直《かみしろのあたい》に詔《の》りたまひしく、「朕《あれ》、諸国《くにぐに》を歴巡《へめぐ》りて、既《すで》に平《ことむ》け治《おさ》むるに至れり。未《いま》だ朕《あ》が治《ことむけ》を被《かがふ》らざる異《け》しき徒《ともがら》ありや」とのりたまひき。神代直、奏《もう》ししく、「彼《そ》の烟《けぶり》の起《た》てる村は、猶、治《ことむけ》を被らず」とまをしき。即て、直に勅《おお》せて、此の村に遣りたまふに、土蜘蛛あり、名を浮穴沫《うきあなわ》媛《ひめ》といひき。皇命《おおみこと》に捍《さか》ひて、甚《いた》く礼《いや》なければ、即《やが》て誅《つみな》ひき（彼杵郡《そのきのこおり》　浮穴《うきあな》の郷《さと》）。

このように、《国》という概念は、境界という観念を中核とした、一定の領域の土地の支配権・占有権と深く結びついた概念であった。また、《国》の内側には、それぞれ村があり、里があり、川や山があるのであって、とりわけ、村は《国》を作る人々が住む場所として《国》の中心部を成していた。

比較神話学者の吉田敦彦《よしだあつひこ》は、

「古典に見られる用例の中にはたしかに、クニが狭義においては人間の文化的営為、殊《こと》に農作によって馴服《じゅんぷく》された土地を、周囲の野生的世界から区別して言う語であったことを示唆する」[6]と説いている。つまり《国》＝《文化》、《国》でない土地＝《自然》、というように把握しているのである。

だが、右で挙げた諸事例から考えると、《国》＝《文化》のような固定的な関係を有しているとは思われない。何度も繰り返すようであるが、《国》という概念は、認識論的レベルにおける白紙の状態にある土地に対する最初の分類のための概念なのであって、その内部において、山とか川とかの「荒ぶる神」＝《自然》、里や村の神や人間＝《文化》という対立を検出することも可能であるし、自分の属している《国》を《文化》とし、その国を脅《おびや》かす異族（たとえば、土蜘蛛）の住む《国》を《自然》ととらえることもできるのだ。

構造主義者たちが分析概念として用いる《自然》と《文化》の対立的概念には、インフォーマントを中心とした、あるいは彼を含む社会を中心とした価値認識が作用している。

彼らにとってプラスの意味をもつものが《文化》、マイナスの意味をもつものは《自然》として分類されるのであるが、古代人の思考のなかで《国》がそうした観点からとらえられていた概念とはいえそうにない。(7)

占有標示としての杖

国をめぐる占有儀礼には、多種多様の儀礼があるが、ここではいちおう、(1) 神々による最初の土地占有、(2) 神々の儀礼的競争などによる土地占有、(3) 支配者による国見・巡行儀礼という形をとった占有の儀礼、(4) 先住勢力を征服することによる土地占有、等々に視点を合わせて議論することにしたい。

ところで、(1)と(2)の儀礼は神々による行為となっており、すでに、風土記の記述の時代においても、はるか昔の〈古代〉の出来事と考えられていた。(3)は神による場合と人間による場合とがあり、これに対して(4)の方は、天皇を中心人物とする支配者の国占め伝承であって、時間的には風土記が記述された時代に近い。それゆえ、儀礼的行為の内容もだいぶ異なっている。

さて、神々による最初の土地占有儀礼の事例にはどのようなものがあるだろうか。『播《はり》磨国風土記《まのくにふどき》』揖保《いいぼ》郡林田《はやしだ》の里の条に、次のような記述がある。

談奈志《いわなし》と称ふ所以《ゆえ》は、伊和の大神、国占めましし時、御志《みしるし》を此処《ここ》に植《た》てたまふに、遂に楡《いわなし》の樹生ひき。故、名を談奈志と称ふ。

すなわち、伊和の大神が国土占有を行なったとき、その土地を占有したしるしとして、イワナシの木の棒を立てた。すると、それが根づいて樹となった。そのためこの木の名をとって地名とした、というのである。

同様の事例として挙げられるのは、『出雲国風土記《いずものくに》』冒頭の、よく知られている八束水《やつかみず》臣津野命《おみつののみこと》による「国引き」の神話である。この神は、出雲の国を作るための国引きを終えた後、国土に杖を立ててその活動を停止する。

「今は、国は引き訖《お》へつ」と詔りたまひて、意宇《おう》の社《もり》に御杖《みつえ》を衝《つ》き立てて、「おゑ」と詔《の》りたまひき。

まだ誰も占めていない土地を占有する場合、その占有標識として《杖》を立てるということが、当時の人々には一般化されていたのであろう。次に掲げる事例も、それを如実《にょじつ》に物語っている。

天日槍命《あめのひぼこのみこと》が韓国から渡ってきて、宇頭《うず》川の川下で葦原志挙乎命《あしはらのしこおのみこと》に、「あなたは国主である。私の宿る所が欲しい」と求めたので、葦原志挙乎命が海中を許し与えた。すると、天日槍命は剣で海水をかきまわしてそこに宿った。葦原志挙乎命は客の神の神《しん》威《い》の盛んなのを畏《おそ》れて、先に国を占《し》めてしまわねばならないと思い、急いで国占めに出た。

そして、彼による国占めの様子を、『播磨国風土記』は次のように記している。

巡り上りて、粒丘《いいぼおか》に到りて、湌《いいお》したまひき。ここに口より粒《いいぼ》落ちき。故、粒丘と号く。其の丘の小石、皆能く粒に似たり、又、杖を以ちて地《つち》に刺したまふに、即ち杖の処より寒泉《しみづ》湧き出でて、遂に南と北とに通じき。（揖保郡揖保の里）

これらの事例が語り示すように、神々による国占めにおいては、占有標示の道具として杖を用い、それを大地に刺し立てることが国土占有のしるしであったらしい。大地に杖を立てた瞬間に、その地点を中心とする一定の領域をもった《国》が発生し、また所有者が決定するのである。

さらに注目すべきは、杖の呪力《じゆりよく》である。神のたずさえる杖は、占有のしるしとなるとともに、井戸すなわち水脈を探知する呪杖でもあったと推測できる。[8] これは国土占有が具体的には田畑を耕して農作物を得るという活動と不可分《ふかぶん》の関係を有していたことによっている。つまり、国占めにおいては、水の管理が不可欠な条件であったのだ。それゆえにこそ、国占め⟷占有標示の杖⟷泉の発生⟷農耕という要素が、相互に関連し合って、古代の神話的記述のなかに刻み込まれているのである。

ところで、占有標示の《杖》に代わって、《社《やしろ》》が建てられる、といった伝承も見られる。

八束水臣津野命《やつかみずおみつののみこと》による国引き・国占めの事例では、杖を立てるとともに社も建てられているが、以下で示す事例は、杖が社《やしろ》（宮《みや》）に置き換えられたものと思われる。すなわち、『出雲国風土記』秋鹿《あいか》郡恵暴《えとも》の郷の条には、

「須作能乎命《すさのおのみこと》の御子、磐坂日子命《いわさかひこのみこと》、国巡り行《い》でましし時、此処に至りまして、詔りたまひしく、『此処は国稚《わか》く美好《うるわ》しかり。国形、画鞆《えとも》の如きかも。吾《あ》が宮は是処《ここ》に造らむ』とのりたまひき。故、恵伴といふ」とあり、同じく多太《ただ》の郷の条には、

「須作能乎命の御子、衝桙等乎与留比古命《つきほことおよるひこのみこと》、国巡り行《い》でましし時、此処に至りまして、詔りたまひしく、『吾が御心は、照明《あか》く正真《ただ》しく成りぬ。吾は此処に静まり坐《ま》さむ』と詔りたまひて、静まり坐しき。故、多太といふ」とある。

杖が社に置換《ちかん》されることによって、これらの伝承は、神社の縁起譚になっているわけで

あるが、杖が神の依代《よりしろ》ないしは分身的機能を賦与《ふよ》されていると考えれば、社もまた神の鎮《ちん》座《ざ》する地点を恒久的に示すための建物として、一種の神の依代といえる。別の見方をするならば、神が国占めのしるしとして杖を立てた地点に社が建立されたのである。つまり、《社》は最初の国土占有者の霊が祭られている聖なる場所であり、《国》の中心、始源の時空を構成しているところだといえよう。

神々の争い

『播磨国風土記』宍禾《しさは》郡奪谷《うばいだに》の条に、「葦原志許乎命《あしはらのしこおのみこと》と天日槍 命《あまのひぼこのみこと》と二はしらの神、此《こ》の谷を相奪《あいうば》ひたまひき。故、奪谷といふ」との記事がある。

同じく神前《かむざき》郡糠岡《ぬかおか》の条にも、「伊和《いわ》の大神と天日桙 命《あまのひぼこのみこと》と二はしらの神、各《おのもおのも》軍《いくさ》を発《おこ》して相戦ひましき。その時、大神の軍《いくさ》、集ひて稲舂《いねつ》きき。其の糠《ぬか》聚《あつま》りて丘《おか》と為《な》る」とあり、国土占有のために神々が武力衝突を繰り返していたことがわかる。葦原志許乎命と伊和の大神とは同一の神と考えられている。

こうした国占《くにし》めをめぐる神々の争いの神話は、通常、次のごとく解釈されている。すなわち、異なった政治権力のもとに統轄されている集団間の国土領有・支配をめぐる争いの投影化された神話、というように解釈する。したがって、右の事例は、伊和の大神を始祖神とする土着系の勢力と天日槍命を始祖神としていだく外来系の勢力との武力衝突の事件が、神話・伝説化したものと理解されることになる。

事実、「八千軍《やちぐさ》という所以《ゆえん》は、天日桙命、軍《いくさ》、八千《やち》ひとありき。故、八千軍野《やちぐさの》といふ」(『播磨国風土記』託賀《たか》郡)という記述などをみると、かなりの軍勢が天日桙命の名のもとに活動していたらしい[9]。

しかしながら、同じ葦原志許乎命と天日槍命との国占め争いの伝承でありながら、次に掲げる事例は、武力衝突とは若干趣きを異にしているようである。

> 御形《みかた》と号くる所以は、葦原志許乎命、天日槍命と、黒土《くろつち》の志爾嵩《しにだけ》に到りまし、各《おのもおのも》、黒葛《つづら》三《み》条《かた》を以《も》ちて、足に着けて投げたまひき。その時、葦原志許乎命の黒葛は、一条は但馬《たじま》の気多《けた》の郡に落ち、一条は夜夫《やぶ》の郡に落ち、一条は此の村に落ちき。故、三条といふ。天日槍命の黒葛は、皆、但馬の国に落ちき。故、但馬の伊都志《いづし》の地を占めて在《いま》しき。一《ある》ひといへらく、大神、形見《かたみ》と為《し》て、御杖《みつえ》を此の村に植《た》てたまひき。故、御《み》形《かた》といふ。(『播磨国風土記』宍禾郡御方の里)

この事例は、異なる二勢力の国占め争いの伝承化というだけでは済《す》まない興味深い神々の行為である。

当時の社会において、武力による国占めと並んで、こうした呪術的な行為によって、競争者が自分たちの占有すべき国の分配を決めていたのであろうか。それとも、右のような神話は、現実には武力の行使によって決定した国占めを、儀礼化した形で伝承したものなのであろうか。いずれであるにせよ、伊和の大神が自分の占有することになった地に、占有標示の杖を立てていることから判断すると、こうした内容の国占め儀礼が何らかの形で伝えられていたと想像される。

神々の競争による国占めの神話として、次のような奇妙な内容の記事も残されている。

讃容《さよ》といふ所以は、大神妹妋《いもせ》二柱、各、競ひて国占めましし時、妹玉津《いもたまつ》日女命《ひめのみこと》、生ける鹿を捕《と》り臥《ふ》せて、其《そ》の腹を割《さ》きて、其の血に稲種《ま》きき。仍《よ》りて、一夜《ひとよ》の間《ほど》に、苗《なえ》生《お》ひき。即《すなわ》ち取りて殖ゑしめたまひき。爾《ここ》に、大神、勅《の》りたまひしく、「汝妹《なにも》は、五《さ》月夜《よ》に殖ゑつるかも」とのりたまひて、即《やが》て他処《あだしところ》に去りたまひき。故、五《さ》月夜《よ》の郡と号《なづ》け、神を賛用都《さよつ》比売命《ひめのみこと》と名づく。今も讃容の町田《まちだ》あり。即ち、鹿を放ちし山を鹿《か》庭山《にわやま》と号く。(『播磨国風土記』讃容の郡)

この説話は、国の成立が農耕を基盤にしているという思想の延長上にあるといえる。稲が成長していることによって、その土地を早くから占有していたことが、他の人にもよくわかるわけである。この場合、玉津日女命は、鹿の生血を苗代にして一夜で苗を作りあげる、という呪術を行なって伊和の大神を欺《あざむ》き、首尾《しゅび》よく国占めに成功している。この儀礼は、まるで古代ギリシャの儀礼《アドニスの園》を想わせる、呪術的色彩の濃い儀礼である。右の事例では国占め争いに用いられているが、内容からすれば、本来は、稲の生長を願う予祝《よしゅく》的な農耕儀礼なのであろう。

同様の儀礼が、賀毛《かも》郡雲潤《うるみ》の里の条に記されている。そこでは、その村に鎮座されている水神が、山一つ隔てた所にある法太《ほうだ》の里を流れる川を雲潤の里まで流そう、との丹津日《につひ》子《こ》の神の申し出を拒絶する。そのときの返答が、「吾は宍《しし》の血を以《も》ちて佃《たつく》る。故、河の水を欲《ほ》りせず」という内容なのであった。獣の生血《いきち》は、水よりも農作物の生長に効果がある、との信仰が根底に流れていると想像される。

巡行と異族征服

風土記には、神や天皇をはじめとする国の支配者たちが、国を巡り歩きまた国見をする記事が多い。こうした行動を、国占めと深く結びついている一種の占有儀礼とみなすことが可能である。

ひと口に、巡行《じゅんこう》・国見・国讃めといっても、風土記によって、それを行なう主体や内容は、かなり異なっている。たとえば、『出雲国風土記』では、その主体はすべて出雲の祖《そ》神《しん》であり、天皇を主体とする説話をほとんど見いだすことができないのに対し、『常陸国《ひたちのくに》風土記』や『豊後国《ぶんごのくに》風土記』など、辺境の地の『風土記』では、逆に天皇が主体となっている。『播磨国風土記』は、地方の祖神と天皇とが相半ばしており、国々の政治的現実が反映していることをうかがわせる。

こういった主体の相違は、さらに内容にも影響しており、地方の祖神の場合には、国占め・国作りが農耕と関係させて語られることが多いのに対し、天皇の場合はむしろ生産物の支配や管理あるいは異族平定と関連させて語られる。

まず、神々の巡行・国見の事例を二、三紹介すると、

「布都努志命《ふつぬしのみこと》の国廻りましし時、此処に来まして詔りたまひしく、『是《こ》の土《くに》は、止まなくに見まく欲し』と詔りたまひき。故、山国といふ。即ち正倉あり」(『出雲国風土記』意宇《おう》郡)。

また、「神須佐能袁命《かむすさのおのみこと》、詔りたまひしく、『此の国は小さき国なれども、国処なり。故、我《あ》が御名《みな》は石木《いわき》には著《つ》けじ』と詔りたまひて、即《すなわ》ち、己《おの》が命の御魂《みたま》を鎮《しず》め置き給ひき。然《しか》して即ち、大須佐田《おおすさだ》・小須佐田を定め給ひき。故、須佐といふ。即ち正倉《みやけ》あり」(『出雲国風土記』飯石《いいし》郡須佐《すさ》の郷)といった記述も、祖神の巡行・国占めを語っている。そして、これらの説話は、国占めの際に神が占有標示の杖や社を建て、さらには農耕を行なう説話と重複している。

この説話に対応するような儀礼、すなわち、国の支配者たちが各自、自分の支配する国を祖神たちと同様にして定期的に巡行していたらしいことは、これまでの研究によっておよそ明らかにされている。たとえば、国文学者の土橋寛《つちはしゆたか》は次のように述べている。

古代文献に現われる天皇の国見《くにみ》は、一面では春の初めの予祝《よしゆく》行事としての性格を持ち、他面では支配者の儀礼として政治的な性格を帯びている。そのために地方行幸における臨時の行事としても国見が行なわれるが、これは民間の予祝行事としての国見が、天皇の行事として、歌垣《うたがき》から独立して行われるようになったことと共に、その性格が次第に政治的なものに変質して行ったことを物語っている。(10)

宗教哲学の堀一郎《ほりいちろう》も、天皇の巡行説話の根底には、古代の祖神たちの巡行説話があり、天皇の支配権が拡大した後にも、形式としては天皇巡行説話に古代的要素が継承《けいしょう》されている、と説いている。(11)

次に示す事例は、天皇の巡行・国見の説話であるが、意図的に神々のそれと一致するような説話を選んでみた。

昔者《むかし》、纏向《まきむく》の日代《ひしろ》の宮に御《あめのしたしろ》宇しめしし天皇《すめらみこと》、此《こ》の坂の上に登りて、国形《くにがた》を御覧《みそなわ》して、即ち勅《の》りたまひしく、「此の国の地形《かたち》は、鏡の面《おも》に似たるかも」とのりたまひき。因《よ》りて鏡坂といふ、斯《こ》れ其《そ》の縁《ことのもと》なり。（『豊後国風土記』日田《ひだ》郡鏡坂《かがみさか》）

天皇が巡行し、小高い所に登って国の形を見る。そのときの感想が地名の起源になるという、『風土記』のなかでは一般的な説話である。

ところで、天皇による国見や国讃めは、その巡行説話において中心的なものではない。すでに指摘《してき》したように、そうした説話の大部分が政治的な事件、つまり、国土平定、反抗勢力の制圧を語っている。たとえば、『肥前国風土記』松浦《まつら》郡大家嶋《おおやしま》の条に、「昔者、纒向の日代の宮に御宇《あめのしたしろ》しめしし天皇、巡り幸《いでま》しし時、此の村に土蜘蛛《つちぐも》あり、名を大身《おおみ》といひき、恒《つね》に皇命《おおみこと》に拒《さか》ひて、降服《まつろ》ひ肯《あ》へざりき。天皇、勅命《みことのり》して誅《つみな》ひ滅したまひき」とあるごとく、巡行と異族征服とが重なっている。というよりは、巡行の目的そのものが征服にあり、国見・国讃《くにほ》めは付随《ふずい》的なことになっているのである。

そこで、以下では、先住勢力を平定していく過程に現れてくる、「国占め」をめぐる儀礼的行為に目を向けることにしよう。

祭祀《さいし》の移行

征服という現象は、征服する勢力（＝新来勢力）と征服される勢力（＝先住・土着勢力）

から主として構成されている。したがって、そこに一種の占有儀礼が認められるとすれば、程度の差こそあれ、この両者によって執《と》り行なわれると考えられる。また、この儀礼を、征服者の側からみれば《征服儀礼》、被征服者の側から見れば《服属儀礼》と呼ぶことも可能である。

風土記の記述の視点は、天皇の側にあり、それゆえ、征服者の側に立っている。天皇の異族平定の方式には二つのタイプが認められる。一つは武力で攻め滅ぼすやり方であり、いま一つは降服・帰順《きじゆん》したものを自分の支配下に組み入れるやり方である。たとえば、次のような事例は後者のやり方を示している。

昔者、纏向の日代の宮に御宇しめしし天皇、行幸《いでま》しし時、此の里に土蜘蛛《つちぐも》三人ありき。兄の名は大白《おおしろ》、次の名は中白《なかしろ》、弟の名は少《お》白《しろ》なり、此の人等、堡《おき》を造りて隠り居て、降服《まつろ》ひ肯へざりき。その時、陪従《おもとびと》、紀直等《きのあたいら》が祖稚日子《おやわかひこ》を遣《や》りて、誅《つみな》ひ滅《ほろぼ》さしめたまはむとしき。ここに、大白等三人、但《ただ》、叩頭《のみ》て、己《おの》が罪過《つみ》を陳《の》べ、共に更《また》生きむことを乞《こ》ひき。（『肥前国風土記』藤津《ふじつ》郡能美《のみ》の郷）

同じく、松浦《まつら》郡値嘉《ちか》の郷の条には、同様のさらに詳しい説話が記されている。要約すると、天皇が巡幸《じゆんこう》されて志《し》式島《しきしま》の行宮《かりみや》においでになったとき、海のなかに島があり、煙がたくさんたなびいていた。阿曇連百足《あづみのむらじももたり》に命じて様子を探らせると、小近《おちか》という島には土蜘蛛の大耳《おおみみ》が、大近という島には垂耳《たりみみ》が住んでいた。そこで、百足は大耳らを捕えて天皇に奏聞《そうもん》した。天皇は勅《みことのり》して罪を問い殺させようとした。すると、大耳らは頭を地につけて、「私共の罪はまさに極刑《しぬるつみ》に当ります。しかしもし恩情を下し給わってまた生きることができますれば、御贄《みにえ》を造り奉《まつ》り、いつまでも御膳《みけ》にお供《そな》えいたしましょう」と述べ、すぐさま、木の皮を取って、長鮑《ながあわび》・鞭鮑《むち》・短鮑《みじか》・陰鮑《かげ》・羽割鮑《はわり》などの形をしたものを作って、天皇に献上した。そこで、天皇はおめぐみをたれて放免してやった。

このように、天皇は土着勢力を平定した際に、彼らに朝貢《ちょうこう》を義務づけることによって両者の支配―被支配の関係を明確化させた。そして隼人《はやと》族などに典型的に示されているように、朝貢が服属儀礼として定着してゆく。

ところで、天皇系の征服勢力と土蜘蛛の被征服勢力の抗争説話と同じ内容をもちながらも、表現がより神話・伝説化して、天皇が巡行したとき、その土地の荒ぶる神を和らげる、といった内容の説話も多い。たとえば、

「昔者、此の郡に荒ぶる神ありて、往来《ゆきき》の人多《さは》に殺害されき《ころ》。纏向の日代の宮に御宇しめしし天皇、巡《めぐり》狩《みそなわ》しし時、此の神和平《やわら》ぎき。爾《それ》より以来、更《また》、殃《わざはい》あることなし」(『肥前国風土記』神埼《かむざき》の郡)などは、その一例である。

ここで《荒ぶる神》と呼ばれている神は、これまで例示してきた土蜘蛛誅伐《ちゅうばつ》説話のな

かにおける《土蜘蛛》と同じ構造的位置および機能を与えられている。さらに《荒ぶる神》とは《土蜘蛛》が祭っていた神と考えることもできる。したがって、《荒ぶる神》を和らげるとは《土蜘蛛》を平定することを意味する。

『肥前国風土記』佐嘉《さか》の郡の条に、次のような伝承が記されている。これは、荒ぶる神と土蜘蛛との関係を示していて興味深い。

郡の西に佐嘉川という川があり、その川上に、荒ぶる神がいた。そこで県主《あがたぬし》らの先祖の大荒田《おおあらた》という人が占問《うらど》いして神意をおうかがいした。そのとき、土蜘蛛の女で大山田女《おおやまだめ》と狭山田女《さやまだめ》という者がおり、この二人の女に神意が伝えられ、「下田の村の土を取って人形《ひとがた》・馬形《うまがた》を作り、この神をお祭りすれば、必ず和ぎなさるでしょう」と申し上げた。そこで大荒田はその言葉のままにこの神を祭ったところ、神はこの祭りを受納してついに和んだ。

この説話を分析すると、この土地の支配者である大荒田は、土着者ではなく新来の勢力の族長であると推測される。これに対して、土着勢力すなわち土蜘蛛と呼ばれる被征服勢力が存在している。大山田女と狭山田女は土蜘蛛勢力の巫女《ふじょ》的存在であり、族長かもしれない。《荒ぶる神》は土蜘蛛が祭る土着の神であって、それゆえに神意をこの女に伝えたのであろう。この神が荒ぶることによって、被害を蒙《こうむ》っているのは、新来の征服勢力大荒田の側であると考えられる。《荒ぶる神》は、土蜘蛛系勢力の一部が新来勢力に帰順《きじゅん》することを拒み、なお抵抗していることを物語っているとも受けとれる。あるいはまた、土蜘蛛が新来勢力に敗北して祭祀《さいし》能力を失ったので、土蜘蛛の祭祀していた神が、新たな祭り手を求めている、とも解釈できる。

そのいずれであるにせよ、この説話で問題となっているのは、祭祀権が土蜘蛛から大荒田へと移行した、ということである。すなわち、祭祀者となることが支配者となることであり、《荒ぶる神》と《土蜘蛛》とが同一視されるとすれば、本来は土着の神の祭り手であった土蜘蛛も、新勢力からすれば、荒ぶる神と並んで祭り上げるべき対象に転化してしまうのである。

『常陸国《ひたちのくに》風土記』行方郡《なめかた》に、こうした祭る者と祭られる者との関係が、土地の占有をめぐって次のように記されている。

「古老のいへらく、石村《いわれ》の玉穂《たまほ》の宮に大八洲馭《しろ》しめしし天皇のみ世、人あり。箭括《やはず》の氏の麻多智《またち》、郡より西の谷の葦原《あしはら》を截《きりはら》ひ、墾闢《ひら》きて新《あらた》に田《た》に治《は》りき。此の時、夜刀《やつ》の神、相群れ引率《ひきい》て、悉尽《ことごと》に到来《き》たり、左右《かにかく》に防障《さ》へて、耕佃《たつく》らしむることなし」

これを、これまでの解釈の仕方で読み解くと、新来勢力である麻多智の郎党《ろうとう》が、葦原を開墾して農耕を始め、いわゆる国作りにとりかかった。ところが、これに対して、この辺りに住む土着勢力が反抗し、麻多智の事業の妨害を行なうので、国作りは思うようにならない。

夜刀の神は、谷の神の意と考えられており、この谷の土着勢力の祭る神、と解釈ができる。この神が水神であり、荒ぶる神であったことは、次の記事でわかる。

「俗《くにひと》いはく、蛇《へみ》を謂《い》ひて夜刀《やつ》の神と為す。其《そ》の形は、蛇の身にして頭に角あり。率引《ひきい》て難《わざわい》を免《まぬが》るる時、見る人あらば、家門《いえかど》を破滅《ほろぼ》し、子孫《うみのこ》継がず。凡て、此の郡の側《かたわら》の郊原《のはら》に甚多《いとさわ》に住めり」。

このように、きわめて神怪《しんかい》な神と語られていることから考えると、村人たちの間に伝承されてゆく過程でかなりの神話化がなされたと思われる。この夜刀の神の妨害に怒った麻多智は、武力でこれを追い払ってしまう。

是に、麻多智、大きに怒の情を起こし、甲鎧《よろい》を着被《つ》けて、自身《みずから》仗《ほこ》を執り、打殺し駈《お》逐《や》らひき。乃ち、山口に至り、標《しるし》の梲《つえ》を堺の堀に置《た》て、夜刀の神に告げていひしく、「此より上は神の地《ところ》と為すことを聴《ゆる》さむ。此より下《しも》は人の田と作《な》すべし。今より後、吾、神の祝《はふり》と為りて、永代《とこしえ》に敬《いやま》ひ祭らむ。冀《ねが》はくは、な祟《たた》りそ、な恨《うら》みそ」といひて、社を設けて、初めて祭りき、といへり。

すなわち、夜刀の神を退治し、その生き残った者を山に追い上げて、神の地と人間の地とに区別する占有標示の杖を建て、さらに敵対する神のための社を立てて祭り上げる、というこのモティーフは、これまでの考察によって抽出してきた占有儀礼に関する主要なモティーフであり、したがって、「国占め」の一つの典型例としてとらえてよいであろう。[12]

要するに、征服者の側にとって、真に征服した国を支配するには、武力による支配とともに祭祀による支配をも果たし切らねばならなかったのである。すなわち、先住勢力との間に確立される征服↔服属の儀礼と並んで、征服者＝祭る者↔荒ぶる神＝祭られる者、との間に確立される宗教的関係を示す儀礼が存在し、そのいずれも、いわゆる《国》の領有・支配権に深くかかわった《占有儀礼》の一種といえるわけである。

史実の伝説化・儀礼的表現化

さて、これまでの考察によって、《占有儀礼》と想定できるいくつかの神話・儀礼的行為のモティーフを、風土記の記事から抽出してみたわけであるが、以下ではその結果を踏まえて、『古事記』および『日本書紀』に記述されている「国譲《くにゆず》り」の神話を《占有儀礼》として分析してみたいと思う。

周知《しゅうち》のごとく、国譲り神話は、「道《ち》速振《はやぶ》る荒振《あらぶ》る国つ神等《ども》の多在《さわにあり》と以為《おも》ほす」葦原の中つ国を平定し、天の御子によって統治しようとする高天原の神々の意図を発端《ほったん》としている。天つ神の国つ神に対する「国譲り」の交渉は三回にわたっており、三回目の使者として下った建御雷神《たけみかずちのかみ》と天鳥船神《あまのとりふねのかみ》（記）、もしくは経津主神と武甕槌神（紀）に至ってようやく交渉が成立する。交渉の様子は大略次のごとくであった。

紀と記では、前者の方が簡単な記述になっているので、まずそれを示そう。(13)

天からの使者二神が、出雲国《いずものくに》五十田狭《いたさ》の小浜《おはま》に天降《あまくだ》り、十握剣《とつかつるぎ》を抜き、逆さに地に立てて、その先に坐り、大己貴神《おおなむちのかみ》に、「高皇産霊尊《たかみむすびのかみ》が、皇孫をこの地に天降りさせて統治させたいと申しておられるが、お前はどう思うか」とたずねた。大己貴神は、「私の子に聞いてみてからお答えします」と、三穂《みほ》の崎に出かけていた子の事代主神《ことしろぬしのかみ》のもとに使者を送った。事代主神の返事は、「私も隠れ去りますので、父上もどうか天つ神の勅にしたがって隠れ去って下さい」というものであった。そして事代主は、八重青紫垣《やえあおふしがき》を海のなかに作って、そのなかに隠れ去った。大己貴神は、子の言葉を二神に告げ、「私の子はすでに隠れた。私も隠れ去ります。もし私が抵抗すれば国内の諸神もそうするでしょうが、私が隠れ去れば、だれも天孫に反抗する者はないでしょう」といって、大己貴神が、国を平定したときに杖とした広矛を、二神に渡し、「私はこの矛《ほこ》によって国を治めるに至りました。天孫《てんそん》もこの矛で国を治めれば必ず平定するでしょう」と言い残して、隠れ去った。

これに対し、記の記述には、大己貴神（大国主神）の子として、事代主神のほかに、建《たけ》御名《みな》方《かた》神がいるとされている。この神は国譲りに反対の意志を表明し、力競《くら》べによって決定しようと主張した。その結果、彼は敗れて信濃《しなの》の諏訪《すわ》湖まで逃亡してしまう。また、紀では、大己貴神が王杖ともいうべき広矛《ひろほこ》を移譲することによって、国譲りを行なうのであるが、記にはこのようなモティーフはなく、それに代わって、大国主神が「私の住居として天の御子が帝位にお登りなるときのような壮大な御殿を、大盤石《だいばんじやく》に柱を太く立て大空に棟木《むなぎ》を高くあげて作って下されば、私はこの国を仰《おお》せの通り献上して隠れ去りましょう」と述べ、多芸志《たぎし》の小浜に御殿つまり社を造って隠れる、というように記されている。

この国譲り神話に関して、これまでに多くの研究者がそれぞれの立場からの示唆《しさ》深い分析を加えてきた。なかでも神話学者の松村武雄《まつむらたけお》による研究は、儀礼主義的立場から徹底的に考察を加えた優れた論稿である[14]。ここでの考察もこうした先学の成果にしたがうものであるが、その学史的検討や言及は紙面の都合で控えねばならない。

《占有儀礼》としてこの神話を分析する場合、まず念頭におかねばならないのは、征服—被征服が大己貴神において重複しているということである。すなわち、大己貴神は出雲国内の土着勢力を征服した大いなる国主=支配者である。この神は国の占有者であることを示す杖=広矛を所有している。この杖は、伊和《いわ》の大神や八束水臣津野命《やつかみずおみつののみこと》あるいは葦原《あしはらの》志挙乎命《しこおのみこと》の事例によって示された国占めのしるしである杖と一致する。

一方、天孫系の神からすれば、大国主神は出雲の国を支配している土着勢力であり、天孫系の神が「天皇」と重ね合わせて考えることができるとすれば、大国主神は「荒ぶる神」もしくは「土蜘蛛」に相当する。したがって、天孫系の神が征服者であり、大国主神は被征服者となる。これを象徴的に物語るのが、大国主神から天孫の二神への広矛の移譲であって、この結果、出雲国の占有者は天孫系の神になるわけである。

また、大国主神は、天孫系の神に社殿を建ててもらって、そこに鎮座《ちんざ》することになる。これは『出雲国風土記』意宇《おう》郡母理《もり》の条の、

「天の下造らしし大神、大穴持命《おおなもちのみこと》、越《こし》の八口《やくち》を平《ことむ》け賜《たま》ひて、還《かえ》りましし時、長江山《ながえやま》に来まして詔《の》りたまひしく、『我が造りまして、命《し》らす国は、皇御孫《すめみま》の命、平《たい》らけくみ世知らせと依《よ》さしまつらむ。但《ただ》、八雲《やくも》立つ出雲の国は、我《あ》が静まります国と、青垣《あおがき》山廻らし賜ひて、玉珍《たまお》置き賜ひて守《も》らむ』と詔りたまひき。故《かれ》、文理《もり》といふ」という記事と対応するものである。

また『常陸国《ひたちのくに》風土記』のなかから引いた、麻多智《またち》が、西の谷の葦原を占有するに際して、夜刀《やつ》の神を祭った記事や、大皇が荒ぶる土着の神を祭り上げて和ませたという多くの記事とも重なる伝承である。《青垣山》という言葉は、占有地域を示すとともに聖域たることをも語っており、《標《しめ》》からさらには《社《やしろ》》をまで意味していると解釈することができる。

建御雷神《たけみかずちのかみ》が十握剣《とつかつるぎ》を抜いて逆さに地に立て、その先に坐るという奇妙な行為については、これまでに十分な理解をもつまでに至っていない。おそらく、先住勢力を威嚇《いかく》するための

呪術の一種であったのだろう。『播磨国風土記』にみえる、天日槍命《あまのひぼこのみこと》が葦原志挙乎命に対して宿るべき地を求め、剣で海の水をかきまわして宿った、という伝承との関連性を推測することもできそうである。

建御雷神と建御名方神《たけみなかたのかみ》とが力競《ちからくら》べをして国を争うという伝承も、神々の国占め競争あるいは闘争との関連がうかがわれる。たとえば、建御雷神の建御名方神追跡・追放による国占めのモティーフは、建石命《たけいわ》が讃伎日子《さぬきひこ》を追跡し追放するモティーフと一致している。いずれもなんらかの史実の伝説化・儀礼的表現化であろう。

政治的立場の盛衰

以上のごとく、記紀神話のなかの「国譲り」の話も、その構成要素の多くが、『風土記』のなかに記されている占有儀礼的表現から成り立っていることが理解されたわけである。また、複雑な大国主の伝承も、占有儀礼の観点から再整理することにより、いっそう明《めい》瞭《りょう》になるであろう。

たとえば大己貴神→大国主神→大物主《おおものぬし》神という名称の変化は、地方的な土着神→出雲国の主神→天皇に祭祀《さいし》される荒ぶる神という変化と対応しており、それは同時に政治的立場の盛衰とも対応していることが、より深く理解できるようになるのである。

ここでは、『風土記』を素材にしつつ「国占め」や「国譲り」のいくつかのタイプをめぐって、検討を試みたわけであるが、今後はここで示された事例を『古事記』や『日本書紀』などにも広く求め、より一層細かな整理と分析を行なう必要があろう。とくに、比較神話学的考察や民俗学的考察による裏付けが強く要求されていると思われる。この小文は、そのためのいわば覚書にすぎない[15]。

注

(1)《占有儀礼》に言及していると考えられる先学の研究は多いが、本稿では紙面の制約からそれらをいちいち引用・吟味する余裕がなかった。多くの示唆を受けた論稿を二、三あげておく。松村武雄『日本神話の研究』(全四巻) 培風館。三品彰英『日本神話論』平凡社。石母田正『日本古代国家論』(第二部) 岩波書店。上田正昭編『風土記　日本古代文化の探求』社会思想社。小林行雄・池田弥三郎・角川源義編『神と神を祭る者』(『日本文学の歴史』1) 角川書店、等々。

(2)『風土記』の引用および主たる解釈は、『日本古典文学大系』岩波書店、によった。

(3) 土地の占有をめぐる儀礼と限定はしたものの、なお曖昧さは残る。たとえば、ここでは、《国》の支配・占有が中心的問題となっているが、大嘗祭のような天皇の即位儀礼も、見方を変えれば、国土支配と占有に関する儀礼として、占有儀礼と呼ぶことも可能である。

(4) 大野晋・佐竹昭広・前田金五郎編『岩波古語辞典』岩波書店。

(5) 大国主の名前とその職能について、「大国の主」または「土地の主」（大地の主宰者）とする説（大林太良など）と、「大なる国主」または「国の占有者のなかでも偉大なる者」とする説（松村武雄・石母田正など）の二説に分かれているが、ここでは後者の説にしたがう。大林太良『日本神話の構造』弘文堂、石母田正・前掲書を参照のこと。

(6) 吉田敦彦『日本神話と印欧神話』弘文堂。

(7) 《国》を自己中心的な視点から理解すると、下のような図式を描くことができるであろう。すなわち、中心には、その《国》が始まった地点を示す聖なる場所＝社が位置し（A）、その周囲に人々の住む集落＝村があり（B）、その外側に田畑などの開墾地が取り巻いている（C）。未開墾地は主として、山、原野、海（浜を含む）の三つからなり、田畑地の外側、《国》の最外縁部および国境となっている（D）。その彼方には、荒ぶる神や土蜘蛛などが住む別の《国》があると思考されるか、死後の世界（根の国）として理解される（E）。また、《国》の内側の山や原野にも荒ぶる神は住んでいる。

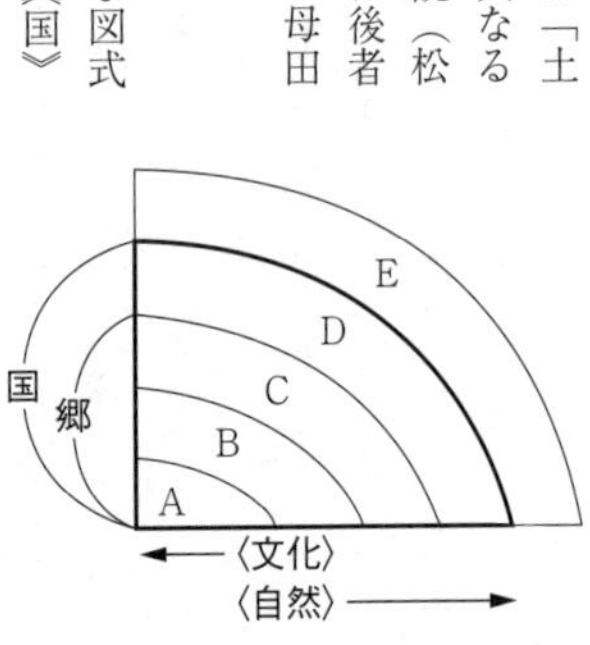

(8) 杖と湧水との関係については、乗岡憲正『古代伝承文学の研究』桜楓社、を参照のこと。

(9) 天日槍命については、神田秀夫「天之日矛」『日本神話』（日本文学研究資料叢書）有精堂、が参考になる。

(10) 土橋寛『古代歌謡と儀礼の研究』岩波書店。
(11) 堀一郎『我が国民間信仰史の研究』(伝説編) 東京創元社。
(12) 『播磨国風土記』揖保郡意此川《おしかわ》の条の記事は、同様の内容ではあるが、祭祀の様子が詳しく書かれているので注目に値する。
(13) 『古事記』『日本書紀』のテクストは、『日本古典文学大系』岩波書店、によった。
(14) 松村武雄・前掲書および『民俗学論考』大岡山書店、を参照のこと。
(15) 本稿は、『風土記』の記事のなかに見いだされる、土地占有をめぐる神々や支配者たちのパターン化された行為を、儀礼的行為としてとらえ、その類型化を試みたものであって、そうした行為が、はたして儀礼として存在していたのかを示す根拠を十分に提示していない。今後、再びこの問題について論ずる機会を得たならば、比較神話学的検討や民俗学的資料との比較を試みるつもりである。

Ⅲ　筑土鈴寛の世界

筑土《つくど》鈴寛《れいかん》の民俗学——異端のフォークロア

脱領域的知性

筑土鈴寛を、はたして民俗学者と呼ぶことができるのだろうか。これは、私が抱え込んでいる問題のなかでも、もっとも難しいものの一つである(1)。

無数のそして無名の民衆たちが創りだした伝承類の研究を通じて、彼らの人生に対する考え方や喜怒哀楽の姿をすくい取り、さらには人間の思考様式や感情表現の仕方を探り出そうとする学的営みを指して「民俗学」であるとするならば、筑土鈴寛の学問を民俗学と呼ぶことに、それほど躊躇《ちゅうちょ》する必要はないはずである。

だが、現在のように民俗資料の蒐集《しゅうしゅう》にのみ専心《せんしん》し、その分析や理論化をほとんど試みようともしない人々の仕事が「民俗学」であるならば、彼はとても民俗学者の仲間には入れてもらえそうにない。民俗学的研究とは文字を知らない常民《じょうみん》の伝承を蒐集することを第一におく、とする鉄則を金科玉条《きんかぎょくじょう》のごとく守りつづけている人々にしてみれば、中世文学を専攻とし、民俗調査にもまともに従事したことのない彼を、どうして民俗学者としてとら

筑土鈴寛（昭和７年撮影、焼失前の寛永寺子院・東漸院の庭にて、長女みどりと。）

えることができるのか、まったく理解に苦しむことであるにちがいない。そして実際、筑土鈴寛は死後にこれまで一度たりとも民俗学者によって評価されたことはなかったのである。(2)

しかしながら、筑土鈴寛は柳田国男《やなぎたくにお》や折口信夫《おりくちしのぶ》にも迫りうる優れた民俗学的素質を身に備えた学者であった。というよりむしろ、彼は中世文学者とか民俗学者とかいった狭い枠に閉じ込めることのできない、イギリスの文学研究者G・スタイナー風に表現すれば、「脱領域《だつりょういき》的知性」の学者であったと評した方が妥当《だとう》のように思われる。

したがって、以下では、彼をいかなる点で民俗学者として評価することができるのか、ということに焦点《しょうてん》を絞りつつもまた、いわゆる民俗学の主流とは異なる彼の学問的世界の一端《いったん》を、私の未熟な知識でとうてい及ばない点の多いのは否めないのだが、簡単に検討してみようと思う。

筑土鈴寛の再評価は、おそらく、今や大きな転換期にさしかかっている日本民俗学の行《ゆく》方《え》を占う一つの重要な鍵《かぎ》を私たちに提供するはずである。

筑土鈴寛を民俗学者としてとらえるためには、民俗学的研究を二つの分野に、つまり民俗誌学と民俗学とに区分してみる必要がある。(3)

まず、民俗誌学とは、ある限定された地理的領域、たとえば一集落とか一村落、一地方の民俗や伝承を記述し分類する学問で、人類学でいうところの民族誌学に相当する。

これに対して、民俗学は、多くの地域から集められた民俗誌を比較検討し、心理学的あるいは歴史学的、社会学的、等々の方法によって分析することを通じて、資料に統一的な視点を与えようとする学問で、解釈ないし説明のための理論化が中心的課題となっている。民俗誌学は民俗学成立の前提であり、しかも、つねに民俗学から数多くのそして優れた民俗誌の提出を要求されているという難しい立場にあるにもかかわらず、どちらかといえば補助的な学問として位置づけられている。

そこで、優れた民俗誌学者が同時に優れた民俗学者であるのが理想的なわけだが、現実はそううまい具合《ぐあい》にはいかないらしく、ごく少数の学者を別にすれば、どちらか一方に偏《かたよ》ってしまうようである。

たとえば、早川孝太郎《はやかわこうたろう》は優秀な民俗誌学者であったが、それだからといって、それと同程度に優れた民俗学者であったとは言いがたい(4)。しかし、それによって彼の成し遂げた業績に対する評価が、一毫《いちごう》たりとも下がることはないということを忘れてはならない。

私たちがいま問題としているのは、民間伝承を文字を用いて記述する作業(＝民俗誌学的作業)と、それを前提としての、記述されたものの分析と説明・解釈の作業(＝民俗学的作業)との相違に関してである。私自身は、民俗誌の作製とは、一種の歴史叙述以外の何者でもないと考えている(5)。したがって、その記述の仕方には、民俗学的方法および理論が深く関係していると考えられるわけだが、そうした認識は、いまの民俗学にそれほどあるとはいえそうにない。

さて、民俗資料の保存・蒐集にばかり明け暮れている人々の民俗学とは、民俗誌学のことであって、私の意味する民俗学には彼らの大多数は含めることができない。柳田、折口の二巨匠のほかに数える程度の学者しか、いまのところ民俗学者として考えることができないのだが、私はその数少ない民俗学者の一人として筑土鈴寛の名前を想起するのである。彼は日本民俗学の草創《そうそう》期の人々のなかでも、もっとも遅く登場した一人であったが、南方《みなかた》熊楠《くまぐす》や中山太郎《なかやまたろう》などと並んで民俗学のなかに独自の位置を占めていると私は考えている。

ところで、民俗誌学と民俗学との差異は、すでに若干示唆《しさ》したように、たんなる操作上の問題に留まるものではなく、研究に携《たずさ》わる人々の主体性と深くかかわっており、ひいては民俗学の存立を左右することにもなる可能性をはらんだ重大な問題であると考えなければならない。民俗誌学者によって集められた資（史）料は、いうなれば文化の断片《だんぺん》であり、また断片の断片にすぎない。とりわけ現在の民俗学が近代以前の文化的残存としての民間伝承を集めることに主眼をおいている以上、その部分的・断片的性格は強い。そしてそれだけ民俗学の理論や仮説《かせつ》の妥当《だとう》性についての不安も大きいわけである。

しかも民俗学は日一日とその研究対象を失いつつある。こうした実状を考え合わせてみてもわかるように、民俗学は新しい道を探し出さねばならないところにきており、その一つの方向の先駆《せんく》者として筑土鈴寛の学問を考えてみようと思うわけである。

折口学の流れ

民俗学は、ある意味で部分から全体を構築しようと試みている学問であると思われる。民俗誌的諸断片を寄せ集めて、それから、時間的であるにせよ、空間的であるにせよ、一つの全体を復元しようとする民俗学的営みは、土器の破片を集めて全体を復元しようとする考古学的営みにも似ている。そこで、私たちは民俗学を、伝承の考古学と呼ぶこともできるかもしれない。

だが、この考古学は物質の考古学とは違い、限られた断片から見えない全体を想起する特殊な能力ないし直観が必要とされている。部分をいくら多く集めたところで、それはあくまで部分なのであって全体には至らない。この、部分から全体への直観による飛躍《ひやく》のなかに、民俗誌学者と民俗学者との決定的な相違がある。こうした考え方をもっとも強く抱いていた民俗学者の代表が、折口信夫であった。

益田《ますだ》勝実《かつみ》は、折口信夫に触れた一文のなかで次のように述べている。

「部分によって全体を構築することはできない。全体の具体的直観が部分を呼びよせるのである。折口的直観は、その全体性・具体的性格を創出する力として民俗学に大きく作用している。直観はいうまでもなく主体の直観であり、民俗学が民族の主体的学問として定立するには、研究者の主体を学問そのものへどう取り込んでいくかが、ほんとうは重大きわまることがらなのである(6)」。

折口信夫は、民俗誌的断片がいくら正確詳細に記述されたところで、それだけでは民俗の価値観のもっとも核的な部分をけっして解明することができないことを、またそれらがいくら研究室や図書館に集め積まれようとも、民俗（あるいは民族）のそして人間の文化的現実を理解したことにはならないことを十分なまでに知っていた。

彼は、部分から直観的に全体を想定する能力こそが、民俗学者に不可欠《ふかけつ》な資質なのだ、と信じていた。すなわち雑多《ざった》な民俗誌的断片を、あるものは同一のものとしてグループ化し、またあるものは異なったものとして区別することのできる能力こそが必要なのであった。

この考え方に全面的に賛成を表明するわけにはいかないが、少なくとも、折口民俗学は、この点において民俗誌学と決定的に区別されねばならないのである。折口自身、次のようにいう。

「比較研究は、事象《じしょう》・物品を一つ位置に据《す》ゑて、見比《みくら》べる事だけではない。其《その》幾種の事物の間の関係を、正しく通観《つうかん》する心の活動がなければならぬ。此《この》比較能力の程度が、人々の、学究的価値を定めるものである。だから、まず正しい実感を、鋭敏に、痛切《つうせつ》に起す素《そ》地《じ》を――天稟《てんぴん》以上に――作らねばならぬ。而《しか》も機会ある毎に、此能力を馴《な》らして置く事が肝腎《かんじん》である。比較能力にも類化《るいか》性能と、別化《べつか》性能とがある。類似《るいじ》点を直観する傾向と、突《とつ》嗟《さ》に差異点を感ずるものとである」(7)。

ところで、筑土鈴寛は、折口のような妖気こそもってはいなかったが、折口が自負したところの「類化性能」を、ほぼ完全に自分のものとしていた数少ない学者の一人であった。したがって、当然のことだが、私たちは、彼を折口学の流れのうえに立つ民俗学者として位置づけることができる。実際、彼は学的営みへ乗り出すその出発点において、折口から決定的なまでに強い影響を受けていたのである。

永井《ながい》義憲《よしのり》の伝えるところによれば、筑土は、晩年、折口との出会いを、次のように語っている。

「折口先生の講義をまちかねて、私たちは争って最前列に座ることを常としていた。先生の万葉《まんよう》の講義などは、聞いているうちに身体がゾクゾクとして、戦慄《せんりつ》の走るのを感じた。筆記を忘れるほどの感動をうけたものである」(8)と。

そして筑土鈴寛は、終生、この感動から醒《さ》めることはなかったのである。

忘れられた民俗学者

一人の地味な中世文学者が、どのようにしてその守備《しゅび》範囲を越えて民俗学の領域に分け入り、民衆の想像世界の発掘にしたがう伝承の考古学者になったのかということは、私たちにとって深い意味をもつ問いであるに違いない。

筑土鈴寛は、戦後間もない昭和二十二(一九四七)年、四十五歳という若さで病没《びょうぼつ》した。

それから四半世紀以上もの長い歳月が流れたというにもかかわらず、彼の輝かしい業績は辛《かろ》うじて弟子たちの手によって『宗教芸文の研究』(一九四九、中央公論社)および『中世芸文の研究』(一九六六、有精堂)の二冊にまとめられたに留まり、彼の学問の積極的意義づけや再検討・批判などは、民俗学はもちろんのこと、国文学の分野においてさえもほとんどなされていないありさまである。

彼は、まさに異端の国文学者であると同時に、悲しむべきことだが、忘れられた民俗学者でもあるのだった。「あたかも歴史は競走用トラックであり、ある競技者が、あまり速く走りすぎると観客に見えなくなる」(9)とは、H・アレントがW・ベンヤミンを論じた一文で述べた言葉であったが、筑土鈴寛もまた、ベンヤミンを評した言葉と同様、時代に先行し過ぎたその思考のゆえに、正当な評価を受けることなく、その身を時代の流れの片隅《かたすみ》に埋もれるに任せねばならなかったのである。

だが、人類学や宗教学、心理学、現象学など、現代という状況の要請から新たに台頭《たいとう》してきた新理論、新学問の光のなかで、ようやく、長い間不遇をかこっていた彼の学問も、新たに掘り起こされ、蘇《よみがえ》らせられるときが近づいていると思うのは、私一人ではないであろう。

享年四十五歳

明治三十四（一九〇一）年、筑土鈴寛は、東京府北多摩《きたたま》郡神代《じんだい》村下仙川《しもせんがわ》の昌翁寺住職、筑土鈴隆の長男として生まれた。十歳の時に一家離散という不幸に遇《あ》い、小学校を四年で中途退学、その後親戚《しんせき》の間を転々とする。

大正六（一九一七）年、十六歳になった年の五月、上野寛永寺《かんえいじ》内現龍院の浦井亮玄師の弟子となり、得度《とくど》受戒《じゅかい》、名を鈴寛と改める。旧名寛也。

大正十（一九二一）年、天台宗《てんだいしゅう》中学を卒業後、国学院大学に入学、中世文学を専攻する。在学中、折口信夫の講筵《こうえん》に列し、折口の学問によって、彼の依拠《いきょ》する学問的立場を決定づけられることになる。その間に、寛永寺内東漸院の住職を命ぜられる。

大正十五（一九二六）年、国学院大学国文科卒業、その後まもなく、東京帝国大学文学部副手となり、昭和四年まで勤める。その一方、昭和三年より新設の大正大学の教員として招かれて教鞭《きょうべん》をとることとなり、それと同時に本格的な学究生活に入る。この頃から『国語と国文学』誌を中心に毎年、二、三編の論文を精力的に発表し続けることになる。

昭和十三（一九三八）年に、彼は、自己の学問領域を確立する目的で『宗教文学』（河出書房）を刊行、次いで彼がもっとも愛し尊敬した歌人を論じた『慈円《じえん》』（三省堂）を著し、翌年にはこれまでの主要な論文（未発表論文を多く含む）を集めて『復古と叙事詩』（青磁社）と題する論文集を刊行する。だが、彼がライフ・ワークとして著述していた『中世文学史の研究』全三巻は、度重《たびかさ》なる戦火のために資料とともに一切消失してしまうという、惜しみて余りある不幸に襲われねばならなかった。

戦後、柳田国男や久松潜一《ひさまつせんいち》たちの激励・援助によって東大図書館内に研究室を借り、新たな出発を決意したが、しかし、惜しいかな病に倒れた。享年《きょうねん》四十五歳というその若さは、彼の研究がほとんど未完成であることを物語っているが、それにもかかわらず、彼の残した研究成果の豊かさに、いまなお私たちは驚かされるのである。明らかに、彼は薄命《はくめい》の天才的学者の一人であった(10)。

一種の「始源学」

私たちは筑土鈴寛を、折口信夫の異端的後継者《こうけいしゃ》ないし同時代人として位置づけることができる。彼は日本では数少ない非歴史的・無歴史的視点を兼ね備えた研究者の一人であり、彼は一貫して人間の精神の原初的性格を摑《つか》み出そうと努力を重ねていた。おそらく、彼はユングあるいはエリアーデ的な意味でのアルケ・タイプ（祖型）が、曖昧《あいまい》ではあるが日本文化の根底《こんてい》に存在するものと考えていたようである。彼はそれを〈原始的〉と呼んでいる。

彼がこうした発想をどこから得たのかは、いまのところ定かでない。しかし、外国の学者の宗教や文学の研究に深い関心を払っていたことは確かで、彼が引用したり言及《げんきゅう》したりする人々の名前から、私たちはそれを容易《ようい》に推測することができる。たとえば、フレイザーやヴント、ベルグソン、ゲーテ、等々の人名を著作のなかから拾い出すことが可能である。だとすれば、これらの人々の延長として、フロイトやユングの考え方を多少なりとも知っていたのかもしれない。

いずれにしても、彼が国文学のみならず民俗学はもちろんのこと、宗教学、民族学、心理学、哲学などの多方面にわたって学問的関心を払っていたのは明らかである。

筑土鈴寛の学問は、「国文学」とか「民俗学」とか呼ぶよりも、それらをも含むところの、より根源的なものへの到達を目指した学問として考えるべきであろう。フランスの神話学者デュメジルの用いた言葉を借りるならば、「表象《ひょうしょう》の考古学」として、つまりそれは一種の「始源学《アルケオロジー》」なのである。

ここで用いる始源学とは、すなわちアルケー（始源、もとのもの、原理）もしくはプロトーン（第一のもの、根本のもの）の研究のことで、これは要するに、現象学的研究の出発点となる考え方である。いま少し詳しく述べると、

「一方においてアルケーは存在論的ないし論理的な優位にたつ非時間的プロトーン、すなわち原理である。他方においてそれは、時間順的な優位にたつ時間的プロトーン、すなわち始まりである[11]」

筑土鈴寛の始源学は、こうした時間的にも存在論的にも原初的な人間の精神の表象を探求する学として規定されるべき性格を帯びている。筑土鈴寛の学問の成立する場とはまさ

にこの地平なのである。彼のいう〈歴史〉とは歴史学でいう意味での歴史ではない。また、彼のいう〈文学〉とは、国文学でいう意味での文学ではない。彼のいう〈宗教〉とか〈社会〉とか〈時間〉、〈空間〉についても同様であって、いずれもこうした始源学的基盤から発せられている。

彼が関心を寄せていたことは、人間の生の姿を見つめ、その存在と非在とを確定させる地点を探り当て、それを表現することであり、その表現のための容器としての形式の探求であった。というよりもむしろ、中世文学という狭い分野で扱う諸々の資料をかき集め、羅列《られつ》し、比較しているうちにそのような思考に至ってしまったといった方が妥当であるかもしれない。彼は、その結果、社会が個人を超えた属性をもつと同様に、宗教は社会を超えた属性をもっている、と考えたようである。つまり、宗教とは個人にも社会にも還元できない何者かにかかわっているのだ、と。

これは絶対的存在＝神の問題であった。彼の言葉のなかにはあからさまにではないが、こうした思想がこめられている。彼自身、次のごとく自《みずか》らの視点を深遠《しんえん》なる言葉で告白している。

「ひとつの問題をつきつめていったとき、おのづから、中世を、従来の見方とは別に考へなければならぬことを感じた。歴史の黙契ともいうべき、歴史の本意の結縁をたづねるやうな態度で、歴史をみようとした。これは歴史を象徴としてみることと、すこし関係してゐるやうでもある。局部的、現象的には、かれともこれともいへる時代である。たゞ歴史を、悠久な時間のうへにみようとしただけである」(12)。(傍点・筆者)

これは『復古《ふっこ》と叙事詩』の「はしがき」に書かれたもので、彼の研究対象に対する基本的態度をそのなかに私たちは容易に嗅《か》ぎ分けることができるであろう。彼はさらに次のように続ける。

「またここでは、宗教のことが一貫して説かれてゐる。この時代の重要問題であるゆゑもあるが、いはゆる宗教という意味では書かれてゐない。ただ絶対の文学をいひたかつたのである」。(傍点・筆者)

この「悠久の時間」のなかに厳然と存する「絶対の文学」の探求こそ、彼が終生求め続けた研究の最終的テーマであった。

柳田民俗学への接近

筑土鈴寛が好んで取り上げた文学的資料の多くは、最近になってようやく各方面から注目され始めたものばかりで、それだけを見ても彼がいかに時代を先取りしていたかを物語っている。わけても彼が安居院唱導集《あぐいしょうどうしゅう》『神道集《しんとうしゅう》』(13)を国文学の研究対象としてまともに取り扱った最初の人であったことが私たちを驚かせる。

『神道集』の研究に現在主に従事している福田《ふくだ》晃《あきら》が嘆いているごとく(14)、今日でさえ『神道集』の研究など文学的研究に値しないと批判されている状態なのである。筑土の時代の彼の研究に対する反応がどんなものであったかは想像にかたくないであろう。

また、彼は、「かるかや考」(15)などにみられるように、高野聖《こうやひじり》と文芸との関係の詳細《しょうさい》な分析や、唱導《しょうどう》文芸の前駆《ぜんく》的形態としての百座法談《ひゃくざほうだん》における『説経《せっきょう》』についての考察までも試みている。(16)彼の唱導および唱導文芸に関する知識は深く、この方面に関する論文をもつ柳田国男でさえも、筑土鈴寛に多くの点で依存《いぞん》していたらしく、その言動から判断する限り一目置いていたように思われる。(17)

中世に対する彼の関心は多様であるが、その源を考えると、いずれも『平家物語』および『源平盛衰記《げんぺいせいすいき》』と、『神道集』の二つの具体的な対象から派生してきたものだとすることができる。すなわち琵琶法師《びわほうし》、盲僧《もうそう》、説経師、修験《しゅげん》、等々への関心は、上述の語り物の担《にな》い手である、という事実から始まっており、それが同時に民衆の次元に密着するなかから生まれているということから、民俗学へと導かれているのである。御伽草子《おとぎぞうし》や昔話、そして民間芸能への関心もそうしたところから生じていたようである。

中世とは、文学の次元でみれば、個が見失われて集団のなかに溶解《ようかい》してしまった時代であった。唱導文芸はそうした作者不明の文学の典型である。

筑土はこうした文学を研究するために、人間の活動を集団表象の体系として考察する民俗学に傾斜していったのだった。とくに、『神道集』を中心とする修験道的世界観を背景とした山岳《さんがく》宗教文芸の研究に取り組むことになってからは、折口への傾倒《けいとう》を崩すことなく続けつつも、具体的な学問的刺激や資料操作の面では、柳田の研究に接近していたようである。

筑土と柳田との結びつきは、このレベルの関係、つまり同一対象を前にした二人が相互に弱点を補強するためのギブ・アンド・テイクの関係であった。両者が対等の立場で交《こう》渉《しょう》し合っていたとも読みとれるこの関係は、それだけでも興味ある問題であるにちがいない。

筑土が『神道集』および唱導文芸への研究から柳田民俗学に接近したにせよ、それによって折口学的視点を捨てたわけではなく、むしろ彼の折口的直観は、具体的資料に接すれば接するほど鋭い冴《さ》えを見せてゆく。花祭と修験道儀礼とを比較し、その本質を見事に析出する、あの直観は、折口に由来する。たとえば、

「これらの式〔花祭〕が、修験の山入から山中生活、及び行事、山を下るまでの事、之《これ》に加はる延年舞《えんねんまい》の如《ごと》きものとその意味・形式に於《おい》て一致してゐるのを認める。それを精しく説いてゐる場合ではないが、修験道が新たなる誕生、あるいは一種の成年戒、それより以後、いくつかの復活をなす修行であつたこと、及び山中を以て母胎《ぼたい》と考へたことを、ここで言ひ添へておく。花祭は、いはば教理に組織されぬ山伏《やまぶし》の行ひであつたとも考へられる」といった洞察《どうさつ》が、その一例である。(18)

要するに、彼は花祭の形式と修験道の峰入り修行の形式とが同一であり、前者は後者の思想の民俗化したものであること、そして双方《そうほう》とも、死と再生、母胎回帰《かいき》を中心的モティーフとする一種の通過《つうか》儀《ぎ》礼《れい》であることを、丹念《たんねん》に資料を分析することから結論づけているのである。

この結論は、最近になって修験者にして民俗誌学者である戸《と》川安章《がわあんしょう》の報告や、宗教学者の村上俊夫《むらかみとしお》や堀一郎《ほりいちろう》や宮家《みやけ》準《ひとし》、H・B・エアハート等によって修験道の儀礼や教典類の分析を通じて明らかにされた結果と一致するものである[19]。とくに筑土が修験道儀礼と花祭とを形式的に重ね合わせると同時に、同一の思想の変化としてとらえることができたのは、彼の修験道に関する豊かな知識と広い視点の賜物《たまもの》である。

さらに彼は二つの儀礼のなかに共通する思想を見いだす。「山の行事芸能及び信仰も、大地と生命といふことを基礎においてゐる[20]」と。

筑土にとって、あらゆる宗教的諸現象は、その表層的意味とともにまた別のより根源的意味をもはらむものであった。つまり、それは単なる象徴であるのではなく、神〔仏〕の啓示の乗り物であった。彼の著作がしばしば見せる不可解な部分、容易には理解できない飛躍は、このあたりに原因が潜んでいる。この意味では、彼は神学者に近づいている。

筑土の分析の基本的視点を丹念に掘り下げることによってしか、彼の微妙な感覚に支えられた思想と方法は明確な形で述べることはできないのであるが、私が考える限りでいうならば、彼は、宗教的表現（行為や言葉）は精神の原初的部分にかかわる象徴であり、究極的には「聖なるもの」との交感、交流のためのものである、と考えていたようである。

彼によれば、「聖なるもの」（＝神的なるもの）が発する言葉が、宗教的現象のなかに刻み込まれている。たとえば、彼は次のごとき難解な言葉を私たちに向けて吐《は》き出す。「宗教の本質を示す様式を挙げるならば、神の意識の様式及び象徴性の様式（啓示《けいじ》意識）である」(21)。

おそらく、彼は、人間の創りだす宗教的活動の諸形式とは、神の意識をそこに固定化し、様式化されたものへと移行させ、解読可能なものとするためにある、と考えていたに違いない。彼にあっては宗教的表現とは神の意志の表現なのであって、しかもそれは社会を超えているものなのである。

人類学的テーマにも踏み込む

彼がその研究において重視し、また頻繁《ひんぱん》に用いる用語は、相補《そうほ》的な対立を示す概念——神と人間、生と死、等々である。彼はこれを、彼のいう「原始型」の基本的な構成要素と考えていた。一見単純に思えるこれらの要素を、具体的資料のなかに発見し、それをいかに巧《たく》みに、意図する目的のために抽出《ちゅうしゅつ》するかという作業は、ひどく複雑な手続きと優れた直観力に依存している。それを苦心しつつも見事に成し遂げるところに、彼の優秀さがあるわけである。

彼は理念化されている全体的なるものに向かって仕事を進めている。全体とは、彼にとって過不足なく統一され完成されているところの、原始型を根底とする象徴体系を意味し、そのなかには、「神の意識」とそれを受け取る「人間の意識」が完全に刻み込まれている。全体に対する部分とはこの象徴体系の破片であって、それを暗示する痕跡《こんせき》である。痕跡は時間と空間のなかで崩壊《ほうかい》した体系の断片であり、つねにそれは元の体系のなかへの回復を志向している。原始型とはそのための最小限のモデルでもある。

筑土は、古代世界のなかにこの象徴体系の完成されたものを認め、中世的世界はその崩れたものとしてとらえていたようである。彼が復元的方向をとるのもそうした理由からで、私自身は彼に全面的には賛成できないが、この点でエリアーデの発想に近いものが認められるといえよう。(22)

たとえば、芸能に対して接近してゆく彼の態度に、それは端的にうかがえる。彼は、折口の〈たまふり〉の儀礼から芸能が起こったとする考えを受けとめつつ、次のように唱える。

「日本の芸能が儀式から移行してきたものであるという事を前提として、芸能が儀式から完全に分離するようになってのちにも、なおその痕跡をとどめているものであるとの仮《か》想《そう》から出発してみるのであるが、人間の通過祭式、誕生から死にいたるまでの経過は、農耕儀礼と密接に結ばれており、二つのものの融即《ゆうそく》観念によって儀式は営まれ、これより移行したある芸能の、内外の形式となっていはしないかという問題である(23)」。

彼は、誕生ないし再生の観念のともなう諸儀式、芸能には必ずや、死の意識がしたがっていると考えた。つまり生と死と再生（彼の言葉では復活）がその中心的シェーマなのだと規定するわけである。しかも、彼はそれが季節の変化、植物の生長などと対応することによって、アナロジカルに導き出されているとみなす。

「鎮魂《ちんこん》の儀礼が、あるいはこれを内容とし、それに中心意義をおいてゐるとみられる諸行事が、季節の生死、冬と春の行交ひにそれを感じ、季節に平行して営なまるゝ生産の反面に、一方死の印象を深くしてゐるのである。冬における復活儀式には、一方死の印象が含まれてゐるが、季節及び植物、人の生命は、いはば仮死の状態にあつたので、完全に死んでゐるわけではなく、死と生とは一つといふより、死はなかつたといふ方がよいが、しかし、生のために一度は死があつたのである(24)」。

彼が、おそらく当時の批判的言動を気にしてであろう。ひどく婉曲《えんきょく》な言い回しで述べようとするのは、今日では〈擬死再生《ぎしさいせい》〉と一般的に呼び慣らわされている概念で、象徴的死と象徴的再生という基本的シェーマによって、人間の人生およびその生命観（様式）を把握《はあく》しようとする考え方のことである。これは現在では儀礼研究に不可欠なものとなっている。

彼の説くところによると、人間の生命法則は、生産生活に基礎をおく「生死一如《いちにょ》の哲学観」に支えられている。つまり「生産様式が、大地についての信仰を伴つてゐ、土地の生命の生死と人間の生死とが融即《ゆうそく》して考へられ、土地と人間と生産生活に共通した生命法則ともいふべきもの」が人間の思考を規定しているのである。(25) したがって「生産に伴ふ死の観念」こそが「人の生命がつまりは地につらなるといふ信仰」を導き出しているのである。

このような生と死の二元的対立およびその調和に彼が注目し、その思考が人間の生活のなかに超時間的・超文化的に存在するものであると唱えるとき、彼は知らず知らずのうちに今日の人類学的テーマの領域へと踏み込んでいたのであった。もちろん、彼の発言は暗《あん》示的《じてき》で断片的なものに留まってはいる。だが、それにもかかわらず、彼の鋭い考察《こうさつ》力は今日でも遜色《そんしょく》を感じさせることはなく、むしろ逆に輝きを増している。彼は次のように説く。

光明と暗黒と清朗《せいろう》と混沌《こんとん》と生と死といつたものの明かな対立的二元的観念は、我国にないといふのであるが、どうであらう。これは生命の普遍様式であつて、自づとあるべきものではなかつたろうか。この二つの様式の対抗関係が、神話にもみられるやうに思ふ。暗黒と混沌がつひに光明《こうみょう》・清朗に帰し、精霊《せいれい》的なものが神に従ふ。これは神話の一つの形式でもあり、又劇的なものの形式でもあつたといへぬであらうか。大地的生命は高貴に慕《あこが》れて澄み上り、神の世界を形成したと共に、一方自然の暗い精霊を地に残したのであつたらうか。神と精霊の対話と行為、これは生命力なるものの自《おの》づからなる展開運動ではなかつたらうか。人間が自《みずか》らの自然的生命以上に、より高い魂を観念し、自然より高き世界に解放しようとする自づからなる運動、これ古今終始変らぬ劇精神・劇意欲ではなかつたらうか。芸能はかかる劇的精神の原始型を伝へてゐるといへる。[26]（傍点・筆者）

人類学においては、「二項対立」の発見による儀礼や神話の研究は、人間の認識体系が科学的論理とともに神話的論理とも呼ぶべき世界の秩序づけの方法をもっている、とするところから出発している。[27] つまり二項対立の組み合わせを探し出すことによって、複雑な象徴体系からなる信仰世界を論理的に解読しようとすることにあるわけである。

筑土の視点もほぼ同じと考えられるが、彼の場合、現在そこにある体系（コード）の解明に留まらず、見失われ、忘れられた古代世界の体系の解明に向けられている。[28] 彼がそうした操作を「原型遡源《そげん》の歴史方法」と名づけるゆえんは、ここに求められるはずである。

彼は、二元論的思考を「生命の普遍様式」とする考えから、演繹《えんえき》的に具体的現象のなかに二項対立を見いだしてゆく。たとえば、花祭の「白山」の行事に認められる《白》という色彩に注目しつつ、それと対になるであろう《黒》に賦与《ふよ》された象徴的意味を竈神《かまどがみ》を手がかりとして、生と死の対立を中心に、次のように考察してみせる。

想像するに、竈神は黒色を本体にしてゐなかつたらうか。大地の神々は黒が神聖《しんせい》色ではなかつたらうか。竈男は醜怪《しゆうかい》な顔をしてゐると印象されてゐる。之はこの男の前身たる神又は精霊に対する人々の心理を反映してゐる。と同時に大地の神の姿をかく想像したかと思ふ。それはたぶん黒の色彩心理と共通してゐるものであつたかと思ふ……黒色と死、及び葬送儀式、之らと黒仮面及び舞踊、死及び復活と成年戒《せいねんかい》、入団入社式及び歌謡・舞踊との関係の如きをさらに精《くわ》しく考へてみたいと思ふが、黒呪法が大地的生命と交渉したとすれば、それが行事、さらにはそれより移行した芸能に、如何なる姿をとつて表れてゐるか、これは一方又、生命に対する観念の変化、宗教史的な問題ともなりうると思ふ。又悲劇的なもの、喜劇的なものが、黒意識とも称すべき、生命観によつて考へられるのではなからうか。総じて劇的なものが大地的生命と交渉があつたといひうるかと思ふ[29]。

筑土鈴寛によって、こうして注目され提起された色彩のシンボリズムの問題は、民俗学や宗教学においても、その解読の必要性[30]が痛感されているにもかかわらず、いまだに十分な研究がなされていないのが実状である。

生と死の問題

これまでの考察からも明らかなように、筑土鈴寛が徹底して追求していた問題は、生と死の問題であった。「文学によって提示《ていじ》された死の問は、文学自身は答へてゐない[31]」と彼は言う。「芸術や道徳は如何《いか》にして生くべきかの問題をもち、信仰は死の問を専らにする[32]」。けれども、彼は、詩とりわけ歌人とその和歌のなかに生と死に対する思想を見いだしている。歌とは文芸であると同時に祈りでもあると彼はとらえる。彼がもっとも愛した慈円や西行《さいぎょう》への関心も、ここに焦点がおかれていたといえる。

「文芸とくに詩は純粋な時間のいとなみであつて、深く創造と死とを問題としてゐる。あえかにして美しく、無常の時間のうちに花ひらくゆゑに、詩人は死を礼讃《らいさん》し、美しく生を讃頌《さんしょう》する。もつともよく生くるがゆゑにまたもつともよく死ねるといふ矛盾のさなかにあるのが詩人である……文芸における苦悩と憧憬《しょうけい》は、時間を通じて宗教の域にせまらんとする。時においてあり死を負うてゐることを純粋に意識してゐるのが詩人であるがゆゑに、詩人はもつとも創造的にして個性的であり、従つてもつとも死を意識するものである[33]」。

筑土がとらえた詩人の本質は、地上的世界とそれを超えた世界との、つまり此岸《しがん》と彼岸《ひがん》との関係を、死を意識することから感じとる人々の言葉のなかに求められている。慈円を論じて、彼はいう。

「大和ことばは、神の詞《ことば》として即《すなわ》ち真言《しんごん》である。無意識にいづることばですら、そのま丶真言なのであつた」。また、「西行が歌を習ふには真言（密教《みつきょう》）を学びたまえといった伝説は、意味ある伝説であった」(35)とするのも、歌＝真言＝祈り（呪文《じゅもん》）とする考えに沿って把握されたものである。すなわち、彼は詩人たちのなかに神の言葉を宿す依代《よりしろ》としての、古代の祭司としての姿を見いだしていたのである。

慈円や西行のごとき名ある詩人たちに限らない。盲僧や説経師のごとき下級の聖《ひじり》たちの姿のなかにも、程度の差こそあれ同じことがいえた。彼らは、古代の祭司の面影《おもかげ》を背負って、神の言葉を断片的にせよ語り歩いていたのであり、また彼らはいずれも絶対の時間のなかでこの地上の生を眺めようとしていたがゆえに、人間の無常を、愛と悲しみを、歌うことができたのであった。

「無常の理といひ、道理といひ、又は幽玄《ゆうげん》といひ、何か普遍の理法の統一のもとに事物を観ずるといふ行き方は、当代の一つの特徴であつたやうに思はれ、これは仏教の普遍精神の影響と思はれるが、それは、宇宙的なる理法の支配を思ふ、運命的な見方にも及ばうし、さうした理法に則《のっと》つての、絶対生活といふやうな思ひにも到るものであつたらう。歴史の運命を思ふとき、何か背後にあつて指揮してゐるがごときもの、静観のはてには、さうした目に見えぬ力を思ふ時もあつたであらう」(36)。

筑土においては、語り物＝唱導文芸の研究は、時間意識を追求することを通じて、生と死の問題に迫り、究極的に日本人の宇宙に対する認識を探りだすのに、もっともふさわしい研究なのである。

語り物とは、「神の意識」が地上において形をとったもので、それゆえ、語り物を語ることによって神は実在することになる。「実在界とは言葉によつて表現せられた世界である」[37]とする筑土の主張は、この意味に解されるべきであろう。彼が死の問題に直面したとき、結局、言葉のなかにそれを見ようとしたのも、つまり、『平家物語』や『神道集』をはじめとする語り物や詩歌に関心を奪われていったのも、このあたりに事情があったのではなかっただろうか。

中世的宇宙の探求

生と死の問題の追求の過程で、筑土は慈円や西行たちの歌を宗教的思想の問題へと移し変えるわけだが、一方、語り物をになって移動する盲僧の役割のなかにも、そうした関係を見いだそうと努めている。しかもまた、それを歌と聖人との深い結びつきのなかから導き出すことになる。その一つの例を示してみよう。

琵琶《びわ》法師《ほうし》の語り物として伝えられる「無明法性合戦状」に触れた一文において、次のように説く。

永久《えいきゆう》の比《ころ》、久能寺に、星光坊見蓮といふ学匠《がくしやう》があつて、奥州《おうしゆう》に下向《げこう》した時、忍びの里に一児童あり、人に見ゆることを欲せず。見蓮これをせつに見んことを願うて、盲目をよそほひ、無明法性合戦状を作つて語る。つひに児童姿を見せて、互に歌を唱和す……これがはるか不思議童子の神秘の出現を願うたものの変化《へんげ》退転《たいてん》の姿であつたといふことは、別に論があるので精しくいはないが、これはかの栄西《えいさい》と門脇宰相の子の話の一系で、一方は少し理屈ばつてゐるだけで、隠れたる児童を世界に出現せしむるといふ根本は合うてゐる。見蓮が盲目を装うたといふのは、見なければよいといふ機知から考へついたのか知らぬが、これが、盲僧の所行たる所以《ゆえん》を示してゐる。あるいは、歌や物語によつて、超世《ちようせい》の神秘は示現《じげん》し給ふといふ、古代ながらの信仰の、降つた世の語部《かたりべ》にも伝つてゐたのかと思はれる。(38)

盲僧を装い、語り物を語ることによって姿を見せることになるこの児童は、筑土が的確に洞察するように、平安末から中世にかけて高僧のもとにつきしたがっていた〈護法童子《ごほうどうじ》〉の後裔《こうえい》にほかならない。中世の山岳宗教に関する文献のなかには、よく注意しなければ見逃してしまいがちであるが、護法ないしは護法的なものが頻繁に出没《しゆつぼつ》しているのが認められる。中世の神話的・宗教的世界には、その根底部にこうした護法童子的存在がうごめいており、それがきわめて重要な役割を占めていると考えられる。慈円《じえん》でさえもこの護法を信仰していた形跡が認められる。

「盲僧の護法善神の一である日吉十禅師は、慈円の最も信仰する神であつたが、それを継承して青蓮院では、十禅師を大切にする。いはばこの神は、盲僧にとつての祖霊《それい》であり、使霊の童子であつたやうである」(39)。

この護法童子、儀礼的にみれば依童であり、神話的にみれば使役霊的仲介者であり、宗教思想的にみれば神の意識(言葉)の形象化ということができ、それゆえそれは、生と死の境界上に姿を垣間見《かいまみ》せるきわめて把握《はあく》しにくい存在である。

盲僧の探求から掘り当てられた〈護法童子〉の筑土の考察は、これで終わってはいない。むしろ中世の神話的世界を理解するには、この護法童子的形象の存在はけっして無視することが許されない不可欠《ふかけつ》な要素であることを、痛切に感じ取ったように思われる。

ところで、この護法童子の研究は、早くは柳田国男が儀礼的ないし日常生活の面からこれを考察しており(40)、近藤喜博は説話・伝説のなかに、神話的形象化したそれの考察を試みている(41)。一方、『信貴山縁起《しぎさんえんぎ》』の研究者たちによっても〈剣の護法〉を中心にして若干《じゃっかん》の考察がなされてもいるが、完全なものには程遠いものばかりである(42)。

これに対して、筑土鈴寛の研究は、驚くほど周到《しゅうとう》になされているのである。彼は、「使霊と叙事伝説」と題した論稿で、護法童子にかかわる伝承類を丹念に分析・検討したうえで、その主要な属性を指摘し(43)、次いで、その典型例として「信貴山縁起」なる一文を用意することによって〈剣の護法〉なる存在を広い信仰的脈絡《みゃくらく》のなかで分析してみせる(44)。

実際問題として、護法童子に関する私たちの知識は、事例的資料の量こそ増えたかもしれぬが、筑土によって示された見解をほとんど出ていないのが偽《いつわ》らざる現状であろう。たとえば、信貴山の飛鉢の背後にはそれを操作する護法童子が控えているという指摘、鉢に対する信仰——鉢《はち》かつぎ譚《たん》や椀《わん》貸し伝説など——の影響、偽書とされる「如意《にょい》宝珠《ほうじゅ》金輪呪王経《りんじゅおうきょう》」という経文との関係の指摘などは、後年、『聖誉鈔』にみられる信貴山の空鉢護法なる剣蓋童子と対をなす蛇体の護法童子の存在の伝承的事実が明らかとされ、盲僧との関係が深い青蓮院より『飛鉢儀軌』および『飛空大鉢法』という二種の、筑土の指摘した経典と内容のほぼ一致する書物（写本）が発見されたことにより、彼の考察がいかに正しいものであったかが、今日では私たちの前に証明されている。

また、彼は、護法童子と竈神《かまどがみ》ないし地霊《ちれい》との関係も、皇慶《こうけい》の護法が竈の下に隠されていたという伝説や日吉十禅師が谷から生まれたとする記述その他から推測している。これはすでに述べた黒のシンボリズムとも重なる問題であり、生と死、神と人とをめぐる彼の中心的テーマとも直接交叉《こうさ》することになるはずである。

そしてさらにこの護法童子を、ウントク、ヒョウトクを経て、民俗次元での妖怪ザシキワラシにまでも敷衍《ふえん》させてゆく。(45) また、折口信夫と同様に、古浄瑠璃《こじょうるり》や説経、御伽草子のなかに登場する、神の化身である幼ないい主人公の姿にまでも、その残映《ざんえい》を彼は見いだそうと努めている。

彼の考えに即していうと、この護法童子とは、神の意識の形式化したもので、いわば真言《ごん》・祈りの言葉の形象化にほかならない。筑土鈴寛が護法童子に強い関心を示したのも、それを解明してゆくことのなかから、歌や語り物によって神秘の世界と交渉しようとした盲僧たちの思想を探し出せると考えたからではないかと思われる。そこで彼はいう。

「彼ら〔盲僧たち〕のおのづからなる物語の構想は、ことばに宿る、ワラシの、自然の導きによつて成つたのか、いづれにしても、小童の物語を構想すべき宿縁《しゆくえん》があつたやうに思ふ。義経《よしつね》伝説の地盤《じばん》には、かれらの小童物語が転生《てんせい》し積重ねられてゐる。英雄譚発生の地盤には、霊妙《れいみよう》な童子が胎動《たいどう》してゐたのである」(46)。

かくして、筑土鈴寛による中世的宇宙の深みへの探求は、『源平盛衰記《げんぺいせいすいき》』から始まって、琵琶法師・盲僧、唱導《しようどう》、神道集、民間芸能、昔話、護法童子、等々とその裾野《すその》を広げつつ、円環を描いて再び、『義経記《ぎけいき》』、『平家物語』へと還帰《かんき》してゆくのである。

〝異端〟の返上へ

筑土鈴寛の知的軌跡《きせき》は、また一つの神話的な世界の再現のための円環の軌跡でもある。筑土にとって中世的世界は、あまりに繁茂《はんも》し過ぎているので容易に踏み込めないか、ほとんど朽ち果ててしまった象徴の森なのであろう。彼はその森に向かって、あたかもそこに棲《す》む怪物を退治して森を蘇《よみがえ》らせようとする騎士《きし》(聖者)のごとく、突き進んでゆく。そして、実際に、ばらばらに散らばった中世的世界の要素を蒐集し、これまで私たちがみてきたように、暗号を解読してゆくかのごとくに再構成してみせてくれる。

しかもその作業は、論理的であるようであってまた感覚的でもあるようであり、それゆえ、私たちは彼が再現した宇宙＝象徴体系を、一種の錯乱《さくらん》のなかで垣間見《かいまみ》たような感激に襲われることになるのである。彼の文章の背後にはたしかにそうした麻薬的な魅力が潜んでいるように私には思われてならない。

さて、筑土鈴寛の学問の一部を民俗学的側面から位置づけようと努めてきた私たちであったが、彼を検討《けんとう》すればするほど、彼が民俗学からも国文学からも逸脱《いつだつ》し遠ざかってゆくのを知らされる。彼のテーマは、そうした枠を拒否し超越《ちょうえつ》した地点にあると考えねばならない性質のもので、私が始源学と名づけざるをえなかったのも、そうした理由からである。

それでは、なぜ、彼は既成《きせい》の学としての民俗学（あるいは民族学、宗教学）に近づいていったのだろうか。おそらく、この問いが解明されたときこそ、彼の学問の核心が探り当てられたことになると思われるのだが、私はそれについて適当な答えを見いだせないでいる。ただ、たんに資料やその操作・処理のレベルのことだけではない、とだけはいえそうである。もっと別のところ、そう、彼自身の存在にかかわる哲学的・思想的次元でのことだったはずである。

現在の私には、ほんの示唆的にしか述べることができないのだが、あえていうならば、それはきっと個人を扱う文学のレベルでは扱いきれない問題として、彼のテーマつまり生と死の問題が成長してしまったからだ、と考えられはしないだろうか。

生および死を意識する思想――それは個人のものであるとともにそれ以上に社会・共同体のものなのである。彼は〈他界観〉を集団表象として理解することによって、なによりもまず民俗学に魅《ひ》かれたのであったと私は思う。そこでいささか長い引用となるが、締《し》め括《くく》りの意味もこめて、彼の死および他界に対する見解を紹介しておこうと思う。

> 歴史の底には社会がある。社会は歴史の残した跡である。ゆゑに社会は死の意味をもつてゐる。社会は伝統や習慣の中に生を引きとゞめる。我々はその中に死することによつてまた歴史の生の面にいづる。歴史は社会となつて死しかつ蘇り、社会は歴史に運ばれて生きかつまた死ぬる。歴史はかく社会を死として残しつゝ、またそれより生れるものとして豊かに肥えつゝ世代を作り未来に進んで停止しない。これはまた生命の本質でもあり、我々の現在といふものは、瞬間々々に死につゝ生きるのである。さうして、生きるといふことは同時に死ぬことであると云へる。こゝに創造の意味がある。死ぬことによつて歴史を作り、自己を見出す。社会に死ぬことが歴史を生むのである。死に促されることが未来の創造である。生命はゆゑに未来に進むといふより、未来に迫られてゐるといふべきで、これが信仰的創造歴史といふべきであらう。死は

またたんに個人的なものでなくして社会的なものである。死の社会性は、浄土楽刹《じょうどらくせつ》に於《おい》てその象徴をもつ。我々は社会に死して生きるのであるが、即ちこれは往《ゆ》いて生きるのである。社会に往くことは我の死であり、蘇りて生きるのは社会に反《そむ》いて独立した個性として生きることであり、即ち社会の死、否定であるが、かへつてよく社会が生き増長するといふ矛盾をもつ。か丶る死は共同を基底としつ丶、そこから個に分離し、さらに強き共同となつて蘇りきたるもので、浄刹《じょうせつ》の共同性は、死の自覚に媒介《ばいかい》されてゐるものと思はれる。死は全く個人的であると共に、普《あまね》き共同性をもつものである。死して浄土に往く意味にはかうしたものがあるかと思ふ。我々を生かすものに反くといふ意味で我々は独立した個であるのだが、こ丶にぬきさしならぬ罪業を宿命的に我々は負うてゐるらしく思はれる(47)。

国文学者としての筑土鈴寛が、集団表象としての他界、死の社会性という問題を媒介として民俗学者へと変貌してゆくのを如実に物語る右の言葉を、真にとらえることができるだけの余裕を現在の民俗学がもちうるようになったときこそ、民俗学がその新たな道を見いだしたときであるに違いない。そして、そのときこそが筑土鈴寛に冠せられている〝異端〟という輝かしくもまた痛ましい名が返上されるときであるといえるであろう(47)。

注

（1）本稿では、私自身が人類学および民俗学を専攻としている関係もあって、筑土鈴寛を民俗学との関連のなかでとらえてみることに終始したが、宗教文学はもとより仏教思想・詩歌論などの各方面についても評価されるべき多くの業績を残している。今後、その点についての再検討もなされねばならない。

（2）かねがね不思議に思っていることなのだが、いわゆる世間でいう民俗学者たちの多くは、柳田学を継承していると唱えてはいるものの、実際には柳田学を縮小してしまったようだ。筑土鈴寛が民俗学で問題とならないのがその端的な表われであろう。たとえば、柳田は「物語と語り物」を中心に、多くのエネルギーを費やして中世的文芸を考察し、その地点で、彼は筑土と出会っている。そうした彼の研究は筑土に負うところが大きいということも柳田自身示唆している。注(17)を参照せよ。

（3）民俗誌学と民俗学とのこの区別は、—graphy と—logy に基づく。

（4）早川孝太郎の『花祭』（岡書院、一九三〇）は、民俗学が誇る最高の民俗誌の一つであるが、その理論的分析や位置づけはまだ十分になされていない。宮田登、一九七二、「ウマレキヨマル思想」『理想』第四七〇号、を参照せよ。

（5）民俗誌もまた民俗誌学的偏見に基づいた歴史資料であってけっして絶対的なものではありえない。

（6）益田勝実「折口信夫再考」『国学院大学新聞』一九七〇、十一月二十日。

（7）折口信夫「古代研究」追ひ書き、一九二五、『折口信夫全集』第三巻（中央公論社、一九五五）所収。

（8）永井義憲「『中世芸文の研究』後記」筑土鈴寛『中世芸文の研究』、有精堂、一九六六。

（9）H・アレント「ヴァルター・ベンヤミン」『暗い時代の人々』河出書房、一九七二。

（10）以上の略歴は、『中世芸文の研究』所収の略年譜、著述目録および永井義憲の「後記」に基づいている。

（11）P・テヴェナ「デカルトおよびフッサールにおける根本的な出発点の問題」『現象学の課題』せりか書房、一九六九。

（12）筑土鈴寛『復古と叙事詩――文学史の諸問題――』青磁社、一九四二。

（13）たとえば、「諏訪本地・甲賀三郎――安居院作神道集について――」『国語と国文学』第六巻第一号、一九二九。「唱導と本地文学と」『国語と国文学』第七巻第八・九号、一九三〇。「神道集と近古小説――本地物研究の具体的方法――」『日本演劇史論叢』（功芸社、一九三七）などがある。『神道集』の彰考館本が横山重によって公刊されたのが昭和九年のことであるから、筑土の研究がどれだけこの方面で進んでいたかがそれによっても理解できると思われる。

（14）福田晃「神道集における説話の形成」『日本文学』第二十一巻第七号、一九七二。福田の神道集研究は、筑土の研究の高い評価に基づくものである。

（15）筑土「かるかや考」『国語と国文学』第六巻第十一号、一九二九。

（16）筑土「唱導文芸としての百座法談」『日本文学』（岩波講座）附録「文学」第十四号、一九

三二、所収。
(17) 筑土と柳田との交友がどの程度のものであったか定かなことはわからないが、筑土から柳田が資料面で多くの援助を受けていたことは推測できる。それにもかかわらず柳田が筑土の名前を出したがらないのは彼を警戒していたからなのだろうか。二人の公的な場での共同作業は、柳田が編んだ『黒百合姫物語』(言霊書房、一九四四)に、筑土が「蝶と獅子」と題する論文を寄せている程度で、余り目立たない。柳田がこの書物のなかで、筑土の学問に期待する発言を行なっているのが注目される。両者間の関係を示す書簡その他があれば将来公表されることが望まれる。
(18) 筑土「芸能と生命様式」『国語と国文学』第二十一巻第十号、一九四四。
(19) 最近の修験道研究の理論的枠組みは、ファン・ヘネップやエリアーデなど外国の学者の理論を下敷きにして行なわれ、筑土の業績への言及は、唯一、山口昌男を除けば認められない(山口昌男『人類学的思考』せりか書房)。
(20) 筑土、前掲論文。
(21) 筑土「宗教文学研究序説」『宗教芸文の研究』(中央公論社、一九四九)、所収。小西甚一の解説によれば、この論文は昭和二十一年度の大正大学の講義であったが、その途中病に倒れたため、未完となっているという。
(22) 本稿では、筑土鈴寛の学問の紹介を目的としているので、彼と比較しうる外国の学者の考え方には立ち入らないが、その比較は将来試みられねばならない課題の一つである。

(23) 筑土鈴寛「芸能と生命様式」、一九四四、注(18)。
(24) 筑土、前掲論文。
(25) 筑土、前掲論文。
(26) 筑土、前掲論文所収、注(2)。
(27) このような考え方をとる研究者は今日多数いるので、いちいち論文をあげないが、フランスのC・レヴィ＝ストロース、イギリスのE・R・リーチらの構造主義的発想がその中心となっている。
(28) ここで用いたコードとは、言語学から転用された記号学的（ロラン・バルト的）な意味である。
(29) 筑土「芸能と生命様式」一九四四、所収、注(1)。
(30) この色彩のシンボリズムについては、最近になって宮田登により「白」のみではあるが考察がなされた。宮田登「白のフォークロア」『情況』一九七三年九月号。
(31) 筑土「文芸に於ける死の問題――仏教の展開にそうて――」『仏教研究』第四巻第一号、一九四〇。
(32) 筑土、前掲論文。
(33) 筑土、前掲論文。
(34) 筑土「道理と歌と歴史」『復古と叙事詩』一九四二、所収。
(35) 筑土、前掲論文。

(36) 筑土「序・時代」『復古と叙事詩』一九四二、所収。
(37) 筑土「宗教文学研究序説」一九四四、この引用は筑土がC・フィードラーの芸術論を要約的に紹介したなかで述べられた言葉であるが、また同時に彼の言葉でもあると考えられる。
(38) 筑土「平家物語についての覚書」『復古と叙事詩』一九四二、所収。
(39) 筑土、前掲論文。
(40) 柳田国男「毛坊主考——護法童子」『郷土研究』第二巻第十一号、一九二五。
(41) 近藤喜博『古代信仰研究』角川書店、一九六三。
(42) 美術史家を中心とする『信貴山縁起』の研究は、戦後めざましい進展をみせたが、説話的・信仰的側面はまだ十分であるとはいえない。『信貴山縁起』そのものの研究史および関係論文は、笠井昌昭『信貴山縁起絵巻の研究』平楽寺書店、一九七一、の文献目録を参照せよ。
(43) 筑土「使霊と叙事伝説」『民俗学研究』第八巻第二号、一九四三。
(44) 筑土「信貴山縁起」『復古と叙事詩』、一九四二、所収。
(45) こうした筑土の仮説に導かれて、護法童子↔つきもの↔座敷童子の問題を、私は若干考察したことがある。拙稿「つきもの——人類学からの一つの視点——」『日本人の宗教I・情念の世界』(佼成出版社、一九七二)所収、後に『憑霊信仰論』(ありな書房、のち講談社学術文庫)に収録。
(46) 筑土「使霊と叙事伝説」一九四三。
(47) 筑土「文芸に於ける死の問題——仏教の展開にそうて——」一九四〇。

筑土のすべての論稿は、死と他界のテーマにつながっている。直接扱ったものでも、このほかに「西方憧憬――浄土の文芸――」「和光垂迹」（いずれも『宗教芸文の研究』所収）など数多い。改めて、筑土鈴寛における他界の問題について検討しなければならないであろう。

(48) 一部の専門家を除けばほとんど知られていない筑土鈴寛について、彼の専攻した分野にそれほど明るくないにもかかわらず、敢えて私が論を起こしたのは、彼を尊敬するばかりでなく、彼をより多くの人に知っていただきたいという一念からであった。私たちは、彼からいまなお多くのことを教示してもらうことができるはずである。またそれによって、私たちの学問が豊かになると確信するものである。偏見に満ちた論稿であるかもしれないが、今後、不備な点は訂正してゆきたいと思っている。また、慶応大学の松本隆信教授から、『神道集』をはじめとして、多くの懇切丁寧な御教示をいただいている。最後になって恐縮であるが、御厚意に感謝申し上げる。

日本的記述の方法——筑土鈴寛論拾遺

新鮮なイメージ

筑土《つくど》鈴寛《れいかん》、何と魅力的な名前だろうか。何回となく彼の著作を読み返しているのだから、もうすっかり見慣れていてよいはずなのに、それでもなお私は彼の名前を目の当たりにすると異様な感覚に襲われずにはいられない。しかも、彼の名前と同様、彼の知的世界もまた萎《な》えることのない新鮮なイメージをたたえて私たちを絶えず迎えてくれる。

彼は、一九四七年二月十一日、四十五歳の若さで亡くなっている。生前に書き著わした著書は『宗教文学』（河出書房・一九三八）、『慈円《じえん》・国家と歴史及文学』（三省堂・一九四二）、『復古《ふっこ》と叙事詩』（青磁社・一九四二）の、わずか三冊にすぎない。歿後《ぼつご》間もない一九四九年に、彼にもっとも近かった新間進一《しんましんいち》、小西甚一《こにしじんいち》、永井義憲《ながいよしのり》の努力によって第一遺稿集『宗教芸文の研究』（中央公論社）が出されている。だが、第二遺稿集『中世芸文の研究』（有精堂）の刊行は、一九六六年まで待たねばならなかった。

彼の業績が、一般の人の前に明らかにされるまでに、彼の死後なんと二十年という長い歳月が流れていたことになる。未完成ではあったにせよ、多くの可能性をはらんだ彼の業績が、それ相応の評価を与えられぬまま今日まで放置され続けているということは実に不思議な気がしてならない。

私が最近、彼の学問を積極的に評価せねばならないといった主旨にそって、彼の業績を検討するためのささやかな一文を草したのも、そうした筑土《つくど》鈴寛《れいかん》の不当な位置づけに、門《もん》外漢《がいかん》ながらも深い悲しみと苛立《いらだ》ちとを覚えずにいられなかったからである。この小文は、その論文の若干の修正と補足のために用意されたものである。

自己を読む行為

筑土鈴寛を今日に蘇生《そせい》せしめる目的で前稿を書いたわけであるが、はたして彼はそれによって蘇《よみがえ》ったといいうるのだろうか。残念ながら、彼の全体像から見たならば、否と答えざるをえないようである。彼が描き出す世界は恐ろしいまでに広くしかも深い。彼の文章にみられるあの息の長い蛇行《だこう》するセンテンス、改行を執拗《しつよう》に拒むあの思索《しさく》の持続力が、そのことを端的《たんてき》に物語っている。彼の著作に初めて接する人は、まずその独特の文体の前で、彼の世界に分け入ることの困難さを痛いほど思い知らされるのである。

彼の著作は、いうならば彼の精神のなかに宿る迷路《めいろ》の模写である。彼が専攻した国文学は、彼の目からすれば彼の精神の迷路にもっともふさわしい、しかも抜け出ることのほとんど絶望的な迷宮であった。したがって、彼のきわめて難解な論文を読むということは、彼とともに国文学の迷路に、いまだ何人も出口を見いだしたことのない奥深い迷宮に踏み入ることなのである。それは彼が問い続けてきた諸々《もろもろ》の疑問を、そのまま一身に引き受けねばならないことを意味している。その作業が苦痛に等しい忍耐の道であることは、もはやいうまでもないことであろう。この意味から、永井義憲が筑土鈴寛の学問を評して次のように述べているのは示唆《しさ》的である。

　先生が終生《しゅうせい》の念願とされたのは、もの心ついた日より心をとらえて放さぬ文芸の実態を、さらに遡《さかのぼ》って日本民族の精神にさぐり、その生きた姿の流転《るてん》の相を見つめようとしたのではなかったろうか。作者の名も定かに伝わらぬ庶民の詩心の凝集《ぎょうしゅう》ともいうべき、中世の語りもの文芸への探求、さらには少年の日以降、ふたたび因縁あって帰って行った信仰の世界に深く沈潜《ちんせん》し、儚《はかな》い人間の存在の背後に横たわる深淵《しんえん》と、その深淵にのぞむものの瞬間的な火花のきらめきとしての文学を凝視《ぎょうし》しようとしたのではなかったろうか。学問とは自《みずか》ら問い、自ら答えねばならぬもの。自らの質問に納得《なっとく》の行く答をする為に悪戦苦闘《あくせんくとう》する姿を私は先生のいずれの論考にも感ずるのであるが、しかも常に自らの研究を反省されて力足らずを嘆《たん》じておられるのであった。[1]

このことからも推測できるように、筑土鈴寛においては、書くという行為は、他者に読ませることにその主眼はなく、なによりまず自己を読む行為、日本民族・文化を解読するために自分自身に向かって書かれた孤独な行為であった。

彼は飽《あ》くことなく何度も何度も同じテーマ、同じ資料、さらには同じ文章までも、別の幾多《いくた》の論文のなかに繰り返し記述している。ときにはそれによって私たちの気がそがれるにせよ、それは彼の知見《ちけん》の狭さを示すものでもなければ、彼の整理能力の弱さを物語るものでもなく、まさしく彼がいかにそのテーマに心を奪われ、それと真剣に対決していたかを表わしているとみるべきなのだ。

彼の思考が彼の整理の能力を押しやぶって迷路の奥へ奥へと伸び進んでゆこうとするために、彼の頭のなかはつねに二つの欲求がぶつかり合うという凄《すさ》まじい戦場の様相を呈していたのである。彼がどんなにか多くのことを考え、多くの疑問を抱き、それについて多くのことを記述しようと思いながら、しかしそうできないままこの世を去らねばならなかったかを考えると、私は胸が痛くなる思いがしてならない。

論文という枚数の限定された形式が、彼にはどんなに残酷《ざんこく》なものであったのかは、たとえば、次の彼の言葉の響きのなかに充分に示されていると思われる。

「この稿は一気呵成《いっきかせい》に作り上げられてしまったもの故、いうべき事を多く漏しているし、いい足りない点も多く、論がうじゃうじゃしてしまって、読んでみると気恥しい。材料の中にはこまかい考証を経なければならぬのがあるが省略した。又、論の中にはかなり文学とは縁遠いこともいっているが、その点お許しを願わねばならぬ(2)」。「註《ちゅう》を設けて説明を補い、証拠《しょうこ》を挙げるつもりであったが、別の機会にまた説こうと思うので、ここでは一切省略した。極めて手短かにしようとしたため、説きあました点が多い。又説話性ともいうべきものの展開を、平家、曾我《そが》について次に述べるはずであったが、別の機会にしたい(3)」。

こうした、一見弁解《べんかい》にも受けとれる言葉は、彼の論文のほとんどすべてのなかに見いだすことができる。彼は、次の機会に、次の考察のときに、と疑問を残しつつその答えを求めて国文学の世界をさ迷い続けるが、論文を書けば書くほど疑問の山はいっそう増大するのであった。そこで小さな論文ではとても自らの疑問に対する答えを与え切れぬと悟《さと》った彼は『中世文学史の研究』(全三巻)を用意することでそれに答えようとするが、運命というものは残酷なものである。惜しいかな、それは戦火のなかにことごとく消え去ってしまった。

彼の落胆《らくたん》は想像するにあまりあるものである。彼はその数年後に、まるで後を追うかのごとく病を得て倒れている。残されたものは、彼によって示された文学を入口とした、謎《なぞ》と疑問によって構築されている日本文化の気の遠くなるような迷宮《めいきゅう》であった。

彼は私たちに次のようにいい残している。

「知らないままに多くの疑問を出しすぎたようである。与えられた……問題に対して答えるに、疑問で答えたのでは少しも事は進まないが、論文のシテは、まだ無明の中にある。この暗いものが新たな姿をとって生まれてくるのも、学問のたまふりによることであろう」[4]。（傍点筆者）

この言葉は、日本文化を研究する私たちに向かって、浮かばれぬまま冥界《めいかい》をさ迷っている彼が、正当に鎮魂《ちんこん》を求めている声ではないだろうか。

いずれであるにせよ、彼の学問がそして彼の取り上げた多くの問題が今もなお虐《しいた》げられ忘れられている現状を想起するならば、彼のいう「学問のたまふり」が、未だなされていないとはいい得るにちがいないはずである。彼にとって問題なのは、論文の増加でも新資料の発見でもなかった。そうしたことが大切なことももちろんだが、それは彼の学問にとって基礎であり世俗的なこととしての意味しかもたず、要は、研究者の主体がかかっている対象への接近の基本的な姿勢、基本的な方法なのである。

筑土鈴寛が国文学という限定された枠組《わくぐ》みのなかで思い悩みながら、ついに見いだした一つの方法。おそらくは彼が日頃から口癖《くちぐせ》のように説いていた〈絶対の文学〉に深くかかわっていると思われる、究極において実証主義的方法とは決定的に区別されねばならなくなる学問上の一つの思考方法。その方法を、私たちが容認できるかどうかは別としても、私たちがそれを確定することなくして、彼の学問の成果を総体として把握《はあく》することは不可能なことであると想像されるのである。

学問に反映する信仰

筑土鈴寛は生前からすでに周囲の人たちに異端視《いたんし》されていた。彼の学問の内容が当時の文献に重点をおく考証学的合理主義の国文学とは相容《あいい》れない性格のものだったからである。そのような結果を招く大きな理由として、私たちは彼のもう一つの生活——信仰を考えることができる。

筑土鈴寛は、北多摩郡神代村の昌翁寺の住職の長男として生まれ、十六歳の年に上野寛《かん》永寺《えいじ》内現龍院において得度《とくど》受戒《じゅかい》し、二十三歳の時、まだ国学院に在学中の身であったが、寛永寺内東漸院の住職となっている。信仰と学問とをはっきり区別する学者もいるが、筑土の場合、色濃く信仰が彼の学問のなかに反映された。

彼の国文学では、文学の根底に潜む信仰の世界を探り当て、その光のなかで、作品を、作者を、そして創作活動をとらえることが狙《ねら》いとされていた。彼には、文化的産物はまず信仰の所産として目に映ったはずである。彼が折口信夫《おりくちしのぶ》の学問に心ひかれたのも、そうした背景からだったといえる。

日本民族の文化と信仰という二つの核を契機《けいき》として、彼の学問は既成《きせい》の国文学の領域を逸脱《いつだつ》して「仏教史」さらには「民俗学」へと傾斜《けいしゃ》してゆくことになった。だが、このことは国文学を否定して民俗学や宗教学へと彼が専攻を変えたことを意味しない。そのようなラベル貼《は》りは私たちがすることであって、彼においては、いわゆる西欧の近代科学的学問の方法や領域とは異なる地平で自らの学問を育てようとの願いから、そのような結果が自然に導き出されたのである。

私が筑土の学をどのように称してよいかと苦しんだあげく《始源学《しげんがく》》と名づけざるをえなかったのも、このあたりに由来《ゆらい》している。

ところで、学と呼ぶからには当然のことだが、教義となる方法とか理論とか体系とかがなくてはならないわけである。だが、彼の中心となるはずであった著書が日の目を見ないままに消え去ってしまった現在、その残滓《ざんし》にしか相当しないような彼の細切れの論文のなかから、私たちはそれを想像するにすぎない。

そのようなわけで、彼の学の教義や体系を復元する作業はこれからだといえよう。始源学とは、その仮の名にすぎないわけであるが、ここで彼の学を《筑土学》と規定しない理由は、彼がそれなりに一般化を考えていたと思われるからである。

見方によれば、彼は異なった方向からであるにせよ、現代の人文・社会科学のもっとも突出した部分が取り組んでいる人間（日本人）の「生」の部分の解明を目指していたともいうことができるのである。

彼がどのような点で時代を先取りしていたかについては、すでに述べているので、以下ではその根本となる方法について検討してみようというわけである。

「慈円論」の有する意味

筑土鈴寛はその研究を推し進める過程で、いくつかの暗示的な用語を使用していた。たとえば〈原型遡源《そげん》の歴史方法〉とか〈原始型〉とか〈象徴としてみた歴史〉とかいった用語がそれである。これらの言葉はたしかにM・エリアーデのいうアルケ・タイプ（祖型）に課せられている意味合いに似た響きをもっている。

神話と儀礼とのなかに生きていた太古の民族の宗教生活の残骸《ざんがい》を発見することで、人間の聖なる時空における生活を復元《ふくげん》し、その意味を問い直そうとする考え方である。

だが、目指すものがそのようなものであっても、筑土鈴寛が対象にアプローチするための前提・基準となる方法論的概念は、エリアーデのそれ（つまり祖型の内容）とはだいぶ異なっていたように思われる。その相違が、彼の国文学を媒介《ばいかい》とした日本文化研究における記述の違いとして現われてくる。

ここで注意すべきことは、エリアーデと違って、筑土は通文化的な視点をもたず、日本民族・文化という閉鎖《へいさ》された時空のなかでその接近のための方法論を考えているということであろう。彼の学問はそれによってまさしく支えられていたのである。

筑土はまた、〈精神史的方法〉と〈民俗学的方法〉という二つの方法を対立的に用いている。この概念も私たちの注意をひく。これは中世文学とりわけ『平家物語』など一連の研究において、この時代が「低い民俗的なものが高く精神的なものに相対して、互いに交渉《こうしょう》しつつ、統一を得ようとしていた」ときであった、という認識から選びとられた方法である。(5)

ここで彼が主張する「精神史的方法」とは、特定の才能ある人物およびその作品を通じて人間のもつ普遍《ふへん》的なるものを探るという視点に基づく方法のようである。彼の「文化の歴史を、天才の創造にみることは、精神史の一面であったが、一方この方法は、個性の奥にある一般的なものをみようとしてゐる」という言葉が、その手懸《てがか》りとなるであろう。(「国学と文学と文学史」『復古と叙事詩』。以下の引用は、註記のないものはすべてこの論文である)

だが、筑土は、精神史的方法を個性、個別の背後にある一般的普遍的なものの検出を目指しているとして評価するものの、「しかし精神史などの方法が意識されたについては、近代の学術精神に個人的私的なものが、深く蝕《むしば》んでゐたからに外ならぬ」と批判し、「日本文化の状態は、はじめから大本に淵源《えんげん》し、原理の中なる文化である」ので、そうした個別と全体、特殊と普遍といった対立的な問題はなかったとも唱えている。

この観点は一歩誤れば全体主義や皇国史観に直結する考え方であるので(実際、その意図があったとも考えられる)、きわめて危険な発想であるが、彼はそれを、個人や社会・文化の枠組みを越えたところにある、日本民族の思惟《しい》および生活を根底から支えている存在論的な次元に属する〈何か〉を前提《ぜんてい》として論じているように考えられる。この次元においては、個人と社会（集団）といった対立はなく、その原理の内に調和し融合《ゆうごう》し合っている。それゆえ、ある天才の業績も無名の民衆たちのそれも、筑土によれば、その原理のもとへと吸収されてゆくことになる。

民俗学的方法と精神史的方法とが出会うのは、この地平においてである。二つの方法は異なった方向からやってきて、一つの地点で結合する。その典型的な例が、『平家物語』であり『神道集』であったわけである。

ところで、筑土鈴寛の用いた、いわゆる唱導の研究のためのこの二つの方法によるアプローチを評して、藤井《ふじい》貞和《さだかず》は、「方法はついに対象によって規定されるというのがこのような人文研究において、いってみれば自然に近い処置だといえる(6)」と述べている。

だが、筑土の日本文化に迫る基本姿勢から考えて、私たちは藤井の説くように、筑土の方法を対象によって規定されていると、はたしていってよいのだろうか。たしかにこの問いは容易に答えを出しかねる性質のものであろう。しかし彼のもっとも根幹《こんかん》となる方法は、彼の断片《だんぺん》的発言から再構成する限り、日本民族・文化という枠内にいちおう規定されてはいるものの、唱導文学、中世文学によっては決して規定されないような方法として考えねばならないと思われる。精神史も民俗学も、彼にとっては対象の分析のための補助的な方

法としてのみ意味を有していたのである。（ただし、柳田と折口の民俗学の根底を流れる方法論的な発想は、はずされる）

筑土の基本的方法は、あえていえば、〈日本的記述の方法〉と呼ぶことができるであろう。それを方法とするにはあまりに仰々《ぎょうぎょう》し過ぎるかもしれない。むしろ視点の方がずっと好ましいのだが、彼の論述のほとんどすべてがこの視点にそって展開されていると思えるのでさしあたって、彼の論文記述を律している視点の意味をこめて方法としておくことにする。

この方法は、その適用においてエリアーデのそれに近く、その本質において西欧神学に近いといえるが、彼自身はそれを、自分の専門領域の研究を通じて、日本の伝統的な学問のなかから見いだしたものである。

筑土鈴寛はその著『復古と叙事詩』の「はしがき」で、

「ひとつの問題をつきつめていったとき、おのづから、中世を、従来の見方とは別に考へなければならぬことを感じた。歴史の黙契《もっけい》ともいふべき、歴史の本意《ほんい》の結縁《けちえん》をたづねるやうな態度で歴史をみようとした」と述べている。

この文は、国文学から出発した彼が、この時期にその研究方法の改編の必要に迫られていたことを如実《にょじつ》に伝えているので興味深いものであるが、いったい彼は見方をどう変えたのであろうか。そこで問題となってくるのが、同じ年に彼が著わした慈円論の有する意味である。

これは『慈円・国家と歴史及び文学』と題され、彼が著わした論文のなかでももっとも長く、しかも組織的に編まれている。総ページ四四三ページ（本文三二八ページ、年譜一一五ページ）。三部に分かれ、前半の二部が本文で、第三部は年譜という構成になっている。

第一部は慈円の年代記にあてられていて、私的な感情を可能な限り殺して、冷静な態度で彼は慈円をその時代の荒々しい波のなかに位置づけている。

第二部では、精神史、国家と宗教、信仰と教理、道理と幽玄《ゆうげん》、歴史と文学との救済《きゅうさい》、歌と表現、未来記、とに章分けがなされ、慈円の書き残した政治書や歌や歌論を手懸りにして、その精神と行動とが検討されている。ここで彼が採用している主たる方法は、個別の分析から一般的なるものを発見する〈精神史的方法〉である。そして、丹念《たんねん》な考察の果てに、筑土鈴寛は慈円の行動と精神とを支えているものが《神》であることを知る。「仏」はその神の変身であって、日本民族とその文化はそれの所産なのだ。

筑土は、慈円が《神》という宇宙的存在の下に乱れきった現世を把握し、その一方では、《神》に愛《め》でられた理想の世を想い描き、歌をもってそうした理想世界の到来《とうらい》を祈る言葉とした、との結論に到達したわけである。彼はいう、「慈円の歌はまことの根源から発して、まことの母胎《ぼたい》へ還《かえ》さうとするために歌はれた」（『慈円』）と。つまり、慈円にとって《歌》とは国を治めるための祈りであり真言であり、それゆえ神の言葉でもあった。

『慈円』の出版の後、筑土鈴寛は慈円にみられる世界認識の仕方を拡張し、自らも歴史を《神》という宇宙的存在の下で、というよりも神のわざの結果としてとらえねば日本の文化の本質を理解するに至れない、との考えをとることになってゆく。すなわち、この時から彼は〈精神史的方法〉による研究から離れ、

「国の心と民族のいのちとを、実感する方法として、歌が考へられたことは、類《たぐ》ひのない方法であつて、宗教論や哲学の方法を以《もつ》てすること以上に、正しい道であつたと思ふ。神を実感するのに、まつりがあつたけれど、歌もまた、その直接の方法であり、行ひであつた」との見解にそって、日本民族は歌という表現形式を媒介にして神と交わり歴史を形成してきたのだから、いわば歴史とは、神わざの事実の集積と解さねばならず、したがって、日本の文化・歴史を真に考察するためには、この視点、神（の言葉）＝真言＝歌を欠いてはならず、この視点をとることによってのみ、日本文化の本質に迫り、それを明らめることができる、という思考方法をその研究に適用することになる。

その結果、筑土は、研究の基準となるモデルを、次のように設定する。文化とは《神》の所産であり文化を根底で支えている。祭りや歌が、《神》と人間との交流の手段となり、その媒体が宗教—呪術《じゆじゆつ》者であり、詩人であること。

彼は、そこで、次のように説く。

「『あや』は、神と人と相通ずる象徴の帳《とばり》の如《ごと》きものである。これあつて、神意はたどら

れ神またうべなひ給ふところのものであつた……『あや』は、人の世になつて、神を呼び、神人一になるための方法であつて、世降つては、詩人の宿命になり、意識して、これを歌はねばならなくなつたのである」。

国文学的研究とは、それゆえ、神の言葉および神への言葉としての文学の研究でなければならないわけである。

これはけっして唱導文学にのみ限定された方法でもなければ、中世文化にのみ限られた方法でもなく、日本の全時代にわたって適用可能な方法である。筑土の用いる〈原始型〉の発見の作業つまり〈原型溯源の歴史方法〉とは、この方法的観点から生まれたものといえるであろう。

本居宣長を高く評価する

ところで、筑土鈴寛の著述の世界を支配する視点と方法とは、彼独自のものであったわけではない。彼がその方法を見いだしたのは、「神のわざを史に、神の心を歌によつて明らめる」と説く、本居宣長《もとおりのりなが》を代表とする近世国学《こくがく》のなかからであった。

彼は西欧の科学と対立させて、その方法について次のようにいう。

いまの世の、創造の神話時代にあつて、文学のまなびは、その認識の方法はいかにあるべきか、近世の国学は、大きな暗示をなほ与へる。国学のまなびの原理を、今の世に実証するところに、新国学は生れるので、諸他の科学的方法を以《もつ》て、新たなる国学の組織をといふけれど、方法はむしろ身近かに、素朴《そぼく》な姿で存してゐるやうに思へる。文学には文学の道を以てする方法がある。われわれの生活にある文学は、おのづとその血統を明かにし、国土とつらなる血脈をあらはにする。学問が生活を離れた存在でない以上は、学問に文学的認識論が必要なのである。そこではじめて諸他の科学をいふことができるのではないか。

国学をもって文学の認識論と措定《そてい》することで西欧的人文科学と対決しようとする筑土は、本居宣長の学問的方法を高く評価する。

国学における神観（とくにいま宣長についてのみいふ）の不徹底《ふてってい》といふことがいはれるけれど、宣長の神不測《ふそく》論は、宣長が知の限界を示し、神の大きさと深さとを、敬ひと虔みとによつて教へた、真の学者的態度であることを、かへつて思はせるのである。宣長の客観的知性の態度と神不可測《ふかそく》論とを矛盾したものの如《ごと》くいふけれど、真の客観精神は、あのやうな態度にいづるものである。これはそのまま宣長の学問態度についての問題になるけれども、私はかへつて実証精神の奥の深さを之《これ》によつて思ふものである。神そのものを知るといふより、行ひによつて之を感じとるといつた国学の実践《じっせん》精神がむしろ思はれ、極めて暗示の深い態度であると思つてゐる。

筑土は、したがって、国学的方法を二つの側面から把握《はあく》しているということができる。一つは対象を「理」によって知る方法、いま一つは「身」で感じとる方法である。そして「神を理によつて、わかち知るのではなく、全体として体感しようとする」ことに国学の学たる真髄《しんずい》があるという。これはまず、客観的な姿勢で対象に迫り、その究極《きゅうきょく》においての主体的実践的な態度でその本質を極めるという方法を意味する。

国学が純潔《じゅんけつ》をいとほしみ、自らに立つて自らの道を反省したことは、これをしも、みごとな実証精神といふべきであつた。これは宣長のまなびの如き、客観的精神の根本を示すと同時に、また黙契と体解との実感のまなびであつたことを示してゐる。古道《こどう》をいのちとし、生活するものにとつては、道を客観のまなびの明証にもたらし、その窮極においては、主体的な方法を以てしかとらへられぬのではなかつたかと思はれる。何故となれば、国学は自らのいのちを、神——歴史の中なる自らをまなぶ学問であつて、その道をいのちとする学問であつたからである。国学の非合理的で、素朴な認識方法は、かへつて、他の諸学から分つ重要な意味をもつてゐることになる。国学が文学そのものの認識論に負ふてゐることは、たんに国学発生の歴史的事実のうへの問題でなく、国学の本質問題に属してゐる。

筑土鈴寛は、本居宣長が市川匡麿《いちかわたずまろ》との論争のなかで執拗《しつよう》なまでに固執《こしつ》した、〈漢意《からごころ》的方法〉（これを西欧近代諸科学に置き換えてみることもできる）によってはこぼれ落ちてしまう、しかしながら日本文化を把握するためにはどうしてもすくい取らねばならない、人間の「理」の枠を越えて存在する〈何か〉への接近の方法に深い共感を覚えたのだ。国学のなかに自己の学の根本とする認識方法を見た彼は、熱っぽい口調でさらに次のように続ける。

自らにして、神ありといふとき、神ながらは、しかく神のまに〳〵現成した国がらと人がらの事実を信じ行ふといふ神わざの事実の疑のない信念のまゝに、自らの血と系譜《けいふ》の歴史のまゝに、行ふべしとする精神であり、それは神の行ひの歴史といふべきであらう。事実に即して神のわざが行はれるといふところ、歴史事実そのものにも、深い象徴的意義が考へられ、歴史創造の根源は神にあるとの信念も、たんなる、信仰的な言ひ方でなく、事実に即してのもので、日本の歴史の真乎至純《しんこしじゅん》な事実、及びその創造は、必ず根源の神とともにあらずして現成しなかつたのである。事実そのものに象徴の多義を蔵してゐるといふ見方に、日本の文化の多くの特徴があると思ふ。

《神》という存在をその方法の根幹にすえることによって、実証科学的方法ではたどりつけない世界に、筑土の国学的方法は入り込んでいける。外からの観察者は、それがいかに客観的で科学的であると主張しようとも、最後まで外から視線を対象のうえに投げかけるにすぎない。その方法に留まる限り対象のはらむ内なる世界を知りえないのである。

国学的方法は、外から対象ににじりよりもするが、同時に対象を内在化し、そこから出発もする。この方法によってのみ「内なるものを外にし、外なるものを内にする」ことが可能なのだ。国学的方法とは「身をもつて身を知る」、いうならば自らの肉体を解剖《かいぼう》することによって自らの肉体の仕組みを知るという危ない方法といえるであろう。筑土鈴寛はしかし、この方法を選びとったのであった。

彼の方法を、信仰であるとか、神懸《かみがか》っているとか、詩人的であるとかいって非難《ひなん》することは、容易であろう。とくに社会科学者からそうした批判が出てくるのは当然のことだと思う。たしかにそうなのだ。だが、筑土鈴寛の学問は、そうした、いわゆる西欧近代の諸科学にその方法論的基盤を求めず、日本の学問的伝統にそれを求めているのであり、そこに彼の学問が異彩《いさい》を放つ理由が潜んでいるのである。

こうした方法は、結局、どのような結果を導き出せるかによってある程度評価が決定されることになる。すなわち、実証性よりも説得《せっとく》性を優先させているからである。実際、筑土の論考は説得力にあふれ、豊かな想像力がはばたいているのである。これまでの社会科学は、人間の精神活動を無視することによって成り立ってきた。

たとえば「双子《ふたご》は鳥である」といったたぐいの異文化の人々の言葉を無視しても、その社会を理解したと主張してきた（今はそうではないようだが）。だが、それは無限に変化する人間の姿のほんの一部を見たのにすぎない。人間が一つの方法論によって記述し説明し尽《つ》くせるとすれば、そのとき、学問は、少なくとも人間に関する学問は、終了したことになる。

だが、学問の現状をみる限り、むしろ筑土のいうように、人間科学のシテたちは、まだ無明《むみょう》のなかをさ迷っていると考えた方が正しいようである。

新たな迷宮の建設

「実感と体験による、原初純粋な認識方法であり、混沌未分《こんとんみぶん》の思想である」文学に迫るため筑土鈴寛が採用した国学的方法を、そのまま〈日本的記述の方法〉として一般化できるかはいまのところ断定しかねるが、そう考えてもおかしくはない方法であることはたしかである。

ただ、誤解を避けるため、私たちは、彼の方法論を二つに分けておきたいと思う。一つは〈方法としての神〉、一つは〈実在としての神〉に。筑土鈴寛の内にはこの二つがともに存在していた。

彼は、慈円の姿のなかに自己を発見したことに示されるように、天台宗の僧であると同時に歌人であり、神の実在を信じていた。この点をとくに銘記《めいき》しておかねばならない。彼の著作は、その《神》を探究するための営みであると同時に、神の所産なのである。したがって、対象と方法と思想とが混沌と化している彼の学問から、その方法のみを引き出す作業は至難《しなん》の業であり、彼の学そのものを見失うことにもなりかねない作業である。ただ、〈実在としての神〉を認めない人々にとっては、彼の〈方法としての神〉の部分しか、つまり《神》という視点を導入することで研究対象のより明確な分析が可能となり、総合的な理解が容易になったといった点しか、評価ができないのである。これは西欧科学を善とする私たちにとっては不幸なことであると思われる。

私たちは、二十年以上も前に、筑土鈴寛の学問を見失った。このことは、日本が長い間育ててきた伝統的学問を捨て、西欧科学を新たに迎え入れたことと深く関係している。私たちは彼を見る目をそれによって失ったのである。

ここで私たちは、私が第一論文でいわずにすませていたことについて触れねばならない。それは、民俗学の思想的・方法論的起源のことである。

現在の民俗学は、その確固《かつこ》とした認識論や方法論を確立できぬまま、歴史学と社会学（人類学）との二つの分野へと、理論的な面で吸収されつつある。

時代が変わったからとはいえ、これで良いのであろうか、と思いつつ、民俗学者として筑土鈴寛にアプローチしていったとき、私は筑土鈴寛が、柳田国男と折口信夫と驚くほど近い距離の所にいるのに気づいたのである。そのときはまだ漠然としか摑《つか》めておらず、また西欧科学的分析の方法にそって、彼を位置づけるのが目的でもあったので書かなかったが、この三者の学問の根底には、右でみたような国学的な伝統が流れていたようである。

柳田や折口は、その当初から自己の学問を「新しき国学」と呼んでいたことは誰でも知るところであるが、彼らの狙《ねら》いもまた日本の《神》の解明であった。極言《きょくげん》すれば、彼らの学問は《神》によって律せられている。折口信夫が柳田国男の学問の目的について述べた次の言葉は、その意味で暗示的《あんじてき》である。

先生のあゝした学問は、どう言ふ動機ではじめられ、先生の学問の目的はどこにすゑられてあつたか、さう言ふ事の探求は、従来の人の研究に任すより、我々の方が確かなものを得てゐると言へませう。一口に言へば、先生の学問は、「神」を目的としてゐる。日本の神の研究は、先生の学問に著手《ちやくしゆ》された最初の目的であり、其《それ》が又、今日において最《もつとも》明らかな対象として浮き上って見えるのです。(7)（傍点筆者）

折口が柳田に与えたこの言葉は、そのまま折口自身についてもいえることである。筑土鈴寛は折口信夫から霊感を受けて国文学者として出発し、戦争直後、一切の資料を失って途方《とほう》に暮れていたとき、柳田国男によって東大図書館内に仮の研究室をもてるよう世話を受けている。

この三人の民俗学者を結びつけていたのは、無意識であったのかもしれないが、国学的伝統であったように思われてならない。日本民俗学がその方法論的独自性を主張するためには、この国学的発想の占める位置が大きいのではないだろうか。近世以後の学問における〈日本的記述の方法〉を考えるうえで、われわれは、柳田・折口・筑土たちの新国学あるいは民俗学的方法を見逃すことはできないと思われる。だが、今日の民俗学者はこの点に気づいていないようだ。

高橋英夫は、民俗学における国学に触れて鋭い指摘《してき》を行なっている。

> 彼ら二人によって〈新しき国学〉と呼ばれた学問が、その後継者《こうけいしゃ》・賛成者・批判者の手に渡ったとき、それが〈柳田学〉・〈折口学〉と変わったのである。名称の変更が実質に何らの影響を及ぼさないとは言えない。名辞《めいじ》が変わったとき、明らかにその内容の、ある部分も変化したのである……先覚者《せんかくしゃ》たちに理想として存在していた〈新しき国学〉という観念は、代がかわって〈柳田学〉・〈折口学〉になったとき（それが〈日本民俗学〉・〈民俗学的國文学〉になったときでさえも同様であるが）、そこで消滅《しょうめつ》してしまう可能性がけっして少なくはないのである……私はその観念の消滅する可否善悪

を言うのではない。なぜなら、これは現実の進展だからである。ただ、私はそこにもし変質が認定されるとしたら、それに対して敏感《びんかん》であるべきである、と言いたいのである。(8)

柳田国男、折口信夫、そして筑土鈴寛。彼らはそれぞれ、民俗から、古代から、中世から、日本の《神》を求めて日本文化という奥深い迷宮に踏み込んで行った。だが、彼らにとって、彼らの仕事はその迷宮の解明であったにしても、私たちにとってはそれは新たな迷宮の建設であったのではないだろうか。

〈日本的記述の方法〉というテーマのもとに筑土鈴寛の学問にみられる方法を探究してきた私たちであったが、筑土鈴寛を支えている方法論的思想の根は予想以上に強く深いことを考えずにはいられない。

多くの人々は、新しいものを求め、古い時代のものを忘れようと努める。だが、それが古いとは誰も確証することはできないはずである。

筑土鈴寛は忘れられている。ある意味では柳田も折口も忘れられているのかもしれない。それを私たちが蘇《よみがえ》らせるのは、一体いつのことだろうか。

注

（1）永井義憲「『中世芸文の研究』後記」筑土鈴寛『中世芸文の研究』有精堂、一九六六。

（2）筑土鈴寛「唱導と本地文学と」『中世芸文の研究』有精堂、一九六六。

（3）筑土「歴史と伝説――曾我物語成立考――」前掲書。

（4）筑土「芸能と生命様式」前掲書。

（5）筑土「中世芸能とくに平家物語をめぐりて」前掲書。

（6）藤井貞和「筑土鈴寛――民俗のリズムと国文研究――」『伝統と現代』第二五号。

（7）折口信夫「先生の学問」『折口信夫全集』第十六巻（中央公論社、一九五五）所収。

（8）高橋英夫「折口学の発生序説」『中央公論』昭和四十三年二月号。

筑土鈴寛と超世の霊童——筑土鈴寛論補遺

筑土鈴寛の著作を読みながらいつも感じるのは、彼は周辺的事柄《ことがら》と思えるようなものを巧《たく》みに寄せ合わせてそれを中心的事柄へと移し変えてしまう特殊な能力を所有していた、ということである。

筑土の著作の難解さの一つは、こうした点にあるといえるが、しかし私たちに獲得することの不可能な能力であるわけではない。厳しい知的鍛練《たんれん》を積み重ねることによって、ある程度まで彼のそれに近づくことができ、そしてそうすることによってもっとも良く彼の仕事の内容を理解することが可能となるのである。

筑土の学問は、今日の言葉でいえば、日本文化の底に流れる伝統的思想、つまり日本人の精神の古層《こそう》、深層《しんそう》の精神史を明らかにすることであった。彼は国文学者という肩書《かたがき》をもっていたが、作品の鑑賞にそれほど満足せず、作品の奥底に潜《ひそ》む思想、それも個人のそれではなく、個人の思想の母胎《ぼたい》となった時代と文化の思想を読み取ることに興味を覚えたのであり、その意味で、私は、彼を民俗学者の側に近づけて理解するわけである。

ところで、筑土の扱う領域は非常に広い範囲にわたっているが、それを統一するいくつかの基本的概念が存在している。その一つが「超世《ちようせい》の霊童の信仰」と呼ぶものである。彼は、この霊童を、日本文化の奥底にあって文化をダイナミックでかつ神秘的なものにしている力の源泉とみなしていたらしい。換言《かんげん》すれば、霊童は宇宙の力の形象《けいしよう》なのであった。

筑土は、『本朝法華験記《ほんちようほつけげんき》』や『今昔物語集《こんじやくものがたりしゆう》』などに姿を見せる、高僧や山岳修行僧《さんがくしゆぎようそう》に随従《ずいじゆう》する「護法童子《ごほうどうじ》」に着目し、その丹念《たんねん》な分析《ぶんせき》を媒介《ばいかい》にして、中世の神々の世界を探求して行く。すなわち、義経のような悲劇の英雄、『説経』の愛護《あいご》の若《わか》、『御伽草子《おとぎそうし》』に登場する幼い主人公たち、さらには民間信仰の座敷《ざしき》ワラシや竈神《かまどがみ》＝ウントク、昔話の龍宮《りゆうぐう》童子にまでその面影《おもかげ》を認め、それらを同一のカテゴリーに入れて議論すべきことを提唱《ていしよう》する。

筑土は、こうした説話的形象を《霊童》という概念で結びつけつつ、それらを生み支えている精神的基盤へと分け入って行く。霊童はどこから生まれ、どこに去ってゆくのか。それは何を表象《ひようしよう》し、いかなる機能を帯びているのか。

こうした疑問にはじめて立ち向かった彼の解答は、錯綜《さくそう》し暗示的なところで留まっていることが多いが、しかし今日の研究を踏まえてそれを読み直すと、彼の視点が実に適確《てきかく》なものであったことが判明するはずである。

筑土の霊童に対するイメージを整理して述べると、天と地、水と地、地下と地上、生と死、美と醜、神と人間、怪物と人間、彼《ひ》岸《がん》と此《し》岸《がん》、等々の中間にあって双方《そうほう》の間を往還《おうかん》し両者を結びつける媒介者的役割を有するもの、と理解していたように思われる。

天空を飛行し、地中に潜り、食物を運び、悪鬼を退散させ、貴人の危難を救い、富を自在にする霊童は、宇宙の力の表象化したものであり、いうならば、移動する宇宙軸である。人々は、宇宙に生ずる説明し難い神秘に直面したとき、この霊童を介してそれを説明しようと試みるのである。したがって、筑土も神秘の背後に霊童の姿を見る。たとえば、「信《し》貴《ぎ》山縁起《さんえんぎ》」を考察する場合の視点もそのようなものである。延喜《えんぎ》の帝《みかど》の重い病を治すのは、〈剣の護法〉であり、また長者の米倉を運び去る飛鉢を操作しているのも同様に護法童子の一種であろう、と彼は推論する。絵画のなかに描かれていないものを彼は読み解くのである。それは一種の勘であるが、しかしながら、たんなる勘ではなく、十分な根拠をもった発言であることをわれわれは知っている。

筑土は、次のようにそれを暗示的《あんじてき》に述べる。

　なるほど、飛鉢伝説の多くは、超自然の力を仮りず、行者《ぎょうじゃ》の験《げん》でこれを行うてゐる説話が、例として多い。しかし、飛鉢を行者自身が行はないで、他のものが代つてする例もないではない、性空の乙護法はさうであつた。しかし、私の見たこの例は、時代の下つた書物の例であるから控へるが、しかし具体の事例は限定されてゐる。何も背後になかつたか、容易に断定はできない……飛鉢がこれら童子の力にもよつたらうといふことは、この護法こそ、行者に必ず随従して、よく働いたのである。もちろん信貴《しぎ》の鉢飛しは護法童子のそれだとはいつてゐない。しかし、命蓮《みようれん》の所にもゐたことは明らかで、これを剣蓋童子といつて、毘沙門《びしやもん》の使者とすることはもちろんである。性空の童子も毘沙門から請受《こいう》けた。しかし、多くの童子の性格をみると、しきりに食料の事にこだはるのが童子の性分《しようぶん》であつて（「使霊と叙事伝説」参照）鉢と全然縁がなかったわけではない。これを毘沙門の童子といつたが、その姿は何《いず》れにもとりえた。鎌倉期になると弁財天《べんざいてん》の童子が活躍してくる。命蓮の鉢の背後に、私はさうしたものゝ力がひそんでゐたやうに思ふのである。あの生き生きとした説明は、鉢の神秘が、識閾《しきいき》下にはたらいてゐたところの説明であつたかと思ふ。

何度も繰り返して、信貴の鉢が護法によってあやつられたとは断言しない、と述べつつも、彼は要するに、飛鉢の背後に護法を見たのである。

筑土は、『峯相記《みねあいき》』や『元亨釈書《げんこうしやくしよ》』などを引用するが、不思議なことに、信貴山の護法について述べてある『聖誉紗』には言及していない。失念していたのか、時代が下った書物であるので意図的に触れなかったのか、それともまだその記事を知らなかったのだろうか。

いずれにせよ、そのなかには筑土が飛びついて喜びそうな伝説が語られている。

信貴山。牛臥寺は信貴山の北端にこれ在り。今は野山なり。命蓮上人の時、今の真言堂へ引移し、これを造らしむ。真言堂すなわち牛臥寺なり。本願命蓮上人の護法をつかひて玉ふ。一には劔蓋護法、其の形、劔を以って衣とせり。たれへは蓑《みの》の如《ごと》くなり。大門の東脇の宝殿にこれ在り。一には空鉢護法、其の形、蛇形なり。鉢を首に載《いただ》く。昔、山崎に住しける男、信貴山に参じて福祐《ふくゆう》を祈る。霊夢に云ふ。福分《ふくぶん》を与ふべし。但《ただ》し、毎朝一人の僧鉢を持ちて行すべし。必ず供養《くよう》せば、福分汝《なんじ》が所望に随《したが》ふべし云云。彼の男、下向《げこう》の後、福貴申計《もうすばかり》なし。大福長者となりぬ。時世、山崎の長者と云ふ。夢相の如く、毎朝一人の僧鉢を持ちて来ること常なり。供養する事、又懈怠《けたい》無し。あまり年久しく此《かく》の如くありければ、或る朝、長者が家族むつかしがりて、只、黒米を鉢に入れて奉《たてまつ》り、あまつさへ魚肉を鉢に投入れてかへしぬ。此僧、鉢を持ちてかへる時、或《あ》る河の中にて鉢を洗ひ、魚肉を捨てしまふ。其の時、彼の長者が庫蔵悉《ことごと》く飛びて、信貴山に来たりて、長者貧窮《ひんきゅう》となりぬ。長者が家の礎《いしずえ》の石、飛び来たりて、信貴山に著《つ》く。今、蔵尾にあり。長者が蔵の棟木は、あせ蔵に納まりぬ。是れ空鉢護法の僧と現じて至し給しなり。

筑土がこの伝承を知らなかったとすれば、彼の推論はまことに見事なものであったといわざるをえない。少なくとも、後世の人々は、信貴山の飛鉢の背後に護法を認めたのであるから、彼の読みは的確であった、ということになるはずである。

ところで、筑土の推論は、別の方向からも構築されていたようである。すなわち、「信貴山の鉢の如きは、厄介《やつかい》な愛敬《あいきよう》ものゝやうに扱はれてほゝゑましいが、ことによると、長者没落の一系の話があつて、幸福なる恵みに馴《な》れて、尊ぶべきものを粗略《そりやく》に扱つたゆゑんに、見放された家となりおほせたといふやうな話の、何か機縁《きえん》あつて、高僧の法験譚に入込むやうになつたのではなからうか」と述べている。

この推論も右に示した伝承と重なり、筑土が知っていたのではないかという疑いを一層いだかせる。

それはそれとして、とにかく、彼は鉢と護法との深い関係を見いだし、護法童子と富とのつながりに目を向け、そしてその具体的な例として、東北の座敷《ざしき》ワラシやウントク、ヒヨウトクの霊童が、富と深い関係をもっていることを挙げるのである。つまり、その霊童が往来している間、その家は富貴《ふうき》自由であるが、それを疎《おろそ》かに扱ったりして退去したならば、没落するというモティーフと対比させて、信貴山の飛鉢＝飛倉譚《たん》を読み解くわけである。

こうした推論は、座敷ワラシやウントクなどが護法童子の後裔《こうえい》であるというばかりでなく、人々がいだいていた経済の神秘に対する一つの説明として霊童が用いられていたということをも意味しており、大いに注目すべきことであろう。霊童の来訪が富の来訪を意味するという信仰は、逆の見方をすれば、富の来訪が霊童の来訪によっているのだという形の説明の定着化し信仰化したものなのである。この考え方を敷衍《ふえん》させることによって、閉《へい》鎖的《さてき》な村落社会の富の変動についての民俗レベルの説明体系をも解釈することが可能となってくる。犬神やオサキ、イヅナなど憑《つ》きもの信仰も、筑土が予想した雲童と富との関係から解釈する道が開かれているのである。

このように、筑土は、人間が不可解な現象を科学的ではないが一貫した合理性のある説明体系によって解釈しようとするときに用いられるものとして再創造した《霊童》の概念に照準《しょうじゅん》を当てることによって、日本人の精神の内奥《ないおう》に入り込むことに成功したのであった。

要するに、霊童は、人間と彼を取り巻く宇宙との架《か》け橋なのであり、それゆえに、霊童の運動によって世界を把握し説明し、相互の関係づけが企《くわだ》てられることになる、ということを筑土は無意識的に気付いていたわけである。

もっとも、筑土の著述が、こうした護法のみを下敷《したじき》にして書かれているわけではない。修験《しゅげん》や盲僧《もうそう》などの民間の宗教的管理者の考察や、山の文芸や民間芸能、死と再生や境界の問題、などを中心的シェーマにしながら論じたものも多い。

だが、それらのテーマも霊童と直接、間接につながっている。というのも霊童が神の意識の形象であり、その赤色もしくは黒色という色彩に象徴化されているごとく、火や竈を介して大地に連なっているからである。

そして、霊童を探りながら、筑土は日本人の精神生活の根本にあるものが大地であることを知る。大地は、人が生まれそして帰って行く場所であり、あらゆるもの〻母胎《ぼたい》であると気づくことによって、彼は霊童をその力の現われとしてとらえ直す。竈神が童子であること、皇慶《こうけい》の護法が竈の下で養われていたこと、大地を震動《しんどう》させること、弁才法と関係があること、等々から、霊童が、他の霊としての性格を帯びていることを推定する。そしてその点から、大地の管理者たる盲僧とのつながりが浮かび上がってくるであろうし、山岳の管理者たる修験との関係も明らかとなってくるわけである。

しかも、それらの存在を深く読み解くことによって途方《とほう》もなく大きな問題、すなわち《死》の問題に行き当たることになる。彼はそれを次のように説く。

「生産儀式が、大地に就《つ》いての信仰を伴つてゐ、土地の生命の生死と人間の生死とが融《ゆう》即《そく》して考へられ、土地と人間と生産生活に共通した生命法則ともいふべきものがあつて、念仏宗《ねんぶつしゅう》のうちのあるものの如さは、墓地、土相、土地の境といふやうな、土に対する観念が、死の観念と共に存してゐたのではないだらうか」。

筑土は、このように、大地と生命と死とを相互に関連するものとしてとらえ、とりわけ死への関心が際立ち、それが人間の意識の表層《ひょうそう》に浮かび上がってきた時代として中世を理解し、そのなかでの霊童の変身が、どのようなものであったかを深く考えつづけていたのであった。

たとえば『平家物語』に触れた一文で、筑土は中世の精神様式を次のように力説する。

「存在の根元に触れ、いかに相剋《そうこく》相対の世界を超えて生くべきか、中世の道は、宗教にあれ、芸術にあれ、熾烈《しれつ》にそれを求めたのである。歴史に於《お》ける普遍《ふへん》絶対の理、政治に於ける普遍の道理、宗教に於ける絶対他力道、芸術に於ける幽玄《ゆうげん》、いづれも生死の根元、統一的生命の道に触れ、或《あるい》は触れんとしたのである。生命の無量寿《むりようじゆ》、永遠の憧《あこが》れ、これが中世の精神様式である」。

このように、霊童を媒介《ばいかい》にして「生死の根元、統一的生命の道」に入り込んで行った筑土の中世的世界への思索の足跡が、彼の業績なのであるといえるであろう。

だが、残念ながら、筑土の独創的な業績の正当にして組織立った評価は、いまのところほとんどなされていないのが実状である。

益田勝実《ますだかつみ》は、

「柳田国男、折口信夫のきりひらいた学問を偉大だと思うが、そこにある〈欠陥〉を感じとるのは、民族固有への遡源《そげん》・純化の方法がしからしめたものだろう。遡源は、純化は、同時に多くのものをふりすてねばならなかった。最大の忘れものは、〈仏教〉であろう」。

(せりか書房版『筑土鈴寛著作集』パンフレット)

と述べ、筑土鈴寛の学問を、柳田、折口の学問の〈欠陥〉を救う息子的学問である、と評している。

この息子は、虐げられ邪魔物《じゃまもの》扱いされて正統な地位や場所をなかなか与えられることはない。だが、日本民俗学史のなかで柳田・折口を絶対視するのではなく相対的にとらえ直す作業が徐々に進められつつある今日、筑土の正当な評価を改めて行ない、それを踏まえて、その豊かな内容の業績のより現代的な発展が今後試みられる必要があると思われる。『著作集』全五巻（せりか書房）が刊行されたこの機会に、徹底した筑土鈴寛の学問の吟味《ぎんみ》がなされることを期待するのは、けっして私一人ではないはずである。

そして、そうした作業は、たんに彼の偉大さや名誉をほめたたえるだけでなく、彼の推論を創りだした想像力を真に継承し、彼のテーマを深く掘り下げるとともに、拡大した形で展開させる仕事を生み出すことでもあるといえるであろう。

旧版あとがき

この冬、私が数年前から民俗調査を行なっている高知の山奥の村で、いくつかの祭を見た。この地方において活動しているいざなぎ流の祈禱師《きとうし》たちが、村人たちの求めに応じて行なう祭である。

その祭は、数日間にわたって行なわれる。単調なリズムに乗って延々と唱えられてゆくさまざまな種類の「いざなぎ流の祭文《さいもん》」類を耳にしながら、私は、遠い昔の陰陽師《おんみようじ》や修験《しゆげん》者《じゃ》たちの姿を想い描いた。あるいはまた、祭に先立って、祈禱師が祭域を浄《きよ》める儀礼を行なった後、その儀礼によって取り集められた《汚《けが》れ》を御幣《ごへい》に憑《つ》けて、「みてぐら」と称するワラ製の器に納め、夕闇が迫った山腹の暗い林に祈り鎮《しず》める光景を見ながら、私は古代か、中世に迷い込んだのではないか、という錯覚《さっかく》に襲われたりもした。

いざなぎ流の祈禱師の多くは「科学的」とはいえないが、私たちよりはるかに説明好きであり民衆に密着している。古式の神事をかたくなに守っているが、充分に現代文化をも享受《きょうじゅ》している。明らかに、彼らは現代人なのである。だが、私は自分に向かって問いかける。「彼らは誰だ、何者か」と。

こうした問いかけを、私は初めてこの村を訪れたときから、絶えず発し続けてきた。私が過去の日本について真剣に取り組み始めたのも、こうした問いに対し、私なりの答えをなんとか見いだそうと考えたからであった。

学部から大学院修士課程にかけての時期の私は、もっぱらアフリカの宗教に興味をいだいていた。修士論文も、アフリカの妖術・邪術について書く予定であった。しかし、修士課程を終えるのに必要な実習の単位レポートのために調査に赴《おもむ》いた高知の山奥で、右のいざなぎ流の存在を知り、そのなかに日本文化の古層・深層を垣間見《かいまみ》たような気持にとらわれたのである。私が、日本文化を研究対象の中心に据《す》えるようになったのは、それ以後である。

しばしば、修士論文はその人の研究方向を決定づける、といわれる。その言葉を念頭に浮かべながら、私は、修論のテーマをアフリカから日本に変え、そして前々から不思議な話だと思っていた「信貴山縁起《しぎさんえんぎ》」の飛鉢・護法童子譚《ごほうどうじたん》に関する考察を試みた。

人類学の本領は異文化を対象とするところにあると考えていた私は、日本文化の過去の世界を扱うことにいささか不安をいだいていたのだが、修論の審査の後に、馬淵東一教授から、「君の研究は、C・アウエハントの『鯰絵《なまずえ》の民族学的研究』によく似ている。それを読んで見たまえ」と大いに励まされ、いつしか古代から中世の精神的世界についていろいろと考えをめぐらすようになっていった。本書に収めた論考のほとんどが、こうした日本文化についての私の思索のしるしであるといってよいであろう。

　振り返ってこれらの文章を読み直してみると、掛け声は大きいが、内容的には人真似の域を出ていないものが多い。だが、その反面、私の関心が奈辺《なへん》にあったかを語ってくれもする。伝統と現代社の林利幸氏から、これまでの文章のいくつかを本にまとめさせて欲しい、との依頼を受けたとき、躊躇《ちゅうちょ》した。こうした感情を整理できなかったからである。林氏には、文章にかなり手を加えたい、と答えたものの、書いた当時の自分に立ち戻ることができず、かえって先へ進みたいとの気持の方が昂《こう》じ、結局、ほぼ元のまま並べることにした。

　とはいえ、ささやかな本ではあるが、私にとってははじめての単行本である。その意味で感慨も深い。また、この小さな本を構成する文章を生み出すために、多くの先生や先輩、同僚の方々から厚意ある御助言、御批判をいただいた。一人一人名を挙げるのは控えるが、心から感謝申しあげる。ともすれば臆病風《おくびょうかぜ》に吹かれがちな私を絶えず温く励まして下さった編集部の林氏には、とくに厚く御礼申しあげねばならない。ミクロネシア調査、就職、高知の民俗調査、相次ぐ転居などで、ここ一年多忙に追われ、林氏の協力がなくては、この本もこれほど早く世に送り出されることはなかったであろう。

　最後に、拙い本であるが、本書を昨年十七回忌を終えた亡父の霊と、この春古稀《こき》を迎える母に捧げさせていただく。

一九七八年　陽春

小松和彦

増補新版あとがき

本書は、一九七八年に伝統と現代社から刊行した論文集に、新たに二つの論文を加えたものである。旧版の版元であった伝統と現代社は、近年の厳しい出版界の状況のなかで健闘を続けてきたが、昨年の春、ついに刀折れ矢尽きて涙をのみながら出版界から消え去っていった。このため、同社から刊行されていた多くの書籍もまた同じ運命にさらされてしまったのである。本書もそのなかの一冊であった。

それにもかかわらず、幸いなことに、本書はこうして装いを新たにして再出発する機会を得ることができた。これはひとえに、旧伝統と現代社の林利幸氏と新しい版元になってくださった北斗出版の長尾愛一郎氏の努力と厚意、そして旧書を快く迎えてくださった多くの読者の力によっている。心から感謝申しあげる。

ところで、本書に収めた論文のほとんどが、大学院時代に頼まれるままに、力任せに書いたものである。これらの文章を読み返してみると、掛け声は大きいが、内容的には人真似の域を出ていないものが多い。しかし、私の現在の仕事の素朴な姿がそのなかにすでに

認められ、私の日本文化への関心が奈辺にあるのかを語ってくれる感慨深い本になってい
る。

初版を出版して以降の私の関心は、憑霊研究から妖怪研究、他界研究、そして異人研究へと展開していった。本書を読まれた方は、それが予想しうる道筋であったと思われるであろう。しかし、それと同時に多くの課題が取り残されたままになっていることにも気づかれたのではなかろうか。四国に伝わる「いざなぎ流」信仰やミクロネシア調査に多くの時間を費やしていたという事情もあるが、しかし、御伽草子や説経、絵巻などに関しては、もう少し議論を展開しておくべきであったと大いに反省しているところである。本書の再出発を契機に、気分を一新して放置したままになっている諸問題にも取り組んでいこうと思う。

本書を構成する論稿を生み出すにあたっては、多くの方々の御指導や御助言をいただいている。名前をあげるのは控えさせていただくが、心からの感謝の意を表したい。

一九八五年五月

小松和彦

福武文庫版あとがき

本書は私の〝処女論文集〟である。この文庫版は一九八五年刊行の北斗出版版にもとづいて作られているが、北斗出版版は、一九七八年に刊行された伝統と現代社版の増補新版として出版されたものであった。したがって、伝統と現代社版が刊行されてから、十四年も経っていることになる。

この十四年の間に、この本を取り巻く学界や社会の状況は大きく変化した。私自身の学問的関心や分析方法、文体も相当変わったといっていいだろう。それを好ましいと思うかどうかは、読者によって異なるだろう。

今回改めて読み直し、当時考えていたことをその後どのように発展しえたろうか、なぜこのテーマをもっと深めなかったのだろうか、といったことをいろいろと考えさせられた。とくに文章表現の変化は大きく、なかには他人の論文を読んでいるような感じをうけるものさえある。だが、文庫化にあたって、改行を増やしたり若干の語句を直したりした程度の修正しか加えていない。大幅な修正を加えてしまうと、それが新しい論稿になってしまうからである。むしろ、一九七〇年代後半、私がどんなことを考えていたのか、それが当時の知的状況とどのように関係していたのか。本書で、そのあたりのことを知っていただければと思う。

いま民俗学への一般の人々の関心は高まっている。しかし、今日の関心のあり方は、十数年前の関心のあり方とは、やはり大きく異なっている。現在の民俗学にそうした関心に充分に対応しうる力量がそなわっているかということになると大いに疑問であるが、この本がその関心に少しでも応《こた》えるものを含んでいればと思う。

なお、この文庫版では、北斗出版版に収めてあった「いざなぎ流祭文《さいもん》と古代神話」と題した一文を削除した。高知県に伝わる「いざなぎ流祭文」に関する研究書を近々刊行するが、そのなかにこの小文を発展させた文章を収めることになっているからである。

最後に、この本の誕生や再生に協力して下さった伝統と現代社の林利幸氏（現、梟《ふくろう》社）、北斗出版の長尾愛一郎氏、そして福武書店の矢熊晃・藤原清貴両氏に、心からの謝意を表したい。

小松和彦

一九九一年十一月

〈初出一覧〉

序　神々の棲む村……旧版の際に書き下ろし

Ⅰ　民話的想像力について

民話的想像力とその背景……『伝統と現代』第三十八号　一九七六年

神霊の変装と人間の変装……『詩と思想』十一―十二月号　一九七二年

怪物退治と異類婚姻……『日本文学』第二十六巻第二号　一九七七年

最後に笑う者（原題「「物くさ太郎」にみる笑いとユーモア」）……『民俗学評論』第十二号　一九七五年

Ⅱ　民衆の思想について

根元神としての翁……『伝統と現代』第四十三号　一九七七年

世捨てと山中他界（原題「世捨てと山中他界観」）……『伝統と現代』第十六号　一九七二年

海上他界の思想…………………………………………『伝統と現代』第二十四号　一九七三年
屍愛譚をめぐって（原題「禁忌の違犯と愛の破綻」）……『伝統と現代』第十八号　一九七二年
国占めと国譲りをめぐって（原題「日本神話における占有儀礼」）
……………………………………………………………『日本神話と祭祀』（有精堂）一九七七年

III　筑土鈴寛の世界

筑土鈴寛の民俗学（原題「筑土鈴寛論」）……『季刊柳田国男研究』第四号　一九七四年
日本的記述の方法…………………………『思想の科学』五月臨時増刊号　一九七四年
筑土鈴寛と超世の霊童……『筑土鈴寛著作集』（せりか書房）第五巻月報　一九七七年

法蔵館文庫版　解説

伊藤慎吾

本書は法蔵館文庫の一冊になる前に次の四種の版が出ている。

①伝統と現代社　一九七八年五月一〇日

②北斗出版　一九八五年六月三〇日　＊「増補新版」

「あとがき」は①のそれとは異なる。

③福武書店（現・ベネッセ）　一九九二年一月一六日　＊福武文庫

「あとがき」は①②に加え、「文庫版あとがき」の三種を収める。

④講談社　一九九七年五月一〇日　＊講談社学術文庫

「あとがき」は①②③の三種を収め、新たに「文庫版まえがき」を加える。

本書は著者小松和彦の数多の著作の中でも処女論文集に当たる。一九七二年から一九七七年にかけて発表された全一一本の論考が収録されている。それらが種子となり、その後、小松の学問世界において多様に花開いていく。

本書は学術関係者ばかりでなく、一般の読者にも広く読まれてきたことから分かる通り、各論いずれも論旨は明快で、改めて個々の概要をまとめることは避ける。以下では本書の学術的、また文化史的意義について解説していきたい。

1 新・妖怪学以前

私は本書で、日本の歴史のなかのものいわぬ死者たちを蘇らそうとしている。それが私の学問の目的であるとも宣言している。いまでもその思いは変わっていない。

「学術文庫版まえがき」


著者小松和彦は文化人類学者・民俗学者という肩書をもって紹介されることが多い。小松の学問世界の中核にあるものが文化人類学であり、民俗学であり、本人もそう名乗っているからである。しかし、それらの枠組みに収まりきらない学問的な大きさが小松の世界にはある。そして、一九七〇年代以降、今日に至るまで幅広い文化的議論を主導してきている。そう考えると、日本文化論者と呼ぶほうが相応しいであろう。

小松といえば、ともすれば妖怪研究者と見てしまいがちである。しかし、それ以前に、小松の議論には「神」の問題が常につきまとっている。それだけ、神に対する関心を強く持ち続けてきているのだが、そこから派生して提唱された〈新・妖怪学〉に、一九八〇年代以降の若き学徒たちが飛びついた。妖怪が学術的に認められる流れが現れたのである。霊魂の行方、名もなき人々の心意、そして神霊や祟り神、死霊、妖怪といったものが小松の主たる関心事ということだろう。本書に続く『憑霊信仰論』『異人論』『悪霊論』といった論集のタイトルを並べるだけで、それは察することができる。

妖怪の研究といえば、一九世紀初頭前後に風俗史学者の江馬務、児童文学者の藤澤衛彦、美術史家の吉川観方らが文献資料を中心に著書を著してきた。他方、民俗学の立場から柳田國男が、妖怪の実在／不在に比重を置いた井上円了の妖怪学に対して、「何ゆえ信ずるのか」という信仰の問題として新たな論点を提示した。その後、怪異・妖怪伝承の報告・研究は散発的に行われ、第二次大戦後は、柳田自身、妖怪研究に対して否定的態度に変わり、今野円輔や石塚尊俊らが俗信研究の一環で行う程度となった。

とはいえ、在野の妖怪に対する関心は根強くあり、それに応えたのが水木しげるや佐藤有文、中岡俊哉ら、少年少女向けの漫画雑誌の記事や読み物を執筆する漫画家やライターであった。[1] 一九七〇年代は彼らによってエンターテインメント性の強い妖怪本が次々に公刊され、少年少女向け雑誌にオカルト記事と同じく妖怪記事が数多く掲載された。個々の妖怪の特徴、種類、歴史などが江馬や藤澤、今野らの妖怪本を利用しながら類似記事が量産され、且《か》つ、原文にはない新たな情報を付け加えていった(2)。

こうした娯楽的な妖怪解説を読みながら、妖怪に対する知的好奇心を膨らませていった世代が小松の学術的な妖怪研究に惹かれないわけがなかった。かくして小松は妖怪学の提唱者として後続の研究者を導く存在となった。そればかりでなく、水木や佐藤にとっての江馬、藤澤と同様、一般読者・児童向けの妖怪本を作る上で、信頼のおける妖怪研究者として、その著作が利用されることとなった。さらに言えば、現代の創作と研究とが相互補完する状況が生まれることになったことも、小松の存在が大きい。

では、本書は妖怪学の論著かといえば、そうではない。たしかに竈神（I―1、III―1）のような民俗神から座敷ワラシ、マヨヒガといった『遠野物語』の怪異・妖怪（I―1）、中世の物語絵巻に描かれる酒呑童子（I―3）などを具体的に取り上げるが、体系的に妖怪を論じているわけではないから、本書をもって妖怪学の何たるかは分からない。それを知るには一九八二年に本書と同じ伝統と現代社から刊行された『憑霊信仰論――妖怪研究への試み』を、さらに一つの到達点と評すべき一九九四年刊行の『妖怪学新考　妖怪からみる日本人の心』（小学館）を俟《ま》たねばならない。柳田の、妖怪は神が零落したとする説（『妖怪談義』）に対する新たな視点はこの流れの中で形成されていった。『憑霊信仰論』以前、すなわち一九七八年刊行の『神々の精神史』は妖怪学の原点を求めるための論著と評したほうが適切だろう。本書に妖怪を前面に打ち出している論文は一つもない。しかし、タイトルにもある「神々」が生霊・死霊、動物霊や祟り神といった霊的存在をも包含するものである以上、議論が妖怪に及ぶことは必然であった。

要するに、妖怪が明確にテーマとなったのは『妖怪学新考』になってからである。それから大きな影響を与えて、かつての柳田國男の妖怪研究がそうであったように、小松の妖怪研究もまた乗り越える試みが現れるようになったのだ。(3) いずれにしろ、『神々の精神史』は小松自身の学問世界における妖怪学前史に位置付けられるだろう。

以上のように、著者小松和彦は、今日の妖怪学を形成し、牽引していった日本文化研究者である。本書はその処女論文集として以後の小松の学問世界の諸要素、とりわけ妖怪学の種子が至るところに読み取れるものである。

2 領域横断的文学論

構造分析という人類学で鍛《きた》え上げられた方法は、対象を考察するための一つの方法であって、分析それ自体が目的ではない。それゆえ、われわれは構造分析を、さまざまな対象、さまざまな目的に利用することが可能である。しかしながら、この方法がもっとも有効性を発揮するのは、表層の事実の奥に潜《ひそ》む〝隠れた意味〟を発見しうる、という点にあるように思われる。

「怪物退治と異類婚姻」

次に、日本文学研究者の立場から本書について言及したい。というのも、小松の論著を文化人類学・民俗学・妖怪学のものと見做し、文学研究から評価する向きが著しく少ないからだ。しかし、本書の目次を見て分かる通り、日本の説話文学・物語文学が主な題材になっていることは明らかである。それにも関わらず、その方面からの言及が希薄なのは、文学研究があまりに作家・作品論に縛られすぎているからではないかと思う。

主たる初出掲載誌が『伝統と現代』であり、また『日本文学』『詩と思想』などの文学系の雑誌であることはもっと注目してもいいことだろう。日本文学の専門的な学術誌としては、戦前から続く『国文学　解釈と鑑賞』と一九五六年創刊の『国文学　解釈と教材の研究』が全国的に知られていた。『伝統と現代』は一九六八年にその『解釈と教材の研究』の姉妹編『国文学　伝統と現代』として、同じ学燈社から創刊されたものである。「創刊御挨拶」に曰く、「姉妹誌「国文学」が、深く鋭い解釈鑑賞の面を追求するのに対し、本誌は社会・歴史学的考察に重点をおいて究明するもので、両誌は表裏一体にして文学の真髄に迫ろうとするものであります」。もっとも、程なくタイトルから「国文学」の文字は消え、一九六九年一二月に休刊、翌七〇年一二月に、編集者の一人松永辰郎が伝統と現代社から再刊した。基本的に「社会・歴史学的考察に重点を」置く方針は踏襲された。その需めに応じたのが文学研究に理解があり、且つ文化人類学的なアプローチができる若い小松だった。この頃野心的に取り組んだものが本書に収められているのである。それぞれの

『伝統と現代』第一八号「特集　禁忌」

同誌所収「屍愛譚をめぐって（原題「禁忌の違犯と愛の破綻」）」

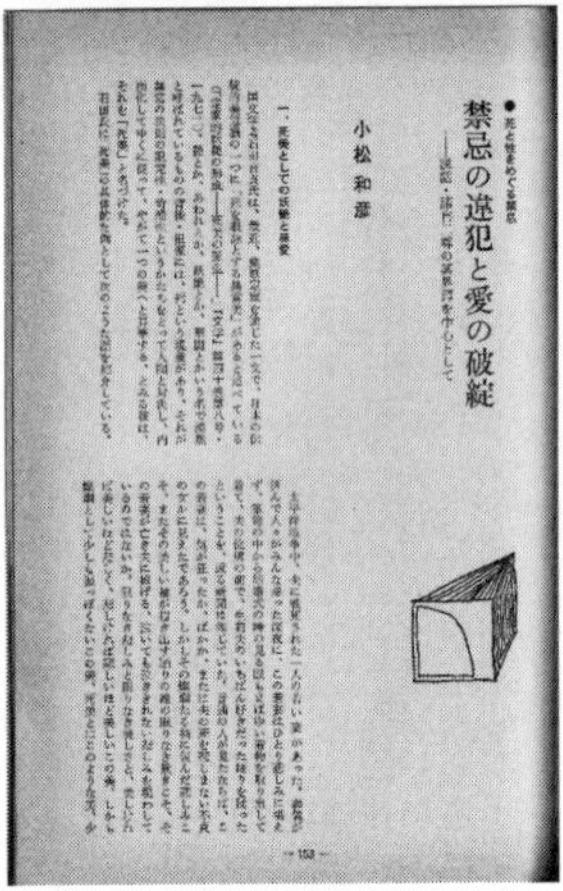
禁忌の違犯と愛の破綻
小松和彦

特集を示すと左記の通り。

第一八号「特集　禁忌　共同幻想の根源」（一九七二年）　屍愛譚をめぐって（Ⅱ―4）
第一六号「特集　世捨て」（一九七二年）　世捨てと山中他界（Ⅱ―2）
第二四号「特集　他界観」（一九七三年）　海上他界の思想（Ⅱ―3）
第三八号「特集　民話」（一九七六年）　民話的想像力とその背景（Ⅰ―1）

第四三号「特集　共同体論」（一九七七年）　根元神としての翁（Ⅱ―1）

そもそも、小松は研究者としての出発点ともいうべき修士論文に『信貴山縁起絵巻』を取り上げ、構造分析の手法によって考察したのであった（「学術文庫版まえがき」）。これだけ見たら、小松は紛うことなく日本古典文学を専攻する大学院生であった。現代の民俗学者や文化人類学者がこういう論考を発表することは、まずない。ただ、一方で、当時の日本文学専攻の大学院生がこのテーマで論文を提出できたかと言えば、かなり特殊な文学専攻の院生ということになる。それが可能な学問環境に身を置けたことは幸運だったのではないかという気がする。ともあれ、文化人類学的アプローチで日本文化、とりわけ文化史的な問題に切り込んでいくのが小松の本来的な姿勢なのだろうことは、その出発点から窺われる。

わたくしごとで恐縮だが、学生時代、学生の研究会で『酒呑童子』の講読を担当したことがあった。お伽草子を分析的に読むということは、これが初めてであった。研究対象として物語を読むという事自体、右も左も分からなかった私は本書の「怪物退治と異類婚――御伽草子の構造分析」（Ⅰ―3）を手がかりに、構造分析の真似事をしたのであった。このように個人的な意味で、私にとって本書は非常に思い入れのある著作である。

それはそうと、小松の実践する物語分析は文化人類学的である。物語の意味素を抽出する。そして、文化／自然、社会／他界、英雄／怪物といった二項対立のかたちでそれらの関係性を再構成し、また物語における機能を読み取る。そうして従来の作品分析では読み取れなかった深層のメカニズムを提示したのだった。直接的にはロラン・バルトに学ぶところが大きかったであろうことは、本書序文がバルトの引用から始まっていることから窺知されるが、それはまたレヴィ＝ストロースやＥ・Ｒ・リーチ、遡ってウラディミール・プロップの神話や民間説話の機能論的分析方法の流れを汲むもので、文化人類学者としての小松にはもともと受け入れる素地のあるものだった。

こうした小松の方法は物語分析にとって有効なものと認識され、これを模倣する若手研究者や学生が現れた。ただ、その後、日本文学研究の領域では、構造分析から同じバルトのテクスト分析が席捲する時代となった。その急先鋒が藤井貞和や三谷邦明らを中心とする物語研究会だった。そこでは『源氏物語』をはじめ、古代・中世の物語文学を主とするテクスト分析が実践された。従来の文献学的な研究や近代的な作家・作品論とは異なる議論が展開されるようになり、若手研究者や学生を触発していったのだ（もっとも、伝統的なパラダイムでの研究が主流であることに変わりはなく、いまだに聊《いささ》か特殊な立ち位置にある）。

しかし、小松の領域横断的な物語研究は、話型・モティーフ分析に理解ある物語・説話文学の研究に刺戟を与えた。なかんずく、お伽草子は民間説話との関連性が強い性質上、テクスト分析よりも小松同様の構造分析が好まれた。また、話型・モティーフに注目することで、時代や国境を越えた比較分析が見られるようになった。こうしたお伽草子研究の新しい潮流を小松一人に帰するつもりは毛頭ない。ただ、少なくとも小松の援護射撃によって、時代や地域を越えた類話の比較分析が、低迷していたお伽草子研究を活気づかせたのは確かである。そして、同世代のお伽草子研究者である徳田和夫は、その点、小松と盟友関係にあり、小松が妖怪に対して実践したように、徳田はお伽草子研究のグローバリゼーションを実現させていったといえる(4)。

さて、「最後に笑う者」(I—4)ではそうした新しい展開が見られる以前、一九七五年当時の低迷するお伽草子研究が言及されている。確かにお伽草子はおろか、それに先行する『神道集』の歴史的価値を理解する日本文学研究者は少なかった。柳田・折口・筑土らが二〇世紀初頭にすでに注目していながら、その研究に取り組んだのは貴志正造や福田晃ら一握りの研究者に過ぎなかった。その後の室町時代の短編物語群であるお伽草子はなおさら研究が希薄であった。一つには、明治以来の文学史観が中世を暗黒時代と捉えるものであり、『平家物語』『太平記』といった〈国民文学〉から江戸の西鶴までを物語文学零落の時代と位置づけてきたことに原因がある。

ただ、その一方で、無名の作家による、素朴な物語群という理解は民衆の文学としてのイメージを形成することとなった。ここに柳田國男のように口承文芸との関係を論じる研究や、〈稚拙美〉として評価する美術史研究、また柳宗悦ら民芸運動家による再評価が現れる。ところが肝心の文学研究では、そうした隣接分野の評価と連動して研究を発展させることがなかった。小松が指摘するように、市古貞次『中世小説の研究』（東京大学出版会、一九五五年）が世に出たことで、お伽草子の全体像が明らかとなり、あとはその枠内での個別研究や、新出資料の紹介ぐらいで、大きな成果が期待できないものと見られるようになったのだろう。

奇しくも、本書が刊行された一九七八年から翌七九年にかけて、バーバラ・ルーシュ（コロンビア大学）が中心となり、市古貞次・辻惟雄ら日本文学や日本美術史の研究者が集まり、奈良絵本国際研究会議が開催された。[5]「これを機に」とは言わないが、徐々にお伽草子の学際的研究が本格化する中で、文学研究の中にも小松の構造分析を受け入れる柔軟性が現れてきた。

現在、小松の言う「不幸な状況」（Ｉ―４）からは脱したように見受けられる。ただ、個々の研究者がそれぞれに個別の作品研究を行う傾向にあって、妖怪研究に見られるような研究人口の多さや関心を示す層の厚みを持つに至っていない。「筑土鈴寛の民俗学」（Ⅲ―１）で、民俗誌学と民俗学とを分け、それぞれの存在意義を示し、民俗学の新しい可能性に言及している。同じことは、今日のお伽草子研究についても言えるだろう。新出資料の発掘・紹介や未整理の諸本の文献学的検討と、それを踏まえた脱領域的な物語研究と、相互補完しながらも、とりわけ後者にあっては、徳田が切り開いた東西比較、あるいは東

アジアという地域を想定した国際的な研究環境を整えていく必要があるだろう。(6)
以上、日本文学研究の立場から、本書が歴史的に日本文学の学際的な研究論集としての価値を有すること、また、現代にあって、今後の研究の方向性を示唆しうるものであることを述べた。

3 歴史と物語

私にとって、歴史は一回的出来事や、文化や社会に変化をもたらした人物から構成されたシリーズではなく、その背後にある、どちらかといえば、変化しにくい日常生活のなかに形成されてくる人々の思考であり、その思考から創りだされる文化的産物である。

「序　神々の棲む村」

文化人類学・民俗学を専攻する日本文化論者として、小松は歴史をこのように捉える。小松の当時の著作ではしばしば歴史学を意識した言説が見られるが、これもその一つである。「その思考から創りだされる文化的産物」というのは表象文化論的な新しい捉え方であり、柳田民俗学とは異なるが、「変化しにくい日常生活のなかに形成されてくる人々の思考」を捉えることは柳田から受け継がれたものだろう。たとえば「凡人史の省察」(一九二九年）で柳田は、郷土史で探求すべきは「所謂歴史家や史料編纂官などの様に、武士と貴人の事蹟と年代記とに終始」するものではなく、その土地に生きた名もなき人々の「社会観、人生観の変遷」であり、彼らの日常の歴史、すなわち「平和の推移」であるとする。変化しにくい日常生活の中で推移する名もなき人々の思考を捉えること、言い換えれば、長い期間の緩やかな変化を捉えることが、柳田・小松二人にとって、民俗学・人類学の目的の一つとして考えられているわけだ。

また『悪霊論』（一九八九年）では、歴史家の〈歴史〉研究が史料に記述された出来事を拾い集めることから開始するのに対して、人類学者＝小松は「テキスト以前と以後の双方にまたがる研究をすべきだ」と主張する（「異人殺し伝説の生成」）。

柳田は物語が語り手個人の技術や才能で作られるものではなく、受け手の影響を想定して長い歴史における変遷を見ようとした（『物語と語り物』『口承文芸史考』）。もともと一個の作品として捉えるのではなく、物語伝承の総体を一つに見ていたのである。物語がその土地の社会観や人生観、信仰を取り込みながら、どのように、緩やかに推移していったのかを見る。裏を返せば、「平和の推移」を捉える資料として物語を論じたのである。その意味で、物語に対する視点は、歴史に対するそれと本質的に同じであったと思われる。

こうした柳田の物語の捉え方は、物語伝承の全体が真であり、テクストは部分に過ぎない、言い換えれば、結果として「眼で視る文芸に化し」て現れたものに過ぎない（『物語と語り物』「自序」)、すなわちテクストは多様で一回的な〈語り〉の一つの変奏であるという認識が見受けられる。

一方、小松の物語論は歴史に対して示したような長い時間の把握ではなく、一つの完結した作品として分析している。『酒呑童子』にしろ『田村の草子』にしろ、異本がある場合は、その類話としてディテールの差異が説明され、構造分析が展開されるのである。先に触れたテクスト分析は、物語要素の機能に重点を置くのではなく、読み手を前提とする〈語り〉の分析である。

柳田國男は物語伝承を語り手＝伝承者群の技量や記憶力にばかり依存するものでなく、聞く側の存在も内含した上で捉えていた(『雪国の春』「東北文学の研究」)。これに触発された折口が「「八島」語りの研究」を発表したのは一九三九年のことであった。当時、折口は國學院大學で室町時代文学史を講義しており、当時の助手小池元男が卒業論文で折口の論の祖述ともいうべき「近代に於ける擬古小説より世相小説への過程」を発表した(7)。こうした論考が筑土鈴寛の唱導文芸論と同時期の、折口周辺から生まれたことが重要である。筑土鈴寛の民俗学的な唱導文芸論の生成をこの時期に読み取ることができ、その背景として、柳田國男の物語論の形成、折口信夫の室町文学史・唱導的発生論があったのではないかと思われるからである。戦後、これらの研究は、一種の説話管理者論として、中世説話という限定された分野の具体個別の事例研究という様相を帯びるようになる。柳田の「文字以前の文学」は確かに〈語り〉を問題視するものであったが、〈語り〉そのものではなく、物語を担う〈語り手〉、すなわち〈旅の語り部〉に関心が向けられていた。後に続く研究者の多くもその方向に進んだ結果、「物語伝承の総体を捉える」という柳田の視点は失われていった。

小松によって民俗学者としての筑土が見直されたのは、そうした時期である。

柳田が注目した点を改めてみると、「文字ありきの文学」という「せま苦しい統一から、脱却してみたい」という考えから、「文字以前の文学」「文字以外の文学」を対象としたのであった（『雪国の春』「東北文学の研究」）。「テキスト以前と以後の双方にまたがる研究」ということではなく、「テキスト以前」なのである。〈声の文化／文字の文化〉というテーマを認識しながらも、一回的なパフォーマンスとしての〈語り〉を問題化することはなかった。

では、民俗学・人類学的に「双方にまたがる研究」があるかといえば、それはやはり口頭理論（パリー・ロード理論）ということになるのではないか。古代ギリシャの叙事詩と南スラヴの語り物文芸との比較研究を行ったミルマン・パリーとその後を受けたアルバート・ロードの研究によって、口頭による〈語り〉の特質が見えてきた。小松と同じ時期にそれを援用して山本吉左右が説経節の「口語り論」を発表し（一九七六年）、兵藤裕己が今日に至るまで『平家物語』を中心に語りと文字テクストの関係に関する研究をつづけている。残念ながら、日本文学研究において、それはほとんど実践されることはないが、その有効性を再検討すべき時期に来ているだろう。(8)

以上、本書の歴史叙述が柳田國男の歴史叙述の方法を受け継ぐものであること、しかしながら物語の捉え方は柳田のように物語伝承を総体として捉えることはせず、一つ一つを完結した作品として分析する立場を取っていることを述べた。これは当時の閉塞した民俗学(9)の新しい可能性を模索する試みであった。

同時に、日本文学研究の観点からすれば、従来の、アプリオリに地域を日本に限定し、古代・中世・近世といった時代区分を前提とする歴史観に立つ実証的研究に対して、本書では全く異なるパラダイムから文学へのアプローチが行われたといってよい。

日本という現地にいればこそ発信できる情報は数多くある。ネイティヴの強みもある。しかし、日本人不在でも十分に日本文学が研究可能な国際的環境が整備されつつある今、結果として日本人が日本の現地情報を提供するインフォーマントとしてしか存在できず、研究そのものは欧米や中国が主導する未来が来るかもしれない。小松が本書で提示した領域横断的な、またグローバルな議論を、我々は学ぶ必要があるだろう。

注

(1) 伊藤慎吾・氷厘亭氷泉編『列伝体　妖怪学前史』(勉誠出版、二〇二一年)は、小松和

彦以前にどういった人たちが妖怪を扱ってきたかを取り上げている。

（2）伊藤慎吾「以津真天の変容――〈創作的解説〉の時代を中心に――」荒木浩編『未来の古典学　Projecting Classicism』文学通信、二〇二〇年。

（3）廣田龍平「妖怪の、一つではない複数の存在論――妖怪研究における存在論的前提についての批判的検討――」『現代民俗学研究』六、二〇一四年。

（4）徳田和夫編『お伽草子　百花繚乱』（笠間書院、二〇〇八年）、同編『東の妖怪　西のモンスター　想像力の文化比較』（勉誠出版、二〇一八年）はその成果である。

（5）奈良絵本国際研究会議編『御伽草子の世界』三省堂、一九八二年。

（6）説話文学を中心に、すでに小峯和明が主導して構築されつつある。たとえば小峯和明編『東アジアに共有される文学世界　東アジアの文学圏』（文学通信、二〇二一年）など参照。

（7）この時期の折口の研究をめぐる小池元男の資料については、伊藤高雄「小池元男ノート――折口信夫・郷土研究会ほか講義ノート――」（『野州国文学』八六、二〇一三年）、同「〈資料〉折口信夫「発生日本文学史　室町文学史（中）（昭和四年・國學院大學文学部講義）」（『國學院大學栃木短期大学　日本文化研究』六、二〇二二年）など参照。

（8）欧米では下記のような一定の研究成果が出ている。Amodio, Mark, ed. *New Directions in Oral Theory: Essays on Ancient and Medieval Literatures*. Arizona: Arizona Center for Medieval and Renaissance Studies (2005).

（9）当時の民俗学を取り巻く状況を批判した大月隆寛『民俗学という不幸』（青弓社）が刊

行されるのは一九九二年である。

索引

あ行

た行

な 行

は 行

ら行

わ行

小松和彦（こまつ　かずひこ）

1947年東京都生まれ。東京都立大学大学院社会科学研究科博士課程修了。専攻は文化人類学・民俗学。信州大学助教授、大阪大学教授、国際日本文化研究センター所長を歴任、現在、国際日本文化研究センター名誉教授。紫綬褒章、文化功労者受賞。著書に『憑霊信仰論』『異人論』『妖怪文化入門』『妖怪学新考』『いざなぎ流の研究』『神なき時代の民俗学』『異界と日本人』『鬼と日本人』『聖地と日本人』『神になった日本人』など著書多数。

神々《かみがみ》の精神史《せいしんし》

二〇二三年三月一五日　初版第一刷発行

著　者　小松和彦

発行者　西村明高

発行所　株式会社 法藏館

京都市下京区正面通烏丸東入

郵便番号　六〇〇-八一五三

電話　〇七五-三四三-〇〇三〇（編集）

〇七五-三四三-五六五六（営業）

装幀者　熊谷博人

印刷・製本　中村印刷株式会社

ISBN 978-4-8318-2645-9　C1139

ア-2-1

英国の仏教発見

フィリップ・C・アーモンド著
奥山倫明訳

19世紀の英国人らによる仏教表象を分析し、西洋近代において、仏教が称賛や蔑視を交えながら「創造」されていく過程を、オリエンタリズムと宗教をめぐる観点から解明。

1300円

か-1-2

改訂 祇園祭と戦国京都

河内将芳著

創作物を通じて戦国期の祇園祭に託された「権力に抵抗する民衆の祭」というイメージは実態に合うものなのか。イメージと史実を比較し、中世都市祭礼・祇園祭の実像に迫る。

1000円

ブ-1-1

儀礼と権力 天皇の明治維新

ジョン・ブリーン著

日本の「近代」創出に天皇がはたした身体的役割とは何か。天皇はいかにして「神話の体現者」となったのか。従来とは異なる儀礼論的アプローチから迫ったユニークな試み。

1300円

も-1-1

梁の武帝

仏教王朝の悲劇

森三樹三郎著

皇帝菩薩と呼ばれた武帝の餓死、王朝の滅亡は、仏教溺信が招いた悲劇だったのか。類い稀な皇帝のドラマチックな生涯とその時代の精神を描出した不朽の傑作。解説＝船山　徹

1000円

む-1-1

天平芸術の工房

武者小路穣著

正倉院や東大寺をはじめとする花やかな天平芸術の創造にたずさわった工人たちの盛衰を明らかにしていくなかで、古代国家の文化の形成基盤の全体像を考察。解説＝山岸公基

1200円

た-3-1

改訂 歴史のなかに見る親鸞

平雅行著

数少ない確実な史料を緻密に検証することで、歴史研究者として親鸞の事蹟の真偽を究明する一方、民衆の苦難と自らの思想信条とのはざまで悩み苦しむ親鸞の姿をも描きだす。

1100円

す-1-1

東洋の合理思想

末木剛博 著

インド仏教、中国仏教、中国古典に形式論理を見いだし、西洋思想とは異なる、非自我的な「楕円思考」を東洋の合理思想の根幹として解明する。野矢茂樹氏の解説も再録。

1200円

か-3-1

増補 菩薩ということ

梶山雄一 著

迷いと悟りの世界を生きる菩薩の存在は、大乗仏教の真髄である。大乗仏教がめざした人間像を探究しつづけた著者が最終的に到達した菩薩像と、その生き方とは。解説＝桂紹隆

1000円

キ-2-1

ウィトゲンシュタイン・文法・神

アラン・キートリー 著
星川啓慈 訳

ウィトゲンシュタインの「文法」概念を宗教研究に応用し、自然主義・相対主義・還元主義をのりこえる視点を提供。そして「本物の宗教」に迫らんとする、宗教哲学の好著。

1200円

か-4-1

死と運命
中国古代の思索

金谷治 著

「このっぴきならない生命とはいったい何なのか」。孔孟、老荘、荀子等の言葉をてがかりに、中国古代における死、運命、欲望に関する思索を討尋する。解説＝中嶋隆藏

1100円

よ-1-1

劉裕
江南の英雄 宋の武帝

吉川忠夫 著

劉裕は微賤な武人に生まれながらも、卓越した行動力と徹底した現実主義によって皇帝となった。だが、即位後その生彩に翳りが——。南朝の権力機構の本質を明らかにする好著。

1000円

か-5-1

一遍語録を読む

金井清光
梅谷繁樹 著

一切を捨てた「捨聖」一遍。その思想的背景と生涯を法語から読み解き、巻末では一遍の和讃「別願和讃」を『節用集』『日葡辞書』などを駆使して詳論する。解説＝長澤昌幸

1200円

な-1-2
祭祀と供犠 中村生雄著
日本人の自然観・動物観

動物を「神への捧げもの」とする西洋の供犠との対比から、日本の供養の文化を論じ、殺生・肉食の禁止と宗教との関わりに新たな光を当てた名著が文庫化。解説＝赤坂憲雄

1500円

さ-4-1
ラジオの戦争責任 坂本慎一著

戦前最強の「扇動者」、ラジオ。その歴史を五人の人物伝から繙き、国民が戦争を支持し、また玉音放送によって瞬く間に終戦を受け入れるに至った日本特有の事情を炙り出す。

900円

は-1-1
明治維新と宗教 羽賀祥二著

近代「神道」の形成と特質を仏教までもを含んだ俯瞰的な視野から考察し、「国家神道」に止まらない近代「神道」の姿をダイナミックに描いた、日本近代史の必読文献。

1800円

か-6-1
禅と自然 唐木順三著

近代という無常が露わになった時代をどう乗り越えるか。その克服の可能性を、逆に無常を徹底させる中世の禅思想のなかに見出した卓異の論考を精選。解説＝寺田透・飯島孝良

1100円

ひ-1-1
無神論 久松真一著

「絶対的自律」へ至る道を考究し続けた稀代の哲人・久松真一。その哲学の核心を示す珠玉の論考と自叙伝的エッセイ「学究生活の想い出」を収録。解説＝星野元豊・水野友晴

1000円

た-4-1
聖武天皇 瀧浪貞子著
「天平の皇帝」とその時代

高い政治力を発揮し、数々の事業を推進した聖武天皇。「天平の皇帝」たらんとしたその生涯と治世を鮮やかに描写。ひ弱、優柔不断といった旧来の聖武天皇像に見直しを迫る。

1300円

し-1-2

精神世界のゆくえ
宗教からスピリチュアリティへ

島薗進 著

なぜ現代人は「スピリチュアリティ」を求めるのか。宗教や科学に代わる新しい思想を網羅的に分析し、「スピリチュアリティ」の興隆を現代精神史上に位置づけた宗教学の好著。

1500円

よ-2-1

日本人の身体観の歴史

養老孟司 著

日本の中世、近世、そして現代哲学の心身論から西欧の身体観まで論じる。固定観念を揺さぶり、常識をくつがえし、人と世界の見方を一変させる、養老「ヒト学」の集大成。

1300円

ぎ-1-1

現代語訳 南海寄帰内法伝
七世紀インド仏教僧伽の日常生活

義浄 撰
宮林昭彦
加藤栄司 訳

唐の僧・義浄がインドでの10年間にわたる留学生活で見た7世紀の僧侶の衣・食・住の実際とは。戒律の実際を知る第一級資料の現代語訳。原書は、鈴木学術財団特別賞受賞。

2500円

と-1-1

文物に現れた北朝隋唐の仏教

礪波護 著

隋唐時代、政治・社会は仏教に対していかに関わり、仏教はどのように変容したのか。文物を含む多彩な史料を用いスリリングに展開される諸論は隋唐時代のイメージを刷新する。

1200円

こ-1-1

神々の精神史

小松和彦 著

カミを語ることは日本人の精神の歴史を語ること。竈神や座敷ワラシ。酒呑童子、ものくさ太郎に、山中の隠れ里伝承など、日本文化の深層に迫った妖怪学第一人者の処女論文集。

1400円

み-1-1

江戸のはやり神

宮田登 著

お稲荷さん、七福神、エエジャナイカ――民衆の関心で爆発的に流行し、不要になれば棄てられた神仏。多様な事例から特徴を解明し、背景にある日本人の心理や宗教意識に迫る。

1200円